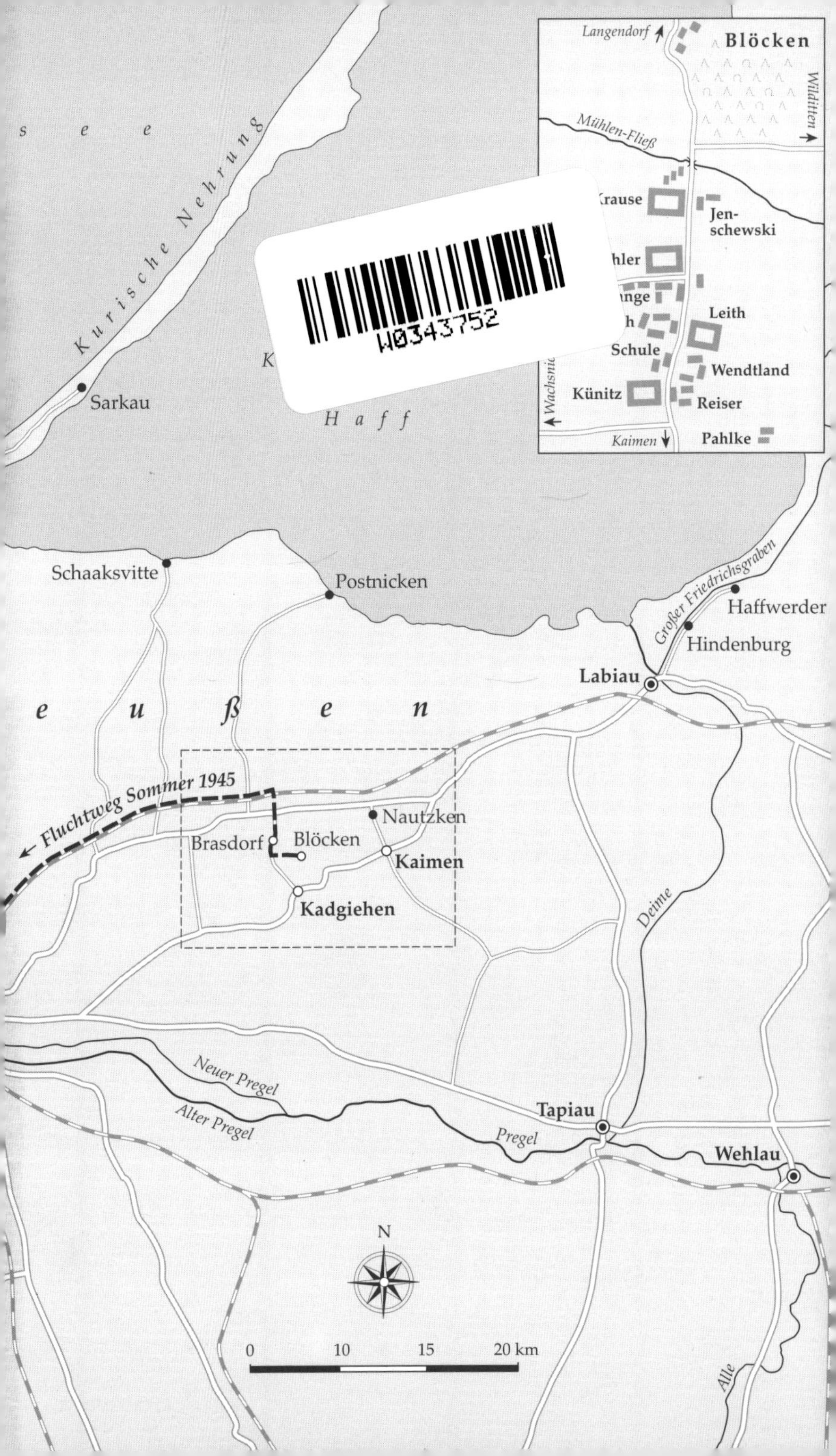

Langendorf
Blöcken
Wilditten
Mühlen-Fließ
Jen-
schewski
Leith
Schule
Wendtland
Künitz
Reiser
Kaimen
Pahlke
s e e
Kurische Nehrung
Sarkau
Haff
Schaaksvitte
Postnicken
Großer Friedrichsgraben
Haffwerder
Hindenburg
Labiau
e u ß e n
Fluchtweg Sommer 1945
Nautzken
Brasdorf
Blöcken
Kaimen
Kadgiehen
Deime
Neuer Pregel
Alter Pregel
Pregel
Tapiau
Wehlau
N
0 10 15 20 km
Alle

Erika Morgenstern

Überleben war schwerer als Sterben

Erika Morgenstern

Überleben war schwerer als Sterben

Ostpreußen 1944–1948

Herbig

»Zögernd kommt die Zukunft gezogen,
Pfeilschnell ist das Jetzt entflogen.
Ewig stille steht die Vergangenheit.«

Friedrich Schiller

Besuchen Sie uns im Internet unter
http://www.herbig.net

Schutzumschlag: Wolfgang Heinzel
Karte auf Vor- und Nachsatz: Eckehard Radehose
Herstellung und Satz: VerlagsService Dr. Helmut Neuberger &
Karl Schaumann GmbH, Heimstetten
Gesetzt aus der 11/13,5 Punkt SabonBQ-Roman
Druck und Binden: Ueberreuter Buchproduktion, Korneuburg
Printed in Austria
ISBN 3-7766-2380-2

In Memoriam

Im Jahre 1944 begann sich die drohende Niederlage bereits abzuzeichnen und Hitler erließ Befehle, die vor allem auch die ostpreußische Bevölkerung entlang der russischen Grenze hart trafen. Auf Flucht stand nunmehr die sofortige Erschießung durch die Militärpolizei und so schossen Deutsche auf Deutsche, die sich vor der Roten Armee in Sicherheit bringen wollten. Schließlich hatte Großadmiral von Dönitz Mitleid mit der leidenden ostpreußischen Bevölkerung und gab am 28. 1. 1945 ohne Hitlers Erlaubnis die Genehmigung zur Flucht. Doch zu diesem Zeitpunkt war es bereits zu spät. Der einzige Fluchtweg über die Ostsee wurde zur Todesfahrt, weil überall russische U-Boote lauerten. Diese U-Boote wurden auch der »Gustlaff« zum Verhängnis, die am 30. 1. 1945 mit über 7000 Zivilisten unterging.

Als die Provinz Ostpreußen am 9. 4. 1945 kapitulierte, mußten sich in der Hauptstadt Königsberg 110 000 Zivilisten ergeben. Die russischen Soldaten richteten ein unvorstellbares Gemetzel unter ihnen an. 85 000 Königsberger Bürger starben kurz nach der Kapitulation durch Mord, Vergewaltigung, Verbrennen, Folter, Hunger, Kälte und Seuchen. Sie folgten ihren jüdischen Mitbürgern und vielen anderen von den Nazis Ermordeten in den Tod. Ebenso wie die vielen tausend durch Bombenangriffe Getöteten und die unzähligen gefallenen Soldaten und Rot-Kreuz-Helfer wurden sie Opfer dieses grausamen Krieges.

Wir, die wir die furchtbaren Massaker von Stalins Soldaten überlebt haben, sind aufgerufen, Zeugnis abzulegen über das, was wir gesehen, gehört und selbst erlebt und erlitten haben. Das vorliegende Buch habe ich im Gedenken an all die Toten geschrieben und zur Mahnung an die Lebenden. Es ist ein Aufruf zu Versöhnung und Freundschaft. Wir Menschen müssen uns über die Gräber hinweg die Hände zum Frieden reichen, damit sich derartige Grausamkeiten niemals mehr wiederholen.

I. Glückliche Kindheit

Mit einer »Verspätung« von drei Jahren – wie mein Vater gesagt haben soll – kam ich im Februar 1939 in einer typisch ostpreußischen Winternacht, mit viel Schnee und klirrender Kälte, zur Welt. Verspätung aus Sicht meines Vaters deshalb, weil meine Eltern bereits 1935 geheiratet hatten und er sich für sein gutgehendes Ofenbaugeschäft endlich einen männlichen Erben wünschte. Nun sollte es wahr werden – dachte er. Vor Aufregung verbrachte er die halbe Nacht draußen, bei Schnee und Frost auf den Stufen des Hauseingangs sitzend, eine Zigarette nach der anderen rauchend, alle Türen bis zum Wohnzimmer weit geöffnet, um das Klingeln des Telefons zu hören. Welche Wünsche, Vorstellungen und Erwartungen bezüglich seines ersten Kindes mögen ihn beherrscht haben? Ich besaß viel Bubenspielzeug, das er schon vor meiner Geburt gekauft hatte, beispielsweise eine elektrische Eisenbahn, einen großen Bus, einen LKW, einen Teddybär, eine Kinderaktentasche und einen Zoo mit vielen Tieren. Wie enttäuscht muß er gewesen sein, als er das Wort »Mädchen« hörte! Die drei Jahre »Verspätung« retteten mir 1945 das Leben.

Erst einmal wurde ich so etwas wie ein »Wunderkind«, ja sogar ein prämiertes. Schon nach wenigen Monaten war ich viel weiter entwickelt als andere Kinder gleichen Alters, und so erhielt meine Mutter eine Prämie von 40 Reichsmark. Im Alter von neun Monaten lief ich alleine und sah aus wie anderthalb, mit anderthalb fuhr ich auf meinem Roller und wurde für eine Dreijährige gehalten. Mein Name wurde in drei Buchstaben abgekürzt und erhielt dann ein »chen« angehängt. So nannten mich nicht nur meine Eltern, sondern auch Verwandte, Freunde und Bekannte. Als ich 1945 meinen Namen voll ausgesprochen hörte, war er mir fremd. Zunächst wußte ich gar nicht, daß ich damit gemeint war. Bis heute kann ich mich immer noch nicht mit meinem Vornamen identifizieren, vielleicht weil ich zu spät an ihn gewöhnt wurde.

Mit meinem dritten Lebensjahr beginnt dann auch meine Erinnerung. Eine Erinnerung, die wie ein Zwilling immer neben mir herläuft. Mal ist sie weit weg und es lebt sich leichter. Meistens aber ist sie ganz nahe, ergreift Besitz von mir, quält mich. Wie glücklich müssen Menschen leben, die sich schlecht oder gar nicht erinnern können? Andererseits fehlen solchen Menschen Erfahrungen und Erkenntnisse, wie sie nur von durchlebtem Glück oder Leid vermittelt werden können. Was ist besser? Ich weiß es nicht.

Bis 1945, also bis zu meinem 6. Lebensjahr, durfte ich ein so unbeschreiblich schönes Leben genießen, wie man es sich nur erträumen kann. Später habe ich oft darüber nachgedacht, warum mir das Schicksal einen so glückhaften Lebensanfang beschert hat. Vielleicht sollte er das Fundament sein, aus dem ich Kraft schöpfte, um die spätere, unverschuldete Lebenstragödie ertragen zu können. Diese Königsberger Zeit leuchtet immer noch in mir und verbindet mich wie ein unsichtbares Band mit dem »Damals« und dem »Heute«. Wie die Farben eines Regenbogens, der irgendwo unsichtbar seinen Ursprung hat, der mir mit seinen Farben alles das aus der Vergangenheit bringt, was ich zur Bewältigung des Lebens brauche und gebraucht habe.

Ich kannte nur Liebe, wurde von allen Menschen geliebt, nicht nur von meinen Eltern. Nie wurde ein böses oder schimpfendes Wort an mich gerichtet, und Prügel kannte ich schon gar nicht. Die Worte »Tod« und »Sterben« waren mir kein Begriff.

Zurück zum Jahr 1942, in dem meine Schwester geboren wurde. Sie wurde wie ich in der Frauenklinik in der Richard-Wagner-Straße in Königsberg dem Kreislauf des Lebens übergeben. Da die Klinik von der Langen Reihe, wo wir wohnten, nur einen Steinwurf weit entfernt war, ging mein Vater mit mir an einem naßkalten Tag im März in die Klinik, um sein zweites Kind zu sehen, das leider ebenfalls ein Mädchen war. So ein Krankenhausbesuch wäre ja nichts Außergewöhnliches gewesen, wenn wir nicht einen heimlichen, ungewollten Begleiter gehabt hätten: meine Mulli. Mulli war die klügste, geduldigste, sanfteste Katze und mein liebster Spielkamerad. Mein Vater soll sie einmal, als meine Eltern noch kinderlos waren, von unterwegs mitgebracht haben, als sie ihn winzig klein von einer Mauer anmiaute.

Bald nachdem wir das Haus verlassen hatten, merkte ich, daß Mulli uns in einigen Metern Entfernung dicht an den Häusern mit hocherhobenem Schwanz folgte. Gerade so, als wüßte sie, daß das, was sie tat, eigentlich nicht erlaubt war. Ängstlich, mein Vater könnte etwas merken, schaute ich mich immer wieder nach ihr um, sagte aber nichts. Vom Krankenhauspersonal ebenfalls unbemerkt, gelang es Mulli, bis ins Zimmer meiner Mutter vorzudringen. Klug wie sie war, hatte sie sich sofort unter das Bett meiner Mutter geschlichen und verhielt sich in ihrem Versteck ganz ruhig, so daß niemand etwas merkte. Ich stand am Fußende des Bettes und war gänzlich uninteressiert an meiner Schwester, fand, daß sie eine breite Nase hatte und konnte nicht verstehen, warum sie die Augen nicht öffnete, wo wir doch gekommen waren, um sie anzusehen. Ängstlich sah ich ab und zu nach links und rechts und hoffte, Mulli würde nicht hervorkommen. Sie tat mir den Gefallen und bescherte mir keinen Ärger. Der Nachhauseweg ging genauso glücklich vonstatten, und ich war froh, als wir wieder daheim waren und ich mit Mulli spielen konnte.

Trotz meiner vielen Puppen, die ich auf ein Sofa setzte, ihre Kleidchen immer hübsch zurechtzupfend, spielte ich nur mit Mulli, wenn das Wetter es nicht erlaubte, draußen zu sein. Sie war weich und warm und ließ alles mit sich geschehen. Nie hat sie mich ihre Krallen spüren lassen oder gar den Versuch unternommen, wegzulaufen. Natürlich war ich darauf bedacht, ihr nicht weh zu tun. Aber es hätte ja sein können, daß ich ihr in kindlicher Unwissenheit mit meinem Transport-Klammergriff unbedacht weh tat. Mit dem rechten Arm griff ich unter ihre Vorderpfoten, drückte sie an mich, so daß ihr Kopf meine Wange berührte und die Hinterpfoten reglos herunterhingen. So trug ich sie überall herum. Unter dem Schreibtisch und unter dem Eßzimmertisch mit der lang herabhängenden Häkeldecke bettete ich sie in den Puppenkissen, denn das waren meine Häuser. Oder ich fuhr sie im Puppenwagen durch alle Räume. Während des ganzen Spiels sprach ich unentwegt im Flüsterton zu ihr – was ich sagte, weiß ich nicht mehr. Es muß auf sie aber beruhigend, ja irgendwie hypnotisierend gewirkt haben, denn sie leistete nie Widerstand. Mein ständiges Herumhantieren, mal auf die rechte Seite, dann wieder auf die linke, Pfoten mal unter die Zudecke oder darüber, alles ließ sie geduldig geschehen. Mulli war so richtig etwas zum Liebhaben, ein Stofftier mit Seele. Sie lief erst weg, wenn die Spielerei beendet war und ich sagte: »So, jetzt lauf, Mulli.« Solche Spiele fanden, wie gesagt, nur bei schlechtem Wetter statt, wenn ich Energiebündel, mit meiner Lebensfreude und dem Wunsch zu laufen, hüpfen, springen, toben, nicht nach draußen durfte.

Draußen – das war meine eigentliche Welt. Mit allen Kindern durfte ich spielen, und weil ich so mitfühlend war, verschenkte ich eines Tages mein gesamtes Spielzeug an arme Kinder. Als ich am Abend meinem Vater davon erzählte, sah er mich sehr traurig an, nahm mich bei der Hand und ich mußte ihm zeigen, wo die Kinder wohnten, damit er alles wieder einsammeln konnte. Ich weiß noch, daß ich sehr schuldbewußt war, weil ich meinen Vater so traurig gemacht hatte, und ich zog es von da an vor, mit dem Sohn unserer Putzfrau zu spielen, der nur »Sohni« genannt wurde. Seinen eigentlichen Vornamen habe ich nie gekannt. Er war genauso sanftmütig wie meine Mulli, aber ein bißchen dick. Mit ihm konnte ich so schön um die Wette Roller fahren, wobei ich nicht immer Sieger war.

Ein ständiges Problem stellten meine Haare dar. Blond, gelockt, gewellt, seidenweich bis zum Po reichend, hätte ich gut einen Weihnachtsengel spielen können. Da es damals aber unschicklich war, mit offenen Haaren herumzulaufen, war meine Mutter täglich mehrmals bemüht, Zöpfe zu flechten, in deren Enden je eine breite Taftschleife eingeflochten wurde, die dann wie zwei Propeller den Rücken bzw. meinen Po zierten. Der gleiche, ca. fünf Zentimeter hohe Propeller wurde ganz oben auf dem Kopf plaziert. Das war schon eine schöne Schmückung für ein kleines Mädchen, jedoch nur, wenn man artig still saß. Für einen Wildfang wie mich war das vergebene Liebesmühe. Sobald ich draußen war, bewegte ich mich mit erhöhter Geschwindigkeit, um meiner Freude am Leben Ausdruck zu verleihen. Erst einmal wurde die Straße rauf und runter gerast, dem folgte meistens Bordsteinhüpfen, das abgelöst wurde durch schnelle Drehungen um die eigene Achse. Wie ein Kreisel drehte ich mich, wobei meine Kleider, die zumeist aus Seide und von oben bis unten plissiert waren, hochflogen wie ein Teller. Und bald flogen mit dem Kleid auch meine offenen Haare um mich herum, alle Schleifenpracht war dahin.

Wir wohnten, wie schon erwähnt, in der Langen Reihe, die mitten im Zentrum und doch im Grünen lag. Unser direktes Gegenüber war die Chirurgische Universitätsklinik, die von Rasen und Bäumen umgeben war. Das ganze Areal umschloß ein hoher Eisenzaun, in dem sich am Ende, Richtung Wagner Straße, eine Doppeltürpforte befand. Oft war diese Einlaßmöglichkeit geöffnet, und wir Kinder spielten mit Vergnügen auf den Grünflächen der Klinik. Einmal spielte ein Soldat auf einem Akkordeon. Einige Verwundete und wir, für gewöhnlich eine sehr lebhafte Jungschar, hörten andächtig zu. Da sagte der spielende Soldat, wobei er mit dem Finger auf die Falten des Instruments deutete: »Wenn ihr hier Groschen reinlegt, spielt es viel schöner.« So jung wir auch waren, hat das doch niemand von uns Kindern geglaubt.

Eines Tages machte meine Mutter wahr, was sie schon oft angekündigt hatte. Sie schob den Kinderwagen, in dem meine Schwester lag, hinaus zu mir mit der Aufforderung, auf dem Bürgersteig immer artig auf und ab zu fahren. Da es damals Widerrede oder Ungehorsam gegenüber Erwachsenen nicht gab, und schon gar nicht gegen die Mutter, blieb mir keine andere Wahl, als »ja« zu sagen, auch wenn mir das überhaupt nicht paßte. Eine Weile blieb ich ruhig am Wagen stehen und machte mich mit der neuen, ungewollten Situation vertraut. Dann kam mir eine Idee, wie ich Schnelligkeit und

Kinderwagenschieben miteinander verbinden könnte. Warum mußte man einen Kinderwagen stets langsam hin- und herschieben? Das könnte man doch auch schnell machen. Also steckte ich meinen Kopf in das Fußende des Wagens, stützte mich auf beiden Seiten mit den Händen auf dem Wagenrand ab und rannte los, so schnell ich konnte, die Lange Reihe hinunter. Plötzlich wurde ich gestoppt. Passanten hatten es gerade noch verhindern können, daß ich ohne hinzusehen eine Kreuzung überquerte. Sie mußten mich gekannt haben, denn sie brachten mich mit dem Kinderwagen nach Hause. Ich erhielt das Verbot, jemals wieder meine Schwester ausfahren zu dürfen. So böse hatte ich das zwar nicht gemeint mit meiner Fahrerei, aber traurig machte mich dieses Verbot gewiß nicht. Das war meine erste und meine letzte Alleinfahrt mit dem Schwesterchen.

Der ostpreußische Winter kam früh, mit großer Kälte, viel, viel Schnee und wurde von allen Kindern sehr geliebt. Ein Winter in Ostpreußen ohne Schnee, das wäre undenkbar gewesen, wie Leben ohne Sterben. Niemand schimpfte über die plötzliche, dicke weiße Verkleidung oder versuchte gar durch Streuen dagegen anzukämpfen. Nein, Schnee war eine natürliche Folge des Winters, und die Menschen akzeptierten die Sprache der Natur. Entsprechend warm, wie es ostpreußische Menschen zu dieser Jahreszeit gewöhnt waren, verpackte meine Mutter ihre zwei Mädchen in Pelze und Muff auf den Schlitten und fuhr so mit uns durch die verschneite Stadt. Wenn alles so weiß bedeckt war, machte es auf mich den Eindruck, als würde die Erde frieren und müsse mit einer großen, weißen Decke zugedeckt werden. Ich wünschte mir, daß es viel länger Winter wäre, weil mir dieser saubere Anblick so gefiel. Wenn die dicken Flocken ganz sachte und dicht herunterrieselten, so daß man manchmal kaum die Menschen auf der Straßenseite gegenüber erkennen konnte und dann auch noch ein Pferdeschlitten an uns vorbeifuhr, dann fühlte ich mich wie im Märchen.

In dieser Jahreszeit wurde nur draußen gespielt. Meine Phantasie, was man mit dem herrlichen weißen Element alles machen konnte, war grenzenlos und die Zeit des Spiels viel zu kurz. Meistens baute ich Häuser aus Schnee und war damit so beschäftigt, daß ich das Heimgehen der anderen Kinder häufig nicht bemerkte. Ich baute und baute, stöhnte und schwitzte unter den von mir zusammengerollten Schneemassen und freute mich, wenn ein »Bauwerk« fertig war.

Mir war es im Winter immer zu warm. Das lag wohl daran, daß ich viel zu dick angezogen wurde. Unter dem Pelzmäntelchen – dazu gab es eine passende Mütze aus gleichem Fell – kam zunächst der Trainingsanzug und darunter trug ich, ich weiß nicht wie viele warme Unterhosen und Strümpfe. Während des Spiels zog ich es daher vor, wegen des umständlichen An- und Ausziehens lieber nicht zur Toilette zu gehen. Abkühlung verschaffte ich mir, indem ich den Mund immer ganz weit öffnete und so die kalte Winterluft regelrecht in mich einsog. Das hatte zur Folge, daß ich vereiterte Mandeln bekam, die aber als solche nicht erkannt wurden, mir dafür aber alljährlich ein vereitertes Mittelohr bescherten, das in meinem dritten Lebensjahr erstmals aufgestochen werden mußte. Vor Einbruch der Dunkelheit wurde ich hereingerufen, und drinnen warteten auf mich, im mollig warmen Wohnzimmer, Bratäpfel, die meine Mutter in die Röhre des Kachelofens im Wohnzimmer gelegt hatte. Sie zu verspeisen war stets ein ganz besonderer Hochgenuß – und ist es, wenn es zur Weihnachtszeit Bratäpfel gibt, bis heute geblieben.

Mit Süßigkeiten wurde kein Kind damals verwöhnt. Schokolade gab es nur ganz, ganz selten und wenn, dann nur ein winziges Stückchen von einer großen Tafel. Bonbons gab es überhaupt keine, nur ab und zu ein Päckchen Brausepulver. Nicht etwa, daß es nichts zu kaufen gab. Nein, die Geschäfte waren ebenso gefüllt wie heute, nur war es eine andere Zeit. Es wurde gehaushaltet und die Kinder dahingehend erzogen, daß das Leben nie in verschwenderischen Genüssen ausarten dürfe. Es sollte eingeteilt werden. Und so teilte ich mein Brausepulver schön ein, daß es zwei Tage reichte. Kurz gesagt: Ich war alles, nur nicht unglücklich! Einteilen und Sparen habe ich früh gelernt, was mir im späteren Leben sehr geholfen hat.

An ein anderes Ereignis ganz besonderer Art, im Zusammenhang mit Wohnzimmer und Gemütlichkeit, kann ich mich noch sehr gut erinnern. Ich saß am Eßzimmertisch. Müde und ruhig vom Spiel verzehrte ich meinen Bratapfel und lauschte auf die Musik, die aus dem Radio kam. Es war ein großer, blanker Apparat mit vielen Goldverzierungen und einem schönen, vollen Klang, der durch alle Räume zu hören war. Meine Mutter sagte einmal, es sei das teuerste Radio gewesen, das es in der Stadt gegeben habe. Leise ging ich durch die weißen Flügeltüren ins Wohnzimmer, wo der Apparat links in der Ecke auf einem ebenso schönen Plattenspielerschränkchen mit Innenbeleuchtung und herausdrehbarem Plattenspieler stand. Ein Lied hatte meine ganze Aufmerksamkeit geweckt. In ihm wurde das traurige Leben eines Jungen besungen, der bei fremden Menschen arbeiten und im Stall schlafen mußte. Ich war entsetzt und tief bewegt, wie grausam andere Menschen doch sein konnten, daß es Kinder gab, die nicht ein so schönes Leben hatten wie ich. So stand ich vor dem

Apparat und weinte ganz still vor mich hin. Niemand sah meine Tränen, mein Vater war nicht zu Hause und meine Mutter hörte ich in der Küche hantieren. Schließlich tröstete ich mich, daß das sicher nur ein Märchen sei und die Menschen in Wirklichkeit gar nicht so böse wären. Später sollte ich noch oft an dieses Lied denken. Das war das einzige Mal, daß ich in meiner Königsberger Zeit geweint habe.

Obwohl sehr lebhaft und fröhlich, war ich andererseits folgsam. Was man mir einmal gesagt oder verboten hatte war Gesetz, das wurde widerspruchslos befolgt. Wußte ich doch, daß die Eltern es mit allen Anweisungen nur gut meinten. Gott sei Dank gab es noch keine antiautoritäre Erziehung, die den Nährboden für Egoismus und gestörtes Verhalten bildet. Von klein auf lernte man nicht nur das Sprechen und das Gehen, sondern auch, wie man mit Respekt und Achtung anderen Menschen zu begegnen hatte. Ein Gespräch, das zwei Erwachsene führten, zu unterbrechen, wäre undenkbar gewesen. Man tue das ja später, wenn man erwachsen sei, auch nicht, bekam man dann zu hören. Bei Tisch zu schweigen und gerade zu sitzen, um späteren Haltungsschäden vorzubeugen, war ebenso selbstverständlich, wie keine frechen Widerreden zu geben, wenn man etwas falsch gemacht hatte und gemaßregelt wurde. Dies und vieles mehr gehörten damals zu einer Erziehung, die sich über Jahrhunderte bewährt hatte, und niemand trug seelischen Schaden davon – im Gegensatz zu einigen anderen Methoden, die seit 1945 praktiziert werden. Ich bin froh, nicht in die heutige Zeit, in der es keine Werte, Richtlinien und Maßstäbe für eine gesunde Entwicklung von Seele und Geist gibt, hineingeboren zu sein. Heute bleibt die Entscheidung, ob man gut oder überhaupt nicht erzogen durchs Leben gehen möchte, nicht selten den Kindern überlassen. Ja, und dann wundern sich manche Eltern über die aufgehende Saat. Was man nicht gesät hat, kann man auch nicht ernten.

Nicht nur der Winter, auch der Sommer hatte verläßliche Qualitätsprädikate: warm, trocken, mild. Ein Regenschauer war meistens kräftig, kurz, erfrischend und bald vergessen. Regen stimmte mich schon als kleines Kind nachdenklich. Hinter dem geschlossenen Wohnzimmerfenster beobachtete ich die großen Regentropfen, wie sie, Knallerbsen gleich, auf dem Asphalt aufschlugen, nach allen Seiten auseinanderspritzten, um sich gleich danach in einem großen Strom zu vereinigen, die Straße entlang flossen und dann im Gulli verschwanden. Dieses Schauspiel fand ich immer viel zu kurz, denn so schnell, wie der Regen gekommen war, so plötzlich hörte alles wieder auf.

Wenn die Königsberger im Sommer an den Sonntagen nicht im Tiergarten, in den Schloßanlagen oder zum Pferderennen waren, dann strömten sie schon in den frühen Morgenstunden, mit dem Bademantel über dem Arm und der Strandtasche in der Hand, zum Bahnhof, um mit der Samlandbahn zu einem der Ostseebäder Rauschen oder Cranz zu fahren.

Die Menschen in Königsberg hatten das große Glück, die Perlen ostpreußischer Schöpfungsgeschichte, die die Städter hinauslockte zu diesen herrlichen Flecken Erde, direkt vor ihrer Tür zu haben. So vollzog sich an jedem Wochenende eine regelrechte Völkerwanderung. Die Samlandbahn, im Privatbesitz, beförderte nur Personen, keine Güter, und pendelte ständig zwischen den Seebädern und Königsberg hin und her. Schon die Fahrt in solch einem Bummelzug mit seinen nostalgischen Waggons, wie man sie heute nur noch in Spielzeugläden findet, war ein Erlebnis. Da die Züge mit den vielen badefreudigen Sonntagsausflüglern überfüllt waren und die Eisenbahn damals noch mit geringer Geschwindigkeit fuhr, mußten viele Reisende während der Fahrt draußen stehen. Das ist etwas, was für heutige Verhältnisse undenkbar wäre. Die Waggons hatten am Anfang und Ende je eine kleine, überdachte, mit Eisengitter umrahmte Stehplattform, auf der man stehenbleiben durfte, wenn es im Wagen so eng war, daß kein Hering mehr hineingepaßt hätte. Es hatte indes auch etwas Gutes, denn der Fahrtwind blies angenehme Abkühlung in die sonnengebräunten oder geröteten Gesichter, wenn es am Abend heimwärts ging.

Schon 1942 hatten meine Eltern ein Auto gekauft, aber so eine Autofahrt bekam mir gar nicht. Schon vom Geruch des Benzins wurde mir übel, und dann dauerte es nicht lange, bis mein Vater anhalten mußte und mein Magen sich entleerte. Eine Autofahrt war für mich immer eine schreckliche Tortur, und so zogen es meine Eltern mir zuliebe vor, am Sonntag mit der Bahn zu fahren. Wir fuhren immer nach Rauschen, das war schon so etwas wie ein zweiter Wohnsitz. Mein Vater hatte dort einen großen Bauplatz gekauft, auf dem nach dem Krieg ein Haus gebaut werden sollte. Wenn man in Rauschen den Bahnhof verlassen hatte, standen entlang der Wegstrecke zum Strand Fischerfrauen und boten ihre frischgeräucherten Flundern an. Meine Mutter erzählt noch heute, was für eine Delikatesse solch ein Fisch war, der im Geschmack, was den Genuß von später in der Bundesrepublik verzehrten Räucherfischen betrifft, unerreicht geblieben ist.

Die vielen Sonntagsausflügler, die die Züge aus Königsberg brachten, hatten sich an den kilometerlangen Stränden bald verlaufen. Für diese Kurzurlauber waren die Dünen beliebte Sonnen-, Erholungs- und

Ruheplätze, im Gegensatz zu den eigentlichen Urlaubern, die aus ganz Ostpreußen und dem Reich hier ihre Ferien verlebten. Diese hatten nicht nur ihre Strandkörbe, umgeben von hohen Wällen mit Zierbildern aus Muscheln und Steinen, womit um die schönste Burg gewetteifert wurde, sondern vor allen Dingen ihre festen Quartiere, die meistens schon ein Jahr voraus gebucht wurden. Platz gab es auf jeden Fall für alle an dem langen Strand. In Rauschen erinnere ich mich nicht nur an ein schönes, großes Kurhaus mit vielen Fenstern und Rundausbau, sondern an Restaurants, Cafés und Hotels mit Gärten, in denen man hübsch draußen sitzen konnte. Auch gab es eine Vielzahl von herrlichen Villen. Ein Haus war schöner als das andere, wie im Märchenland. Wie ich mir später sagen ließ, waren Geschäftsleute, Firmen und Gutsbesitzer dazu übergegangen, Villen als Geldanlage zu kaufen und darin Mitarbeiter mit ihren Familien kostenlos Urlaub verleben zu lassen. Nur für die Verpflegung mußten sie selbst Sorge tragen, das Wohnen war umsonst. Ostpreußisches Wirtschaftswunder vor fünfzig Jahren!

Dort wo die Häuser aufhörten, begann die nächste Naturschönheit: ein nicht enden wollender Tannenwald. In Ostpreußen war Wald immer in Privatbesitz. Er gehörte Gutsbesitzern und reichen Bauern. Nie war er jedoch eingezäunt, sondern für jedermann frei zugänglich. Es mag unglaubwürdig klingen, aber der Wald war wirklich »gefegt«. Nicht nur heruntergefallene Äste wurden von den Fischerfrauen aufgesammelt, vor allen Dingen die Tannennadeln, die am Boden lagen, fegten sie auf; beides brauchten sie zum Räuchern der Fische, die dadurch den guten Geschmack bekamen.

Wegen der vielen Freizeitmöglichkeiten verlebte jeder Ostpreuße seinen Urlaub verständlicherweise im Heimatland. Wozu sollte man auch in die Fremde reisen, wo man doch alles vor der Tür hatte. Ob im Winter Skilanglauf, Abfahrtslauf, Schlittschuhlauf, was übrigens fast jedes Kind, ob aus der Stadt oder vom Land, beherrschte, oder aber die vielen Wassersportmöglichkeiten im Sommer – es war für jeden etwas da. Das Ostpreußenland verließ man nur für Geschäftsreisen oder um Verwandte zu besuchen. Verwandtschaftsbande wurden in Ostpreußen sehr gepflegt und durch möglichst häufige Besuche immer wieder neu gefestigt. Man konnte es sich gar nicht vorstellen, daß man auch einmal in ein anderes Land reisen wollte, ohne Verwandte dort zu haben.

Folgende Geschichte habe ich selbst, rund 30 Jahre später, erleben dürfen. Während meiner Berufstätigkeit in Stuttgart arbeitete ich mit einem jungen Mann zusammen, der nicht nur sehr humorvoll, sondern durch und durch ein Schwabe war. Für ihn gab es nichts Schöneres als Stuttgart und Baden-Württemberg. Er machte daraus kein Hehl, alle wußten es und hänselten ihn diesbezüglich manchmal, was er gelassen und mit Humor hinnahm. Jedes Jahr fuhr er nach Italien in Urlaub und weinte dort vor Heimweh. Er war erst wieder glücklich, wenn er in seinem Schwabenländle war. Eines Tages drückte ich ihm einen Bildband über Ostpreußen in die Hand. Fast hatte ich damit gerechnet, daß er ihn mir, höflich dankend, gleich wieder ungelesen zurückgeben würde. Aber nein, er nahm ihn an, was mich erstaunte, blätterte und las lange darin. Als er nach einer ganzen Weile zu mir kam, hatte er ein sehr ernstes und nachdenkliches Gesicht und sagte: »Bis jetzt glaubte ich immer, Baden-Württemberg sei das schönste Land, aber Ostpreußen muß ja das Paradies gewesen sein.« »Ja«, sagte ich traurig, »es war das Paradies, das wir verloren haben.«

Einige Jahre später passierte eine ähnliche Begebenheit. Ich hatte ein längeres Gespräch mit dem Besitzer einer weit über Deutschlands Grenzen hinaus bekannten Internatsschule, die gerade ihr 100jähriges Bestehen feiern konnte. Als er hörte, daß ich aus Königsberg stamme, sagte er gleich, daß sein Vater in Königsberg studiert und von dieser Stadt und Ostpreußen über alle Maßen geschwärmt habe mit den Worten: »Oh, was sind wir doch da für arme Menschen gegenüber den Ostpreußen.« Ja, Ostpreußen war einzigartig und mit keinem anderen Land vergleichbar. Aber ich will fortfahren mit dem Schildern meiner Kindheitseindrücke und meiner letzten Erlebnisse.

Die Natur lernte ich so richtig kennen und lieben bei meinen Großeltern in Hindenburg bei Labiau, wo wir oft Besuche machten. Die Mutter meiner Mutter, eine ehemalige Gutsbesitzerstochter, hatte sich hierher auf einen mittelgroßen Hof verheiratet, wo meine Mutter und ihre vier Geschwister geboren wurden.

Die Zugfahrt von Königsberg nach Labiau fand ich stets besonders schön. Über weite Strecken sah man links und rechts des Zuges nur gelbe Getreidefelder. Gelb bis zum Horizont. Der Fahrtwind bewegte die Ähren in Wellen, so daß es aussah, als fahre man durch ein einziges, großes, gelbes Meer. Ab und zu tauchte ein Bauerngehöft auf, das wie alle Bauernhöfe hufeisenförmig und sehr großzügig angelegt war. Links und rechts standen Scheune und Stallungen und in der Mitte ein prächtiges, weißgestrichenes, reetgedecktes Wohnhaus. Alle Gebäude zusammen umrahmten einen großen Hof.

In Labiau angekommen, wurden wir meistens von meinem Großvater mit Pferd und Wagen, oder im Winter mit dem Pferdeschlitten, abgeholt. Letztere Fahrmöglichkeit fand ich immer besonders aufregend. Im

Schlitten wurden wir in Felldecken gehüllt, daß von mir nur noch Augen und Nase herausguckten. Mein Großvater trug einen Pelz, der fast bis zur Erde ging, und seine tiefsitzende Pelzmütze wurde anscheinend nur von seinen roten Ohren am Weiterrutschen gehindert. Er trug einen wilhelminischen Schnurrbart, in dem zu dieser Jahreszeit stets einige Tropfen hingen. Sogar die Pferde hatten eine Decke auf ihrem Rücken. Mein Großvater soll die größten und stärksten Pferde im Dorf gehabt haben, was ich gerne glauben will, denn sie waren wirklich ungeheuer groß und dick. Auf mich machten sie immer den Eindruck von Elefanten. Die Fahrt ging dann entlang des Flusses von Labiau nach Hindenburg, eine Strecke von etwa drei Kilometern Länge auf festgefahrenem Schnee.

Das Haus meiner Großeltern strahlte sehr viel Gemütlichkeit aus. Es war ebenfalls weiß angestrichen, mit einem tief herunterreichenden Reetdach und einem großen Blumengarten davor. Innen waren die Wände so sauber weiß wie außen. Meine Mutter sagte mir, daß es Sitte war in Ostpreußen, in jedem Frühjahr das Haus, außen wie innen, neu zu weißen. Nur das gute Wohnzimmer hatte Tapeten, sehr teure, wie man sagte. Der Fußboden war aus ganz hellen Holzdielen, auf denen Flickenteppiche lagen, so wie es damals in den Bauernhäusern üblich war. Man hätte die Hausfrau sehr beleidigt, wäre man mit Schuhen ins Haus gekommen, die wurden vor der Türe ausgezogen. Die Stubendecken waren mit Balken durchzogen, und vor den Fenstern hingen gestärkte, großmustrige Baumwollstores, die von der Decke bis zur Erde reichten. Wann immer wir kamen, ob im Winter oder Sommer, wartete in der großen Wohnküche auf dem Eßtisch ein riesiger Teller mit Streusel- oder Zuckerkuchen. Im Sommer war es üblich, daß am Samstag nach getaner Arbeit das ganze Haus mit Blumen aus dem Garten geschmückt wurde. Überall standen gefüllte Vasen. Das fing schon im Hausflur an, in dem man von einer Bodenvase mit langen Birkenästen und Gartenblumen empfangen wurde. Wenn so eine Hausschmückung abgeschlossen war, wurden die Wege im Blumengarten geharkt und manchmal sogar mit einem Parkettmuster verziert. Das war das »Sonntagskleid« für den Garten und das Zeichen für jeden, ihn jetzt nicht mehr zu betreten.

Nach unserer Ankunft blieb ich meistens nicht lange im Haus. Ein Stück Kuchen, und dann ging es ab wie der Wind durch die Hintertür des Hauses, vorbei am Brunnen, über die Wiese, auf der die Kühe weideten, und dann war ich auch schon am Wald. Meine Mutter erzählte, daß ihre Mutter einmal am Rand dieses Waldes Maiglöckchen gepflückt habe und als sie sich aufrichtete, soll vor ihr, still wie eine Statue, ein Elch gestanden haben. Sie sei so erschrocken, daß sie die Blumen fallen ließ und zum Haus gerannt sei. Erst als sie sich auf einem Stuhl niedergelassen hatte, fiel ihr ein, wie dumm sie gewesen war, vor einem Elch Reißaus zu nehmen. Elche tun doch keinem etwas.

Hinter diesem Wald kam weißer Sandstrand und wieder Wasser – das Kurische Haff. Im Sand wuchsen hohe Schilfstengel, die fast so groß wie ein Mensch waren. Sie standen genügend weit auseinander, so daß wir Kinder mit Vorliebe dort hindurchliefen. Es war herrlich, auf Sandboden durch Schilf zu laufen, und so nannten wir ihn unseren Kinderwald. Doch oft blieb ich auch nur einfach still stehen, um den Sprachen der Natur zu lauschen. Da war das wehmütige, flüsternde Klagen der Tannen. Traurig, zurückhaltend hörte es sich an, so als wollten sie etwas von vergangenen Zeiten erzählen; als gefiele es ihnen gar nicht, so unbeweglich, so angewurzelt stehen zu müssen, wie ein Stiefkind.

Dem Wald gegenüber lag der große freche Bruder – das sich ständig voller Unruhe bewegende, brausende Wasser des Haffs. Gewaltige, donnernde, zischende Wellen, die kleiner wurden, je näher sie zum Strand kamen, so als wollten sie einem die Hand geben, nur um sie jedesmal im letzten Moment wieder zurückzuziehen. Dies alles brachte ganz andere Geräusche mit sich. Es war ein bestimmendes Rauschen, drohend, beherrschend, das keine Zweifel über die eigene Wichtigkeit aufkommen ließ. Es wollte unbedingt beachtet werden in seiner unberechenbaren Urkraft und Gewalt. Wald, Wasser, Sand, Sonne und eine leichte Brise, das gab mir ein unendliches Gefühl von Freiheit, Frieden und seligem Glücklichsein. Nie hätte ich geglaubt, daß sich daran jemals etwas ändern würde.

Angst war etwas, das ich noch nicht kannte. Dieses Gefühl lernte ich erst mit sechs Jahren kennen, dann aber um so stärker. So wie die Menschen nachts ihre Häuser nicht abschlossen, weil sie weder Einbrecher noch Mörder zu fürchten hatten, so brauchte auch niemand Angst zu haben, durch den Wald zu gehen. Meine Mutter habe ich oft gefragt, wie das in ihrer Kindheit war, und auch sie sagte mir, daß sie ein Angstgefühl nie gekannt habe. Mit großer Vorliebe sei sie mit ihren vier jüngeren Geschwistern in den Wald und an den Strand gegangen, wo sie stundenlang gespielt hätten, aber nie habe die Mutter sich Sorgen machen müssen. Auch habe man nie von Menschen gehört, die sich Frauen oder Kindern in böser Absicht genähert hätten. Die Wörter »Kindesentführung«, »Vergewaltigung«, »Raub«, »Mord«, »Totschlag« habe sie in ihrer Kindheit nie gehört. Ein herrliches Kinderleben, das sie haben durfte – in Ostpreußen.

Sie erzählte weiter, daß der nahegelegene Strand ein beliebtes Ausflugsziel war. Für Schulklassen, Vereine und Kindergärten waren Wald, Sand und Wasser ein beliebtes Fleckchen Erde, um sich in Freiheit tummeln zu können. Aber auch die Labiauer und Hindenburger verlebten gerne ihre Sommersonntage am schönen Strand. Wenn zudem noch Besuch kam, wurden die Pferde angespannt und man fuhr mit großen Vesperkörben hinaus in die herrliche Natur. Während die Familien in frischer Seeluft und Sonnenschein, bei Streuselkuchen und Kaffee, im Sand picknickten, durften die Pferde im kühlen Wald ausruhen.

Auch im Winter soll das Haff einen gigantischen Zauber entfaltet haben. Zugefroren, mit einer Eisdecke von 20 bis 30 Zentimeter, bot es den vielen Kindern eine beliebte Schlittschuhfläche. Durch die sich ständig bewegenden Wassermassen wurde das Eis immer wieder aufgebrochen und zu haushohen Pyramiden zusammengeschoben. Wenn die Sonne darauf schien, glitzerten diese bizarren Eisberge wie mit tausend Sternen übersät. Ein sehr einträgliches Geschäft war der Eisverkauf. Männer kamen und schnitten aus dem Eis große längliche Stücke, wie Balken, die dann an Privathaushalte, Hotels, Restaurants, ja überall dorthin verkauft wurden, wo es Kühlschränke gab. Diese wurden nämlich nicht, wie heute, mit Strom gekühlt, sondern mit großen Eisstücken. Man mußte also Kühleis kaufen. Durch das herausgeschnittene Eis entstand in der Eisdecke des Haffs eine Wasserstraße. In dieser legten die Männer Fischernetze aus, und da das Haff voll gewesen war mit den besten und größten Fischen, war ein ausgiebiger Fang bald garantiert. Aale, Dorsche, Hechte, Welse, Stich-linge und viele andere Fischsorten fanden sich in den Netzen.

Die ostpreußische Landschaft war von geheimnisvoller Schönheit. Einerseits wildromantisch, andererseits klar und wie nach einem geheimen Plan wohlgeordnet. Wie die Natur, so war auch das Klima. Frische, staubfreie, gesunde Luft ließ die Menschen kernig, zäh und alt werden. Herzinfarkt – das war keine Krankheit in Ostpreußen, auch nicht bei der hart arbeitenden Landbevölkerung. In der Erntezeit wurde nicht selten von Sonnenaufgang bis Sonnenuntergang gearbeitet, aber krank wurde deshalb keiner. Die Menschen starben erst zwischen achtzig und hundert. Unsere heutigen Zivilisationskrankheiten wie Husten, Schnupfen, Halsschmerzen, Fieber und Grippe waren weitgehend unbekannt. Meine Mutter erzählte oft, daß weder sie noch ihre vier Geschwister oder ihre Eltern je einmal krank gewesen seien. Kinderkrankheiten, auch ohne Impfungen, und Zahnarztbesuche waren ebenso unbekannt. Mit 38 Jahren war meine Mutter mit ihrem blütenweißen Gebiß und geraden Zähnen wie Perlen erstmals zum Zahnarzt gegangen.

Auch waren die Ostpreußen äußerst gutmütig, gastfreundlich und von einer Hilfsbereitschaft, die schon in Aufopferung überging. Gerade diese Charaktereigenschaften wurden von der im Westen einheimischen Bevölkerung, jedenfalls dort, wohin wir verschlagen wurden, nicht verstanden. Wir wurden verhöhnt, verspottet, und man sagte uns wörtlich ins Gesicht: »Ihr seid ja doof. Gutmütigkeit gibt es doch gar nicht und Hilfsbereitschaft schon überhaupt nicht. Jeder hat nur für sich selbst zu sorgen und zu denken.« Aber unsere Mutter erzählte, wie es früher war, in ihrer Kindheit und Jugend in Hindenburg. Nachbarschaftshilfe wurde groß geschrieben. Der Ursprung dafür lag in grauer Vorzeit, als Ostpreußen noch sehr schwach besiedelt war und die Menschen einander brauchten.

Jedes Frühjahr, wenn die Auswirkungen des Winters an manchen Dächern, Hauswänden, Ställen oder Zäunen sichtbar wurden, halfen alle Männer, diese Schäden zu beseitigen. Auch bei den ganz normalen Reparaturarbeiten, wie dem Verlegen neuer Dielen im Haus, dem Erneuern von Fenstern und Türen, dem üblichen, alljährlichen Weißanstrich von innen und außen, dem Instandsetzen einer landwirtschaftlichen Maschine oder eines Fuhrwerks, oder etwa wenn eine Kuh beim Kalben Hilfe brauchte, immer konnte man mit dem Nachbarn wie mit einem Verwandten rechnen. Auch wenn bei großen Familienzusammenkünften wie Taufe, Konfirmation, Hochzeit oder Beerdigung noch ein zusätzliches Pferdegespann mit Wagen gebraucht wurde, war der Nachbar zur Stelle. Man half unaufgefordert und unentgeltlich. Das war ein stilles, ungeschriebenes Gebot.

Ganz besonders gerne erzählte meine Mutter immer von den guten nachbarschaftlichen Beziehungen zum angrenzenden großen Bauernhof der Familie Albert Daudert. Man ging gegenseitig in den Häusern ein und aus, so als bildeten alle eine Familie. Jeden Sonntagnachmittag war meine Mutter, als sie noch ein Kind war, bei Dauderts, wo mit den schon etwas größeren Töchtern Gesellschaftsspiele veranstaltet wurden. Kino, Diskothek und ähnliches gab es damals nicht. Getanzt wurde nur einmal im Jahr – zum großen Schützenfest. Sogar die Tiere schienen den schon fast verwandtschaftlichen Kontakt zu spüren. Regelmäßig führte Dauderts Hahn seine Hennen auf Junkeits Hof, und einmal hatte sich sogar eins von Dauderts Schweinen in den Stall meiner Großeltern verirrt.

An einem heißen Sommertag, als meine Großeltern mit ihren Kindern gerade zu Mittag aßen, kam der einzige Sohn von Bauer Daudert, schreiend und in jeder

Hand einen vollen Wassereimer tragend, auf den Hof gelaufen: »Euer Haus brennt!« Meine Großeltern hatten noch nichts vom Feuer auf ihrem reetgedeckten Dach bemerkt und waren erst einmal fassungslos. Derweil hatte der junge Nachbarssohn sich schon eine Leiter geholt und das Feuer gelöscht, das sich durch die Hitze entzündet haben mußte. Auch so konnte Nachbarschaftshilfe aussehen.

Als die drei großen Mädchen, eine nach der anderen, heirateten – und es waren große Bauernhochzeiten, die zu Hause gefeiert wurden –, halfen meine Mutter und ihre Schwestern der Bäuerin nicht nur mit ihrer Arbeitskraft am Tag der Feier, sondern meine Großmutter hatte schon den Tag zuvor eine große Zinkwanne mit Geschirr, Besteck und zusätzlicher Tischwäsche hinübergegeben. Wenn später bei Junkeits ähnlich gefeiert wurde, ging die ganze Hilfsaktion in umgekehrter Richtung vonstatten. Gegessen wurde in überschwenglichem Maße den ganzen Tag und bis spät in die Nacht, und dann war immer noch so viel übrig, daß jeder, ob Gast oder Hilfskraft, ein Wegpaket mit Braten und Kuchen erhielt.

Ostpreußische Bauern waren reich und dementsprechend wurde auch eingeladen. Eine Bauernhochzeit umfaßte meistens 40 bis 50 Personen, die alle mit ihren prächtigen Sonntagskutschen angereist kamen. Nicht nur für die umfangreichen Vorbereitungen, wie dem Backen von Kuchen und Torten, boten sich der Bäuerin viele freiwillige Helferinnen aus der Nachbarschaft an, sondern auch für die Schmückung des Brauthauses mit Blumen, Birkengrün oder Tannen. Zwei frischgeschlagene Tannen wurden zu beiden Seiten des Hauseingangs plaziert und der ganze Hof mit kleingehackten Tannen bestreut, so daß die Brautleute auf einem weichen Teppich von Tannenreisern gingen. Auf den Hochzeitsfotos meiner Tanten, den Schwestern meiner Mutter, ist das noch deutlich zu sehen, und ich finde, es war ein schöner Brauch; Tannen symbolisierten unser Ostpreußen, das Land der dunklen Wälder. Die Kutschen wurden mit selbstgeflochtenen Blumenkränzen geschmückt, und sogar die Pferde bekamen in ihr blankes Geschirr Blumen oder Grün gesteckt.

Nicht nur zu Hochzeiten, zu all den anderen vielen kleinen oder größeren Familienfesten, nicht zu vergessen den Geburten, immer half man einander. Die ostpreußische Landbevölkerung lebte, als seien sie alle miteinander verwandt. Ungeachtet ob arm oder reich, geholfen wurde dem, der Hilfe brauchte. Dieser ausgeprägte Helfergeist hat sich von Generation zu Generation weitervererbt. Auch wenn es keine Feste zu feiern gab, war ostpreußische Gastlichkeit immer etwas Besonderes. Jeder Gast, ob er nur ganz kurz blieb oder ob es sich um einen etwas längeren Besuch handelte, ob es eine Person war oder mehrere, wurde immer bewirtet, als ob es sich um den König von Preußen handelte. Es wurde alles aufgetragen, was Küche und Speisekammer zu bieten hatten. Wenn es sich zudem noch um Besuch aus der Stadt handelte, benahm sich das ostpreußische Bauernehepaar so, als würden die Städter grundsätzlich am Hungertuch nagen. Ein Setzei für eine Person bestand aus fünf in die Pfanne geschlagenen Eiern, dazu große Scheiben selbstgebackenen Landbrots, mehrere Scheiben Schinken und eine große Kanne Milch. Das alles für einen Kurzbesuch von einer Stunde. Zum Abschied gab es natürlich noch das unvermeidliche Lebensmittelpaket für zu Hause mit.

Jahrzehnte später machte ich die Bekanntschaft einer Lehrerin aus Stuttgart, die ihr Pflichtjahr in Ostpreußen auf einem Gut geleistet hatte. Sie sagte, daß sie niemals mehr in ihre Heimatstadt Stuttgart zurückgekehrt wäre, hätte es den Krieg nicht gegeben. Sie habe nicht geweint, als sie von Stuttgart nach Ostpreußen reisen mußte, aber als sie von Ostpreußen wieder habe gehen müssen, habe sie sehr geweint, weil sie dort bleiben wollte. Zum Abschied hatten ihr die Gutsleute, nach alter ostpreußischer Sitte, so viel Proviant mitgegeben, daß die vielen Würste und ganzen Schinken mit einem großen, verschließbaren Reisekorb per Frachtgut geschickt werden mußten. Geben, geben, geben, das war einer der großen ostpreußischen Wesenszüge – ebenso wie die Frömmigkeit, die einen ähnlich hohen Stellenwert einnahm. Fromm und wahrheitsliebend verkörperten sie stille Zurückhaltung und Bescheidenheit. Der Glaube wurde ausgerichtet am »Sein« und nicht am »Schein«. Er konzentrierte sich auf das Wesentliche und hing keiner falschen Frömmigkeit an.

»Du sollst den Feiertag heiligen«, so steht es in der Bibel, und so hielten es auch die Ostpreußen. Sonn- und Feiertage gehörten Gott und der Familie. Wer nicht in die Kirche gehen konnte, wurde von dem mitgenommen, der mit Pferd und Wagen hinfuhr. Die großen Güter besaßen sogar extra »Kirchwagen«, mit denen ihre Landarbeiter und Familien zur Kirche gefahren wurden. In den Sommermonaten, so erzählte meine Mutter, gingen ihre Eltern mit den Kindern nach der Messe zu den eigenen Feldern, um zu sehen, wie das Korn stand, wobei immer ein frischer Kornblumenstrauß für den Mittagstisch gepflückt wurde. Sonnenschein, Vogelstimmen, Harmonie und Frieden begleiteten solche Sonntagsspaziergänge. Im Winter, wenn die Wege oft zugeschneit waren und der drei Kilometer lange Weg bis in die Kirche nach Labiau sehr strapaziös gewesen wäre, wurde in so manch einem Bauernhaus in Hindenburg

Heimandacht gehalten. Ein Familienmitglied, meistens der Bauer selbst, las aus der Bibel, und danach wurde gesungen und gebetet. Es verging nicht ein Sonntag, an dem nicht Gott für alles gedankt wurde, was man besaß, und um Schutz und Segen für die kommende Woche gebeten wurde.

Ich erinnere mich noch gut an den lauten Kirchengesang von Nachbar Daudert, wenn wir gerade wieder einmal bei meinen Großeltern übers Wochenende zu Besuch waren. Dauderts hatten große Angst, daß ihr schönes, großes Wohnhaus einmal abbrennen könnte. Diese Angst war berechtigt, denn man hatte ihnen gesagt, daß ihr Haus auf einer Wasserader stünde, die den Blitz bei Gewitter anziehen könne. Die Gebete müssen etwas bewirkt haben, denn das Haus überstand alle Gewitter, solange Menschen darin wohnten. Erst als Dauderts geflüchtet waren und niemand mehr dort wohnte, schlug tatsächlich der Blitz ein und es brannte alles nieder!

Ganz besonders eindrucksvoll müssen die Weihnachtsfeste auf den verschneiten Bauernhöfen gewesen sein. Meine Mutter erzählte, daß jeweils zwei Christbäume geschmückt wurden. Der Baum für die Erwachsenen, unter dem die Bescherung stattfand, stand im Wohnzimmer und wurde mit viel Lametta und teuren Kugeln geschmückt. Er reichte vom Fußboden bis zur Decke. Dann gab es noch ein kleines »Kinderbäumchen«, das seinen Platz in der geräumigen Wohnküche erhielt. Dieser Baum war mit selbstgebasteltem Schmuck behängt, den die Kinder an langen Winterabenden gefertigt hatten.

Am Heiligabend wurde bei jedem Wetter nach Labiau zur Kirche gegangen. Dick angezogen, so daß nur noch Augen und Nase herausguckten, machte sich die Familie – oft im Schneegestöber – auf den Weg zum Gotteshaus. Wieder zu Hause in der wohlig warmen Stube kam der Weihnachtsmann. Die Eltern saßen mit den Kindern im gemütlichen Haus, da klopfte es an der Tür, und die Herzen aller fünf Junkeitkinder schlugen bis zum Hals. In die Stube trat ein richtiger Weihnachtsmann mit einem Schafspelzmantel, Larve über Kopf und Gesicht, Sack auf dem Rücken, Rute in der einen Hand und brennender Stallaterne in der anderen. Seltsamerweise wußte er alles über jedes Kind, und manchmal kam auch die Rute ein wenig zum Einsatz, aber dann bekam doch jedes Kind einen großen, roten Apfel aus dem Sack. Meine Mutter erzählte weiter, daß sie nie wußten, wer der Weihnachtsmann war, weil beide Eltern doch immer anwesend waren. Bis es eines Tages, da waren die Junkeitkinder schon im Backfischalter, durch Zufall herauskam, daß es der Sohn von Bauer Daudert gewesen war. Den Schafspelz, dessen Fell sonst nach innen getragen wurde, kehrte man nach außen, damit es nach einem richtig echten Weihnachtsmann aus dem Wald aussah.

Nachdem die Kinder ihren Apfel bekommen hatten, der Weihnachtsmann wieder gegangen war und die Kinder sich erholt hatten, ging man zur Bescherung in die gute Stube. Da roch es nach Wachskerzen, Tannen und Zuckerkuchen, den die Mutter für ihre vielen hungrigen Mäuler auf die Mitte des Eßzimmertisches gestellt hatte. Geschenkt bekamen die Kinder nur nützliche Sachen wie Mützen, Schals und Handschuhe. Süßigkeiten gab es nicht, dafür aber, und das nur dies eine Mal im Jahr, Kakao zum Kuchen. Nach der Bescherung wurden Weihnachtslieder gesungen, worauf bald das Abendessen mit Klunkersuppe und Bratkartoffeln folgte. Da es weder Radio noch Fernsehen gab, wurde es für die Kinder keine lange Nacht; spätestens um 20 Uhr waren alle in den großen, dicken Betten.

Die Betten waren wirklich etwas Besonderes, ich habe selbst auch noch darin geschlafen. Die Bettgestelle waren hoch, aus schwerem Holz mit hölzernen, kleinen Krönchen auf allen vier Ecken und über dem Kopf eine Rose, ebenfalls aus Holz. Sie waren hergestellt wie für die Ewigkeit. Man lag, so war es damals üblich, auf einem Federunterbett. Die Zudecke war ein sehr dickes, aber leichtes Federbett aus Gänsedaunen, unter dem man als Kind fast nicht zu sehen war. Schlafanzüge waren noch nicht in Mode, jedenfalls nicht zur Kinderzeit meiner Mutter und so trug jedes Kind ein Nachthemd nach gleichem Muster: weißes Leinen, lang bis zur Erde, lange Ärmel und am Hals mit einem Bändchen zugebunden.

Wenn wir uns nicht in Rauschen oder Hindenburg aufhielten, dann waren wir beim Pferderennen in Königsberg, zu dem meine Eltern mit uns Kindern regelmäßig hingingen. Mich faszinierten die Pferde, und das bis zum heutigen Tag. Ich bewundere ihren schönen Körperbau, die schmalen Fesseln, die mit unendlicher Grazie den großen, schweren Körper bewegen, die Kraft, der sie sich selbst gar nicht bewußt sind, die Klugheit und die Gutmütigkeit. Für mich sind Pferde die schönsten Tiere der Welt. In diesem Zusammenhang erinnere ich mich an eine kleine Begebenheit. Mein Vater war, wie meistens, bei den Pferden oder am Wettschalter, meine Mutter stand mit uns beiden Kindern vorne in der ersten Reihe an der Rennbahn. Rechts von mir stand meine kleine Schwester im Kindersportwagen. Sie war noch so klein und sicher noch nicht am Pferdegeschehen interessiert. Ich aber war ganz bei den Pferden und dem donnernden Geräusch der Hufe. Als sie plötzlich in einem Wäldchen, das zur Rennbahn gehörte, verschwunden waren, rief ich laut: »Mutti, Mutti, jetzt sind sie hinter den grünen Waldesbäumen verschwunden.« Ein Herr, der links von mir stand, schaute zu mir herunter und lächelte. Ich aber schämte mich, weil ich glaubte, etwas Falsches gesagt zu haben. Vier Jahre alt muß ich gewesen sein.

Auch ein ganz normaler Stadtbummel war für mich ein schönes Erlebnis. Das fing schon mit dem Wechseln der Kleidung an. »Umziehen«, hieß das Stichwort, um in die Stadt zu gehen. In der Langen Reihe wohnten wir ja eigentlich mitten in der Stadt. Wenn meine Mutter aber eine Besorgung zu machen hatte, die weiter war als zum Kaufmann Schulz an der Ecke, dann hieß es umziehen. Damals waren Turnschuhe und Jeans noch nicht bekannt. Man hatte Spiel- oder Hauskleidung und die besseren Ausgehsachen. Je nach Jahreszeit und Wetter waren das bei mir Seidenkleidchen oder Kombinationen aus Samt, Kleid-Mantel-Hütchen in drei verschiedenen Farben: blau, grün und weinrot. Dazu gab es weiße lange Strümpfe und Lackschuhe. Nicht zu vergessen die großen Propeller-Haarschleifen, passend in der Farbe zur Bekleidung, die in die langen Zöpfe geflochten wurden.

Meine Mutter ging nie ohne Hut in die Stadt. Es waren Modellhüte, und ich wußte ganz genau, daß ich die alle aufsetzen würde, wenn ich einmal groß wäre. Einer war weinrot, mit einem ganz großen, breiten Rand und aus Spitze. Ein anderer war nicht weniger groß, aber aus schwarzem Samt mit Schwanfell obendrauf. Dann gab es noch einen, der war über und über mit weißen Blüten bedeckt, und meine Mutter erzählte später, er habe 40 Reichsmark gekostet. Das war ein Vermögen. Es war so viel wie heute 400 DM – und das für einen Hut!

Fast immer führte der Weg am Königsberger Schloß vorbei. Das Schloß, in dem einstmals Preußens Könige gekrönt worden waren, war für mich das Schloß aus der Märchenwelt. Unentwegt suchten meine Blicke die hohen Fenster ab in der Hoffnung, einmal eine Prinzessin dahinter sehen zu können, die ein langes weißes Gewand trug, eine Krone auf dem Kopf hatte und ganz sicher eine ganze Tafel Schokolade essen durfte. Denn das hatte es für mich noch nie gegeben. Im Schreibtisch meines Vaters lag zwar ein großer Stapel Schokolade, aber ich bekam immer nur ein winziges Täfelchen und das auch nur ganz selten. Was immer meine Mutter zu besorgen hatte, stets führte uns der Weg in eine Grünanlage, und dort begann für mich wieder die Freiheit. Ich durfte laufen, springen, hüpfen, wogegen ich sonst in der Stadt artig an Mutters Hand gehen mußte.

Die »Spaziergänge« mit meinem Vater waren sehr selten und ganz anderer Art. Gelegentlich nahm er mich mit, wenn er zu Lange & Heyer, unserer Zuliefererfirma, ging, die im Hafen ihre Geschäftsgebäude hatte. Das Hafenleben war eine fremde, großartige, aufregende Welt, die mich faszinierte. Da gab es Häuser, die im Wasser standen, denn als solche sah ich die Schiffe an. Und dann die vielen Matrosen in ihren schicken blauweißen Uniformen mit den flotten Käppis und den flatternden Bändern, die mir so gut gefielen. Stets suchte ich mir einen aus, den ich ganz bestimmt später heiraten wollte. Jahrzehnte danach erinnerte ich mich, daß ich mir immer blonde Jünglinge ausgesucht hatte, obwohl ich für »blond« im Erwachsenenalter nie geschwärmt habe.

Einmal kam Herr Lange zu uns. Es war mehr ein Zufallsbesuch. Er war ganz in Grau gekleidet, zog mit einer tiefen Verbeugung den Hut vor meiner Mutter und bat um ein paar Höschen für sein Töchterchen, das in meinem Alter gewesen sein mußte und das traurig neben ihm stand. Er sei auf einem Spaziergang gewesen und plötzlich habe er bemerkt, daß ein Malheur passiert war: sein Töchterchen hatte sich naß gemacht. Natürlich half meine Mutter aus und genauso höflich verabschiedete sich Herr Lange wieder. Das alles geschah in einer Form und Höflichkeit, die in der heutigen Zeit leider verlorengegangen sind.

Die letzte Begebenheit mit meinem Vater war geprägt von Traurigkeit und Gewissensbissen, die ich ihm gegenüber hatte. Eines Tages sagte er freundlich lächelnd: »Komm mit, heute zeig' ich dir etwas Besonderes.« Ich freute mich, dachte an einen großen Spielzeugladen mit vielen schönen Sachen. Nach einem kurzen Fußweg öffnete er eine große Tür, die so ähnlich aussah wie bei meinen Großeltern die Scheunentür, und schon standen wir in einer riesigen Halle, die vom Fußboden bis zur Decke mit Kacheln gefüllt war, dazwischen immer Stroh. Mein Vater machte einen sehr glücklichen Eindruck, wie ich ihn selten an ihm gesehen habe. Wieder lächelte er, hob seinen rechten Arm, deutete auf das viele Material und sagte: »Schau mal, Ekachen, das gehört alles einmal dir und noch zwei solcher Hallen.« Ich verzog nicht die kleinste Miene, konnte nicht lächeln und auch nichts sagen – ich war so enttäuscht; was sollte ich mit den Kacheln, dachte ich, hatte ich doch einen Spielzeugladen erwartet. Auch während des ganzen Heimwegs blieb meine Stimmung traurig, und nun kamen auch noch die Gewissensbisse hinzu, daß ich meinen Vater, der mit so viel Freude zu mir gesprochen hatte, nicht einmal hatte anlächeln können.

Um die Gehorsamkeit der Kinder und die großherzige Gastfreundschaft der Erwachsenen zu verdeutlichen, möchte ich folgende Geschichte erzählen. Es war das letzte Weihnachtsfest in Königsberg. Es muß 1943 gewesen sein, denn 1944 waren wir ausgebombt und da wurde nicht mehr gefeiert. Also war ich vier Jahre alt. Mein Vater war nicht da, und weil wir, wie jedes Jahr, von meinen Großeltern die Weihnachtsgans bekommen hatten, machte meine Mutter sich Gedanken, wen sie zum Festessen einladen könnte. Schließlich aß ich kein Fleisch, lediglich die Bratäpfel, und für meine Mutter allein war so ein großer Vogel zu viel. Sie lud eine arme, alleinstehende Frau ein, die für meinen Vater immer die Socken gestopft hatte.

Nun saß die kleine Frau mit dem dicken Haarknoten und der dickgläsernen Brille auf dem Platz meines Vaters und beteuerte, wie glücklich sie über diese Einladung sei, zumal sie doch schon ewige Zeiten keinen Gänsebraten mehr gegessen habe. Ein angenehmer Bratengeruch zog aus der Küche herüber. Ich konnte es kaum noch erwarten, meine Bratäpfel zu bekommen, hatte ich mich doch schon den ganzen Tag darauf gefreut. Als meine Mutter mit dem köstlichen Braten ins Eßzimmer kam, saß ich schon artig, in aufrechter Sitzhaltung, mit durchgedrücktem Kreuz, am Tisch, wobei die Hände links und rechts vom Teller zu liegen hatten. Kinder hatten bei Tisch den Mund zu halten, darum wäre es mir auch nicht in den Sinn gekommen, meine Wünsche bezüglich eines Bratapfels zu äußern. Meine Mutter kannte diesen Wunsch zwar, aber die Höflichkeit gebot es, erst den Gast zu fragen. So geschah es dann also. Die Frau sagte voller Begeisterung, daß sie schon lange nicht mehr so etwas Gutes zu essen bekommen hätte und fürchtete darum, sich den Magen zu verderben, wenn sie gleich mit Fleisch anfangen würde. Sie bat deshalb um die drei Bratäpfel.

Kein Mensch kann ermessen, was ich in diesem Moment gelitten habe. Das Wasser lief mir im Mund zusammen, als ich sah, wie meine Äpfel auf den anderen Teller wanderten; denn was blieb meiner Mutter anderes übrig, als diesem Wunsch nachzukommen. Da ich keinen Apfel bekam, wollte ich auch keinen Rotkohl und kein Keilchen (länglicher Kloß aus rohen Kartoffeln). Mein Herz blutete und meine Seele weinte während des ganzen Mahls, da ich vor einem leeren Teller saß. Still und artig blieb ich sitzen, ließ mir äußerlich nichts anmerken, und weinte innerlich. Ich ahnte nicht, daß ich die nächste Bratgans erst 15 Jahre später auf dem Tisch sehen würde – und da aß ich Fleisch.

Es kam der Februar 1944 und damit mein fünfter Geburtstag. An diesen Tag erinnere ich mich ganz genau, weil weder davor noch danach ein Geburtstag so besonders ausgestattet und gefeiert wurde. Warum gerade dieser Geburtstag, weiß ich auch nicht, selbst meine Mutter weiß keine Antwort darauf. Vielleicht war es eine Eingebung vom Schicksal, mich noch einmal, ein letztes Mal, zu verwöhnen, bevor der schwarze Vorhang fiel und nie mehr ein Tag oder auch nur eine Stunde vergleichbaren Glücks, der Harmonie und des Friedens aus der Königsberger Zeit zurückkehren sollte.

Unsere Putzfrau kam, und alles wurde ungewöhnlich gründlich gesäubert. Überall war ich plötzlich im Weg, weil gerade die Saubermacherei im Gang war. Fünf Torten wurden abgegeben, Buttercremetorten, die ich gar nicht vertrug, sondern immer erbrach. Dann kam der große Tag. Meine Mutter hatte die Tafel im Eßzimmer wunderschön geschmückt. Nicht nur mit den wertvollen Sammeltassen und dem guten Silber, überall lagen auch kleine Tannenzweige zur Dekoration auf dem weißen Tischtuch. Der Raum war erfüllt vom Duft der

Hyazinthen. Ich liebe diesen Duft und kaufe mir bis heute immer im Februar diese Blumen – in Erinnerung an meinen fünften Geburtstag. Es kamen viele Gäste, auch solche, die keine Kinder hatten, und es wurde sehr schön gefeiert. Nicht einmal zu meiner Konfirmation gab es so ein schönes Fest, weil wir da arm waren. Geschenkt bekam ich wie zu Weihnachten nur Nützliches, weder Spielsachen noch Süßigkeiten. Ein Paar Schlittschuhe und das Klavier, das ich mir so sehnlichst gewünscht hatte, gab es nicht, weil Krieg war, hieß es. Voller Staunen und Bewunderung betrachtete ich das Geschenk meiner Mutter: eine Art Lederköfferchen mit gelber Satinseide ausgelegt, in dem sich ein Silberbesteck für zwölf Personen mit meinem Monogramm befand. Für die Aussteuer, hieß es, obwohl mir dieses Wort überhaupt nichts sagte.

Bei Tisch, so war es in Ostpreußen Sitte, hatten Kinder sich nur auf Essen und Trinken zu konzentrieren, so daß weder Tischdecke noch Kleid bekleckert wurden. Die Tasse mußte mit der rechten Hand zum Mund geführt werden; die linke durfte keinesfalls zur Mithilfe benutzt werden, auch wenn der Henkel noch so verschnörkelt war. Ich muß sagen, daß mir diese strenge, aber gute Erziehung, die ich von Anfang an gewöhnt war, später im Leben viele Türen geöffnet hat. Ich würde es von Herzen begrüßen, wenn unsere heutige Jugend ebenso geführt werden würde.

Zurück zu meiner damaligen Geburtstagsfeier. Das Kind, das gegessen hatte, mußte still, artig und in gerader Sitzhaltung verharren, bis alle anderen Kinder gegessen hatten und ein Erwachsener die Erlaubnis zum Verlassen der Tafel gab. Und auch dann durfte nicht etwa mit großem Indianergeheul aufgesprungen und die halbe Tischdecke mitgerissen werden. Man hatte den

Raum diszipliniert zu verlassen. Erst wenn man sich draußen oder schon im Kinderzimmer befand, durfte Energie abgelassen werden. So war es eigentlich in allen Lebensbereichen. Man lernte, wie man sich wann zu benehmen hatte und wann man sich gehenlassen durfte. Seelische Anstauungen und Verkrampfungen, die zu Wutausbrüchen hätten führen können, gab es bestimmt nicht. Kinder wollen Grenzen gesetzt bekommen, wollen wissen, was richtig und was falsch ist, und die Erwachsenen sind dazu verpflichtet, sie mit den geschriebenen und ungeschriebenen Gesetzen unserer Kultur vertraut zu machen.

Mit Beginn des Jahres 1944 hörte man immer häufiger ein dumpfes »Bum«. Das sei die Front, oder das sei der Krieg, hörte man Erwachsene sagen, aber darunter konnte ich mir nichts vorstellen. Manchmal mußten wir jetzt nachts in den Keller, wenn Fliegeralarm kam, aber am nächsten Tag war die Welt genauso hell und schön, wie ich sie immer kannte. Plötzlich jedoch, im Sommer des gleichen Jahres, wurden wir von heute auf morgen evakuiert. Wir durften nur die allernotwendigsten Möbel mitnehmen. Ein Kinderbettchen für meine Schwester, ein großes Ehebett für meine Mutter und mich zusammen, und einen besonders wertvollen Glasschrank aus dem Wohnzimmer. Ein großer Laster brachte uns nach Almenhausen, einem Dorf bei Königsberg.

Wir wurden beim Bauer Heinrich einquartiert. Ihm gehörte das erste Gehöft auf der rechten Seite, wenn man vom Bahnhof kam, der etwas außerhalb des Ortes lag. Neben dem Bauernhaus befand sich ein Anbau, zwei Zimmer und Küche, davor ein schöner Gemüse- und Blumengarten. Das kleinere von beiden Zimmern wurde uns von einem Mann in Uniform zugewiesen. Nachdem man unsere wenigen Möbel aufgestellt hatte, war es so eng, daß wir uns kaum darin drehen konnten. Aber es war ja Sommer, und so hielten wir uns draußen oder in der Küche auf. Das größere Zimmer, mit Blick in den Garten und auf die Dorfstraße, die etwa 50 Meter vom Haus entfernt war, wurde schon von einer Frau Herrmann mit ihrer Tochter Eva bewohnt. Auch sie waren Evakuierte. Frau Herrmann ging ganz in Schwarz gekleidet, weil ihr Mann gefallen war.

Von der Ortsbehörde wurde bestimmt, daß ich in den Dorfkindergarten gehen mußte. Kindergarten, so etwas war mir unbekannt. Ich ging hin, und es gefiel mir gar nicht. Immer mußte man sich an irgendwelchen, mir bis dahin unbekannten Spielen beteiligen, und ich fühlte mich in meinem Freiheitsdrang unterdrückt. Einmal spielten wir »Der Plumpsack geht um«, wobei alle Kinder im Kreis stehend in die Hände klatschen mußten. Ich fand so etwas dumm, klatschte nicht mit und war fest entschlossen, am nächsten Tag nicht mehr hinzugehen.

Auf dem Bauernhof, auf dem es die vielen Tiere gab, war es viel interessanter – und dort gab es zudem Johann. Johann war ein polnischer Kriegsgefangener, der beim Bauern Heinrich zur Arbeit eingesetzt war. Hier ging es ihm mit Sicherheit besser als in einem Kriegsgefangenenlager. Die Männer in Uniform hatten zwar bestimmt, daß er im Stall bei den Pferden zu schlafen und zu wohnen hatte und offiziell niemand von uns mit ihm sprechen durfte, aber eigentlich sprachen alle mit ihm, die hier auf dem Bauernhof lebten. Das Bauernehepaar ließ ihn zu den Mahlzeiten sogar in die Küche kommen und man aß gemeinsam. Für mich war er wie ein väterlicher Freund voller Liebe und Warmherzigkeit. Er sprach ein sehr gutes Deutsch, und seine vornehme, edle Art ließ auf eine gute Erziehung schließen.

Wo immer Johann auf dem Bauernhof mit einer Arbeit beschäftigt war, da war auch ich. Wenn ich konnte, half ich ihm, wie z. B. beim Aufstapeln der Holzstücke, die er mit der Axt gespalten hatte. Dabei erzählte er mir immer schöne Geschichten, und ich hörte gerne zu. Bei so einer »Holzarbeit« sahen wir einmal, wie in wenigen Metern Entfernung ein Hase an uns vorbeilief. Johann sagte zu mir: »Lauf schnell zur Mama, hole Salz. Das streuen wir Hase auf Schwanz und du kannst Hase fangen.« Ich weiß noch, daß ich das nicht glaubte, aber ich muß ihn so komisch oder auch dumm angesehen haben, daß er mich ganz lieb anlächelte, mir übers Haar strich und sagte: »Nein, nein, kleines Mädchen, das war nur Spaß.« Von Johann hörte ich übrigens meinen Namen erstmals voll ausgesprochen, und er gefiel mir nicht.

Bei jeder Arbeit, auch wenn er mit den Pferden beschäftigt war, erzählte Johann mir etwas. Meist setzte er mich dazu auf eines der Pferde und sprach mit mir wie zu einem eigenen geliebten Kind. Wenn er mit zwei Pferden vom Hof ritt, sagte er: »Kommst du mit?« Natürlich wollte ich, und schon saß ich auf dem zweiten Pferd neben ihm, und wir ritten durch die schöne ostpreußische Natur, als gäbe es nur Frieden auf der Welt. An den Sonntagen, die auch für ihn arbeitsfrei waren, hielt ich mich mehr bei ihm im Stall als in unserer »Einzimmerwohnung« auf. Anfangs traute ich mich nicht so richtig und öffnete nur schüchtern die große Stalltür. Aber wenn ich dann sein freundlich lächelndes Gesicht sah und er sagte »Komm«, dann wurde ich mutig und ging dicht an den Schwänzen der Pferde vorbei – der Durchgang war nämlich sehr eng – bis ans Ende des Stalls zu Johann. »Setz dich«, sagte er dann und deutete auf einen umgestülpten Eimer, denn mehr Sitzgelegenheiten gab es nicht, und während ich auf dem Eimer Platz nahm, saß er auf seinem Strohlager. Doch in seiner Gesellschaft fühlte ich mich unsagbar wohl, geborgen, verstanden und immer gut behandelt. Mit dem größten Vertrauen konnte ich zu ihm gehen. Er konnte alles, verstand alles und wußte immer Rat, für jedes große oder kleine Wehwehchen. Johann mußte man ganz einfach ins Herz schließen, und genau das hatte auch das Bauernehepaar längst getan.

Eines Tages bekam meine zweijährige Schwester Durchfall. Weit und breit gab es keinen Arzt mehr. Nichts lag näher, als Johann zu fragen, was wir tun könnten. Aber meine Mutter durfte nicht so einfach, wie ich, in den Stall gehen und ihn fragen, also fungierte ich als Bote. Ich ging in den Stall zu ihm, und er hörte mir ruhig und aufmerksam zu, überlegte und sagte dann: »Sag deiner Mama, wenn ich zum Mittagessen gehe, muß ich doch immer an euerm Fenster vorbei, ich werde dann eine Tafel Schokolade auf das Fensterbrett legen. Deine Schwester soll aber nur ein kleines Stückchen jeden Tag essen. Wenn die Tafel aufgegessen ist, ist auch der Durchfall weg. Nun geh schnell zu Mama.« Meine Mutter und ich konnten die Zeit, bis Johann zum Essen ging, kaum abwarten. Wir blieben in unserem kleinen Zimmer und schauten unentwegt durch das geöffnete Fenster in Richtung Stalltür. Dann endlich ging die große, schwere Tür auf, und Johann trat heraus, den Blick gleich auf unser Fenster gerichtet. Ruhig wie immer, mit ernstem Gesicht und scheinbar gelangweilt, überquerte er den Hof und kam direkt auf uns zu. Als er tatsächlich eine Tafel Schokolade auf die Fensterbank legte, huschte ein kleines, vorsichtiges Lächeln über sein Gesicht. Es geschah, wie er es vorausgesagt hatte. Mit dem letzten Stückchen Schokolade war der Durchfall weg. Auch sonst ernährte uns Johann heimlich mit. Einmal, es muß wohl gerade möglich gewesen sein, sagte er zu meiner Mutter am offenen Fenster, daß er für uns Eier gesammelt habe, die die Hühner nicht im Stall gelegt hatten. Er habe sie für uns hinter der Scheune unter dem Holzhaufen versteckt. Wenn er mit dem Bauern auf dem Feld sei, solle meine Mutter sie holen. Gesagt, getan, meine Mutter fand 12 Eier. Alles, was er uns zukommen ließ, hätte er ja auch selbst essen können, die Eier, die vielen Konserven, die Schokolade. Nein, er gab es uns, als seien wir, eine fremde Frau und ihre zwei Kinder, seine Familie.

Wann immer es die Situation erlaubte, blieb er an unserem Fenster kurz stehen und fragte meine Mutter: »Wie geht es den Kindern?« Johann strahlte so viel aufrichtige Wärme, Liebe und Herzlichkeit aus, die sich wie ein Mantel aus Geborgenheit und wohligem »Behütetsein« um mich legten. Er tat alles, was dem anderen Menschen in der Seele guttut – gab alles und verlangte nichts. Johann trug wesentlich dazu bei, daß dieser letzte Sommer in meiner geliebten ostpreußischen Heimat für mich schön und glücklich verlief. Er, der mich behandelte wie seine eigene kleine Tochter, war wie die letzten wärmenden Strahlen einer untergehenden Sonne.

An einem wunderschönen Sommertag, an dem nichts auf Mord und Elend hinzudeuten schien – zumindest nicht in Almenhausen – ,standen auf der Dorfstraße einige Frauen und hielten ihre Kinder auf dem Arm oder an der Hand. Es war zwischen Frühstück und Mittag, die Sonne stand hoch am Himmel und diese Ansammlung war ein ungewohntes Bild zu dieser Tageszeit. So ging auch meine Mutter mit uns Kindern zu der Gruppe Frauen. Stumm und traurig schauten alle in eine Richtung, in der es normalerweise nichts als Felder zu sehen gab. Aber an diesem Tag war etwas anders. Am Horizont war ein großes Stück Himmel ganz tief dunkelrot. Ein grauenhafter Anblick, als stiege Blut zum Himmel empor. Eine Frau sagte: »Dort brennt Königsberg.« Noch eine ganze Weile standen sie so still, wie in ein Gebet vertieft, bis die Gruppe sich schweigend auflöste. Später erfuhren wir, daß amerikanische und englische Bomberverbände Königsberg, die Stadt, die bis dahin von der Zerstörung verschont geblieben war, in Schutt und Asche gelegt hatten.

Kurz darauf erging an Frau Herrman mit ihrer Tochter Evchen der Bescheid von der Ortsbehörde, daß sie sich an einem bestimmten Tag auf dem Bahnhof zum Abtransport nach Bayern einzufinden habe. Einen großen verschließbaren Reisekorb, den Johann ihr zur Bahn bringen mußte und den sie mit Bettwäsche und Einweckgläsern vollgepackt hatte, mußte sie auf dem Bahnsteig zurücklassen; erlaubt war »nur Handgepäck«. Der Zug kam schon von weit aus dem Osten und war vollgestopft mit Flüchtlingen. Was uns wunderte und wofür wir bis heute noch keine Erklärung haben, ist, warum an meine Mutter mit ihren zwei Kindern nicht auch ein solcher Bescheid erging. Wie sich später herausstellte, wäre es allerhöchste Zeit gewesen, Ostpreußen zu verlassen. Statt dessen hielt eines Tages plötzlich, ohne Vorankündigung, ein großer Laster, dessen Räder fast so groß waren wie ich, auf dem Bauernhof. Mehrere fremde Männer luden unsere Möbel auf und sagten, wir würden wieder nach Königsberg gebracht, die Gefahr sei jetzt vorüber. Welch ein Wahnsinn! Was für ein Teufel hatte uns das eingebrockt? Zurück an einen Ort, der zur Hölle geworden war!

Das Schmerzliche an diesem Abtransport war, daß wir kalt und herzlos aus einem Lebensraum gerissen wurden, der uns Schutz und Nahrung gegeben hatte. Zum ersten Mal erlebte ich bewußt den Seelenschmerz des Verlustes einer harmonischen Umgebung. Als wir nach Königsberg gelangten, war ich entsetzt, meine geliebte Stadt so zerstört zu sehen. War das der Krieg? Warum taten die Menschen so etwas? Warum zerstörten sie Häuser? Diese Fragen gingen mir unentwegt durch den Kopf, ich wurde still und nachdenklich.

Auch unser Haus stand nicht mehr. Das tat mir sehr weh und ich begriff gar nichts mehr. Man quartierte uns in eine winzige Zweizimmerwohnung in einem Hinterhof in der Großen Sandgasse ein. Es war keine schöne Wohnung. Alles war sehr alt, die Wohnungseingangstür, die Küche, der altmodische Herd, die hohen Kreuzfenster. Aber für Schönheit und Gemütlichkeit gab es in dieser furchtbaren Zeit keinen Platz. Das Haus befand sich ziemlich am Anfang der Gasse, wenn man von der Langen Reihe kam, auf der linken Seite. Am Ende des winzigen Korridors war ein Zimmer, in dem unsere wenigen Wohnzimmermöbel, die wir noch hatten, Platz fanden. An dieses Zimmer schloß sich ein schmales, schlauchartiges Zimmer an, in dem zwei Betten nur hintereinander stehen konnten und damit war es dann auch schon voll. Im Korridor gab es rechts, gegenüber der Küche, noch eine hohe, weiße Tür, die aber verschlossen war. Hinter der wohnten Leute, die einen separaten Wohnungseingang haben mußten. Stimmen und Radiomusik waren oft zu hören. Bei einem Lied, das vom Königsberger Sender fast täglich gespielt wurde, stand ich immer lauschend an der Tür. Es hieß: »Ich wünsch' mir eine kleine Ursula …« Weiter weiß ich den Text leider nicht mehr. Von blauen Augen und blonden

Locken wurde gesungen. Gerne würde ich es noch einmal hören, doch habe ich es seit damals nie mehr gehört.

Das Schrecklichste an dieser Wohnung war, daß ich den Kopf ganz in den Nacken legen mußte, wenn ich den Himmel sehen wollte, und nie drang ein Sonnenstrahl in die Wohnung. Auch auf die Straße durfte ich nicht mehr wegen des täglichen Beschusses. Was hätte ich auch draußen tun können? Die meisten Häuser um uns herum waren zerstört, und Kinder schien es nicht mehr zu geben, man hörte jedenfalls zunächst keine mehr. Oft dachte ich voll Traurigkeit an Almenhausen, wo ich noch bis vor wenigen Tagen unbeschwert und glücklich in freier Natur umherspringen durfte, wo es keinen Fliegeralarm und keine zerschossenen Häuser gab. Warum hatte man uns nicht dort gelassen? Aus meinem Leben verschwand zunehmend das Lachen. Es gab einfach nichts mehr, worüber ich hätte lachen können.

Dafür wurde ein anderes, ein neues Lebensgefühl mein täglicher Begleiter: die Angst! Angst nahm mir das Hunger- und Durstgefühl, das sich später, weil es zu viele Jahre in mir »wohnte«, nie mehr so richtig eingestellt hat. Täglich mußte meine Mutter uns in dieser Wohnung, die wie ein Gefängnis war, in der wir umgeben von Trümmern hausten, für mehrere Stunden allein lassen. Sie mußte sorgen, daß sie etwas zu essen bekam. Die Geschäfte in der Innenstadt waren zerstört oder von den ehemaligen Besitzern längst verlassen. Wenn sie ging, weinte ich, denn ein Gefühl der Angst legte sich um mein Herz; Angst, ich könnte meine Mutter nie mehr wiedersehen, denn auf die Straße zu gehen war sehr gefährlich.

Und tatsächlich, immer wenn sie fort war, folgte starker Beschuß, manchmal wackelten sogar die Wände.

Einmal gab es einen schrillen Pfiff durch die Küche, eine Kugel war durchs Fenster gekommen und in der Wand, direkt über dem Herd, eingeschlagen. Meine Mutter wäre tot gewesen, hätte sie dort gestanden. Vor Schreck schnappte ich meine dreijährige Schwester und setzte mich mit ihr in eine Ecke des Korridors. Ich weinte und betete leise vor mich hin, daß der Mutti unterwegs nichts geschehen möge. Wenn sich dann nach einer Ewigkeit der Schlüssel in der Tür drehte und meine Mutter unverletzt vor uns stand, war das immer wie ein Wunder für mich. Sie erzählte, wie oft sie sich irgendwo hatte unterstellen müssen, weil der Beschuß zu stark geworden war, und daß sie nur weitergehen konnte, wenn es etwas ruhiger geworden war. So war sie bis an den äußeren Stadtrand gelangt, wo es mitunter, wenn auch selten, noch etwas zu kaufen gab. Zweimal hatte sie den Weg bis zum Schlachthof gemacht, einmal brachte sie ein Kuheuter und das andere Mal nur angesäuerte Milch. Das war alles an Nahrungsmitteln. Der ganze Weg mußte zu Fuß zurückgelegt werden, begleitet von der ständigen Angst, bei der Rückkehr das Haus eventuell zerstört und ihre beiden Kinder darunter begraben vorzufinden. Draußen tobte der Krieg, und keiner wußte in jener Zeit, ob man sich nach einem Abschied noch einmal wiedersehen würde. Andererseits mußte sie gehen, damit wir nicht verhungerten.

So kamen und gingen die Tage und Nächte mit Fliegern, Bomben, Granatsplittern und Kugeln, die immer häufiger durchs Fenster schlugen und in Wänden oder Möbeln steckenblieben. Die Löcher in den Scheiben stopfte meine Mutter mit Papier zu, denn schließlich war es Winter. Wir lebten wie Gefangene in einer Todeszelle, nicht wissend, wann das Haus bei den vielen starken Angriffen getroffen und uns lebendig begraben würde.

Weihnachten 1944 kam, aber das Fest fiel aus. Die Lage wurde für uns immer bedrohlicher, und Essen aufzutreiben war fast unmöglich, weil der Beschuß überhaupt nicht mehr aufhörte.

Im Januar entschied meine Mutter, mit uns nach Hindenburg zu den Großeltern zu flüchten. Für jeden von uns hatte sie aus einer Decke vorsorglich der Körpergröße angepaßte Rucksäcke genäht. Als meine Schwester ihr winziges Rucksäckchen angeschnallt bekam, kippte sie sofort nach hinten um. So ging es also nicht. Die Sachen meiner Schwester mußten umgepackt werden. Nun hatten meine Mutter und ich noch mehr zu tragen. Ich den Rucksack und eine große Milchkanne in der Hand, meine Mutter neben dem Rucksack meine Schwester auf dem Arm und noch ein Handköfferchen in der freien Hand. So machten wir uns in einem beschußfreien Moment auf den Weg zum Bahnhof. Meine Schwester und ich waren erstmals seit unserer unfreiwilligen Rücksiedlung aus Almenhausen von vor vier Monaten an der frischen Luft. Von Frische konnte allerdings keine Rede mehr sein. Die Luft war angefüllt von furchtbarem Gestank, wobei der Geruch von verkohlendem Holz wohl überwog, zumindest jedoch war er mir am bekanntesten.

Labiau und Hindenburg boten ein Bild scheinbar ungetrübten Friedens und Harmonie. Hier hatte sich bis zu diesem Zeitpunkt noch nichts verändert. Alle Menschen, die ich hier kannte, gingen nach wie vor ruhig und freundlich ihrer Arbeit nach, und in meiner Kinderseele glaubte ich, daß der Krieg nur in Königsberg herrschte. Zum ersten Mal war ich froh, nicht in der Stadt zu sein.

Tante Frieda, eine Schwester meiner Mutter, verheiratet mit dem Gutsverwalter Fritz Schwark, der jetzt Soldat war, hatte sich mit ihren beiden Kindern Dieter und

Brunhild ebenfalls schon bei meinen Großeltern eingefunden. Vielleicht war das schon eine halbe Flucht, vielleicht aber auch nur ein Geburtstagsbesuch gewesen.

Am 27. Januar 1945 hatte nämlich die jüngste Schwester meiner Mutter ihren 21. Geburtstag, und sie wohnte ja noch bei den Eltern. An die Geburtstagsfeier kann ich mich nicht mehr erinnern. Vielleicht wurde gar nicht mehr gefeiert.

II. »Wir müssen fliehen!«

Es kam der 28. Januar 1945, der Tag, den ich mein Leben lang nicht vergessen werde. Meine Cousine und ihr Bruder befanden sich im »guten Wohnzimmer« nebenan, und dem Lärm nach zu urteilen, waren sie mit lauten Spielen beschäftigt. Die Erwachsenen saßen vorne im »Zimmer für alle Tage« am weißgedeckten Tisch bei Kaffee und Kuchen und nahmen von mir keinerlei Notiz, was mich nicht weiter störte, war ich doch wieder einmal mit Beobachtungen auf meine Art und Weise beschäftigt. Im Zimmer war es mollig warm, gepflegt und sauber. Ich stand am Fenster hinter den langen, weißen Spitzengardinen und träumte hinaus in die schöne Welt, die sich meinen Augen bot, und hatte den Krieg ganz vergessen. Der Garten, in dem im Sommer die schönsten Blumen blühten, der ihn umgebende Zaun, alle Dächer von Scheune und Stall, alles war mit einer dicken Schneedecke bedeckt. Sogar der Hof und alle Wege waren von dieser dicken, weißen, frostigen Decke überzogen. Die darauf scheinende Sonne ließ die herrliche Winterpracht noch zauberhafter erscheinen. Gerade so, als habe der Himmel alle seine Sterne auf die Erde geschüttet. Es funkelte und glitzerte, so weit ich sehen konnte, und ich fand, daß es nirgends so schön sein konnte wie auf dieser Welt.

An dieser Stelle wurden meine Gedanken unterbrochen. Ein dunkler, sich bewegender Punkt ganz weit weg, der sich aber in dem endlosen Weiß gut abhob, hatte mich aus meinen Träumen gerissen. Dieser Punkt wurde größer, kam näher und war bald als ein Mann zu erkennen, der auf den Hof meiner Großeltern zuzulaufen schien. Er machte sehr große Schritte, wollte schneller gehen, als er konnte, versuchte manchmal zu laufen, rutschte aus, riß den Mund weit auf, als riefe er etwas, das aber nicht zu hören war. Mit beiden Armen fuchtelte er in der Luft, wie jemand, der auf sich aufmerksam machen möchte. So schnell er konnte, kam er näher, und er machte den Eindruck, als seien Tod und Teufel hinter ihm her. Viel anders war es ja auch nicht! Laut rufend erreichte er den Hof, doch die Erwachsenen hatten immer noch nichts gemerkt – nur ich. Außer Atem, Mund und Augen weit aufgerissen, betrat er die Stube, in der wir uns befanden, und sprach den schicksalhaften Satz, der die Welt verändern sollte: »Wir müssen fliehen!«

Das waren die drei wichtigen Worte, die mein Leben umkehrten. Sie bedeuteten das Ende meiner Kindheit mit Frohsinn, Spiel, Unbekümmertheit und Geborgenheit. Nie wieder sollte ein Tag, eine Stunde oder auch nur der Hauch eines Lebensgefühls des bis dahin gelebten Lebens zurückkehren. Es war, als habe die Hand eines bösen Zauberers nach mir gegriffen, mich gewaltsam aus dem Paradies gerissen, um mich direkt, ohne Übergang, in die Hölle zu werfen.

Nach diesen drei verhängnisvollen Worten rannten sofort alle Erwachsenen scheinbar ziellos durcheinander. Vom Haus in den Stall, von dort wieder zurück ins Haus, kreuz und quer durch alle Räume, und wir Kinder waren plötzlich überall im Weg. »Komm, mach hier Platz« oder »Geh hier schnell weg«, nur solche und ähnliche Sätze hörten wir in den nächsten Stunden noch. Der Wagen wurde mitten auf den Hof gefahren, und meine Großeltern und Tanten fingen mit dem Beladen an. Viele Säcke mit Hafer für die Pferde, viele Zentner Kartoffeln, denn schließlich wußte man nicht, wie lange man unterwegs sein würde. Räucherschinken, Brote, auch einige Hühner, die noch schnell geschlachtet wurden, mußten mit und eine große Zinkwanne mit dem guten Geschirr und Silber. Ganz obendrauf kamen Felle und Federbetten.

Während auf dem Hof alles auf Hochtouren lief, meinte meine Mutter, noch ein dringendes Telefongespräch nach Königsberg führen zu müssen. Wen sie anrufen wollte, weiß sie heute selbst nicht mehr, aber es muß dringend gewesen sein, denn sie ging, unter dem ständigen Beschuß von Tieffliegern, die drei Kilometer lange Strecke zu Fuß nach Labiau zum Landratsamt, wo ihr Onkel August die rechte Hand des Landrates war. Von dort erhoffte sie sich, noch eine Telefonverbindung zu bekommen. Leider konnte der Onkel ihr nur sagen, daß das ganze Telefonnetz schon zusammengebrochen war, und so mußte sie unverrichteter Dinge die drei Kilometer wieder zurück nach Hindenburg.

In der Zwischenzeit war der Wagen so voll beladen, daß nur wir vier Kinder darauf Platz nehmen durften, die Erwachsenen gingen im tiefen Schnee nebenher. Wir waren noch nicht lange unterwegs – die Häuser lagen gerade erst hinter uns –, da sahen wir trotz unserer dicken Vermummung, wie aus dem nahegelegenen Wald Männer mit Gewehren blitzschnell heraushuschten und auf uns, auf den Treck mit wehrlosen und unbewaffneten Zivilisten, schossen. Jemand sagte: »Da sind ja schon die Russen.«

Ja, so nahe waren sie schon, und erst da ließ man die Menschen flüchten. Die Russen waren gut getarnt in ihren Schneeanzügen und doch so nahe, daß sie ganz genau zu erkennen waren. Die ersten Schreie von Kindern und Erwachsenen waren zu hören. Pferde, die getroffen wurden, scherten aus, Wagen kippten in die Gräben. Wenn es noch möglich war, wurden die Pferde losgebunden und man mußte alles zurücklassen und in eisiger Kälte und Schneetreiben zu Fuß weitergehen – zumindest wer es noch konnte. Alle Haupt- und Nebenstraßen waren hoffnungslos verstopft; es wurde nur im Schrittempo gefahren, und auch dies wurde durch langes Stillstehen immer wieder unterbrochen. So ging es Tag und Nacht, Nacht und Tag. Niemand wußte mehr genau, wo wir waren. Da kam der Treck plötzlich ganz zum Stehen. Eine Mitteilung verbreitete sich schnell unter den Hunderten von Fuhrwerken: Der Fluchtweg sei abgeschnitten; es ginge nicht mehr weiter.

Das war nun das Ende. Große Verzweiflung und Ratlosigkeit machte sich breit. Bevor man den Russen in die Hände fiele, wollte man lieber die Gefahr des Todes in Kauf nehmen. Sehr traurig, mit gesenkten Köpfen, sah ich die Erwachsenen, als sie sich entschlossen, mit Pferden und vollbeladenen Wagen die Flucht über das Eis zu wagen. Eine überaus gefahrvolle Aktion, die unter Todesangst angetreten wurde. Die große Zinkwanne mit dem wertvollen Hausrat wurde vom Wagen genommen und am Wegrand zurückgelassen. Ganz langsam, die Pferde ruhig führend, unter angespannter Stille, befuhr ein Wagen nach dem anderen das Eis. Auch wir Kinder mußten herunter vom Wagen und nebenherlaufen. Mein Großvater nahm die Pferde beim Zügel und ging Kopf an Kopf mit ihnen. Als sie das Eis betraten, rutschten sie, wurden unruhig und nervös. Aber mein Großvater streichelte sie, sprach beruhigende Worte und schnell hatten diese klugen Tiere gelernt, wie die Menschen ganz kurze Schritte zu machen. Keiner sprach ein Wort. Es herrschte absolute Stille wie in dem tiefen, schwarzen Wasser des Haffs, das man auf seiner Eisfläche gerade überquerte. Plötzlich knackte das Eis unter den Rädern des Wagens. Mein Herz schlug bis zum Hals, und ich hielt den Atem an, als hätte das etwas genützt, wenn wir eingebrochen wären. Da – auf einmal gellende Schreie hinter uns! Zwei Wagen waren zu dicht hintereinander gefahren. Das Eis brach und in Sekunden hatte das eisige, gurgelnde Wasser alles verschluckt. In solcher Situation konnte niemand helfen. Der nächste Wagen machte einen großen Bogen um das Loch und suchte einen – hoffentlich festen – Weg über das Eis.

Wie wir später erfuhren, waren dies nicht die einzigen Wagen gewesen, die im Eis eingebrochen waren. Die große Gefahr dieses Fluchtweges kannte jeder, aber einen Weg zurück gab es nicht und auch keinen anderen nach vorn, nur das zugefrorene Haff. Die Zeit schien zur Ewigkeit zu werden, bis die Pferde endlich wieder festen Boden betraten. Die Starre, die die Menschen erfaßt hatte, legte sich, und vereinzelt hörte man wieder Stimmen. Wer es geschafft hatte, das Land zu erreichen, fand wieder Worte, um zu sprechen, sich bewußt werdend, wie nahe man dem Tod eben noch gewesen war und es doch geschafft hatte. Die Todesangst, die die Flucht über das Eis mit sich gebracht hatte, war gewichen, aber es warteten schon andere feuerspeiende Drachen, die einen jeden verschlingen wollten.

Die Russen kamen mit Tieffliegern und schossen mit ihren Bordmaschinengewehren in einem ununterbrochenen Tacktacktack gnadenlos auf den Treck. Es war heller Sonnenschein und für die Piloten gut zu erkennen, daß es sich hier nur um unbewaffnete Flüchtlinge handelte. Aber sie machten keinen Unterschied, ob Soldat oder Zivilist, sie schossen auf alle Deutschen. Wer tödlich getroffen worden war, hatte Glück gehabt. So makaber es klingt, man muß es in den Kategorien von damals denken. »Nur« eine Kugel im Leib zu haben, bedeutete langsames, qualvolles Verbluten in Eis und Schnee. Von überall drangen entsetzliche Schreie an unser Ohr; helfen konnte niemand. Tote und die, die es schon fast waren, wurden an den Straßenrand gelegt, unter herzzerreißendem Abschiedsschmerz der Verwandten. Viele getroffene Pferde gab es auch, die in ihrem Schmerz ausscherten und die Wagen zum Umkippen brachten. Auch hier galt die gleiche Parole: Wer noch laufen konnte, mußte alles stehen- und liegenlassen und die Flucht zu Fuß fortsetzen. Egal wie weit man kam! Ein namenloses Grauen hatte seinen Anfang genommen.

Wegen der vielen ausgefallenen Wagen, die die Straße blockierten, kam der Treck immer wieder ins Stocken. Die Häuser, an denen wir vorbeikamen, waren menschenleer. Uniformierte Männer, mit Ketten und Metallschildern auf der Brust und auch sonst aussehend wie gepanzerte Menschen von einem anderen Stern, standen auf den Straßen und gaben die Richtung an, in die gefahren werden durfte – oder mußte. Meine Mutter erklärte, es seien Feldjäger. So waren plötzlich auf einer Kreuzung, an der es nach links, rechts und geradeaus ging, zwei von diesen Männern, die breitbeinig mitten auf der Straße standen und jeden daran hinderten, geradeaus weiterzufahren. Dort lag Königsberg und das sei Sperrgebiet, niemand dürfe in die Stadt. Auch meine Mutter erhielt keine Erlaubnis, obwohl sie darauf hinwies, daß sie dort wohne. Alle Wagen mußten nach links fahren.

Der Beschuß, der über Königsberg tobte, war deutlich wie ständiger Donner zu hören. Wir fuhren und fuhren, ich weiß nicht, wie lange, es waren einige Tage. Keiner verspürte Hunger oder Durst, und dennoch war unsere Großmutter immer bemüht, uns mit Brot, Wurst und

Schinken zu versorgen. Wir hatten nur noch Angst. In der Monotonie des Trecks, wo keiner mehr nach rechts oder links schaute, Menschen und Tiere übermüdet waren, sagte meine Großmutter auf einmal: »An dieser Stelle sind wir doch schon mehrfach vorbeigekommen.« Mein Großvater hielt die Pferde an und ging zu den nachfolgenden Fahrern, um ihnen diese Erkenntnis mitzuteilen und zu beraten, was zu tun sei. Der Treck kam zum Stehen, und eine düstere Ahnung wurde zur Gewißheit. Wir waren eingekesselt, es gab keinen Fluchtweg mehr. Die Erwachsenen stellten fest, daß man uns tatsächlich mehrmals um Königsberg getrieben hatte.

Nun machte meine Mutter einen großen Fehler. Sie trennte sich von ihren Eltern und somit vom Treck, um mit ihren Kindern in die tobende Hölle nach Königsberg zu gehen, um dort für uns wärmere Kleidung zu holen. In diesem Fall wäre es wohl richtiger gewesen, in der schützenden Wärme des Wagens zu bleiben, statt dem Tod in die Arme zu laufen. Aus der Dummheit einer Sekunde kann eine Sorge fürs Leben werden. Und so traf uns dann auch ein gnadenloses Schicksal.

Meine Mutter nahm meine dreijährige Schwester auf den Arm und in die andere Hand das kleine Köfferchen. Da sie für mich keine Hand mehr frei hatte, tippelte ich neben ihr her, in der einen Hand die 1-Liter-Milchkanne tragend, die meine Großmutter noch mit Lebensmitteln gefüllt hatte. Wir waren noch nicht lange unterwegs, da setzte ein furchtbarer Schneesturm ein. Der Beschuß wurde immer schlimmer. Wir befanden uns am Rand von Königsberg und damit in direkter Schußlinie. Ein Lastwagen mit deutschen Soldaten kam uns entgegen, hielt an und der Fahrer fragte meine Mutter: »Frau, wo wollen Sie hin?« Als sie hörten, daß meine Mutter in ihre

Wohnung wollte, sagten die Soldaten: »Zurück, nichts wie zurück, da drin ist Trommelfeuer, kommen Sie, wir nehmen Sie mit.« Die Männer müssen geglaubt haben, meine Mutter sei lebensmüde, als sie den Vorschlag nicht annahm und weiterging.

Wie es die Soldaten geschildert hatten, war es dann auch. Die ganze Stadt war eingehüllt von Feuer und Qualm und überall lagen Tote. Kugeln und Granatsplitter flogen ständig an unseren Köpfen vorbei, was an dem pfeifenden Geräusch in unseren Ohren zu erkennen war. An Gehen war nicht mehr zu denken. Wir mußten uns regelrecht von Haus zu Haus weiterkämpfen, immer nach einem Schutz Ausschau haltend. Die Luft war so voller Rauch und Gestank, daß es oft schwerfiel, zu atmen. Um uns herum brannte jedes Haus. Einmal glaubten wir großes Glück zu haben, denn wir kamen an ein Haus, das noch stand und unzerstört aussah. Schnell huschten wir in den Hausflur, aber der war mit Menschen fast überfüllt. Wir waren erst ganz kurz drin, glaubten uns sicher und beschützt, da gab es einen lauten Knall und ich sehe heute noch – auch meine Mutter kann sich noch gut daran erinnern – wie die Wände des Flurs sich deutlich sichtbar bewegten. Eine Stimme sagte: »Hier müssen wir raus.« Sofort drängten alle hinaus in die brennende, qualmende, stinkende, pfeifende Todeshölle. Gerade in dem Moment, als alle draußen waren, gab es einen ohrenbetäubenden Lärm. Ich zog meinen Kopf ein, weil ich glaubte, jetzt sei alles aus, jetzt müsse ich sterben. Halb geduckt schaute ich mich um und sah, wie das Haus, in dem wir eben gestanden hatten, einstürzte. Es hätte unser Grab werden können.

Die Straßen waren durch eingestürzte Häuser versperrt. Wir mußten über diese Schuttberge klettern, was für mich bedeutete, auf allen dreien zu krabbeln, denn in der einen Hand trug ich trotz allem immer noch meine Milchkanne. Meine Mutter hatte keine Hand frei, um mir helfen zu können. Ich weiß noch, daß ich den Mund ganz weit offen hatte, um in dem Qualm Luft zu bekommen. Auf einmal sagte meine Mutter: »Das Haus steht noch« und meinte das, in dem wir die winzige Wohnung in der Großen Sandgasse hatten. Nicht zu glauben, aber wir waren tatsächlich durchgekommen. Wir stürzten ins Haus, ließen die Wohnungstür weit geöffnet. Meine Mutter zog uns alles doppelt und dreifach an, und noch bevor sie damit fertig war, rief eine Männerstimme in unsere Wohnung: »Schnell, in den Luftschutzkeller.« Draußen knallte es wieder ununterbrochen, ohne Pause. Wir rannten nach unten.

Erstmals nach fast einem ganzen Tag, seit wir die Großeltern verlassen hatten, fühlte ich mich hier unten im Keller von etwas Ruhe umgeben. Ich atmete normal durch und hoffte, daß nun bald alles vorbei sein und der Krieg aufhören würde. Es war eine Scheinruhe. Lange konnten wir uns nicht ausruhen, da tat es einen furchtbaren Schlag, die Wände im Keller wackelten und ein seltsam stinkender Geruch drang in den Raum. Ein fremder Mann stürzte in den Luftschutzraum und schrie: »Raus, raus, das Haus ist getroffen und brennt.« Wieder begann eine Treibjagd, eine Hetze um Leben und Tod. Der Hauseingang, durch den wir vor wenigen Minuten schutzsuchend hereingekommen waren, war verschüttet. Wir hasteten zum Hofausgang, der nur halbverschüttet war und durch den wir dank der fehlenden Tür wenigstens noch herauskriechen konnten.

Kein Wort kann den Anblick beschreiben, der sich uns jetzt bot. Wir krochen hinaus in ein verderbenbringendes Meer aus Flammen, Rauch, Hitze, dem ununterbrochenen, ohrenbetäubenden Donner der Einschläge und dem Pfeifen der Geschosse, die peitschend irgendwo neben uns einschlugen. Es war die brodelnde, kochende Hölle, die alle Türen geöffnet hatte, um sämtliche Teufel, die sich seit Bestehen der Erde darin angesammelt hatten, frei zu lassen, damit ein nie zuvor gekanntes Maß an Tod und Elend sich über die Menschen ergießen sollte. Ich schaute voll Entsetzen hoch zum Himmel. Aber, o Gott, was war das? Wie ein Symbol dieser Zeit, war kein Himmel mehr da, er schien verschwunden. Eine undurchsichtige Feuerwolke hing in der Luft, direkt über unseren Köpfen. Es waren keine Flammen, die sahen wir mit Qualm um uns herum. Nein, diese Wolke war etwas ganz Ungewöhnliches. Sie war rosarot und bestand aus millionenfachen, winzigen, verglühten Teilchen.

Diese Hitzewolke deckte alles zu wie unter einer Glocke. Wir waren in großer Atemnot und mußten um unser Leben laufen. Schuttberge von gerade eingestürzten Häusern mußten überklettert werden; ich stolperte, fiel mit meiner Milchkanne immer wieder hin. Die Angst schien mein Schmerzempfinden abgeschaltet zu haben, denn ich spürte nichts, obwohl ich immer wieder auf die Knie fiel. Ich merkte nur, daß die Steine ganz heiß waren. Den Mund weit aufgerissen, nach Luft ringend, schaute ich wiederholt ängstlich zu der Feuerwolke hoch, ob sie auf uns herunterfallen würde. Ich weiß noch daß während dieser Zeit nur ein einziger Gedanke in mir war: Gleich bin ich tot, gleich bin ich tot. In diesem Kriegstoben von Feuer, Qualm und Staubwolken waren ständig um uns herum die entsetzlichen Schreie von Verwundeten und Sterbenden zu hören. Es klang, als wenn Menschen in heißes Wasser geworfen würden. Grauenvolle Schreie, die ich nicht vergessen kann.

Halb benommen fiel ich abermals hin und hatte keine Kraft mehr aufzustehen. Mir fehlte die Luft, ich keuchte und japste, da riß meine Mutter mich hoch und ich schleppte mich weiter. Die Feuerwolke stand immer noch über uns, als wolle Gott gar nicht sehen, was darunter mit den Menschen geschah, als ginge ihn das alles nichts mehr an. Und doch hatte er uns einen großen Schutzengel geschickt, der uns durch dieses Inferno, in dem in jeder Sekunde tausendfach tödliche Bedrohung auf uns herunterhagelte, unbeschadet hindurchführte. Es ist ein Wunder, daß uns drei weder eine Kugel noch ein Granatsplitter auch nur streifte, wo doch viele andere Menschen um uns herum getroffen wurden.

Plötzlich schien es, als würde ein Vorhang aufgerissen. Der in Augen und Hals beißende Qualm und Rauch, von dem wir umhüllt waren, die schwebende Feuerwolke über uns, waren weg; vor uns lag ein Fluß, der Pregel. Atmen, atmen, das war das wichtigste. Da, die Brücke in unmittelbarer Nähe von uns! Sie schien noch unbeschädigt. Sie zu betreten schien jedoch Selbstmord. Auf ihr würden wir eine Zielscheibe für jedes der vielen Geschosse abgeben. Auch hätte sie einen Volltreffer bekommen können, der uns mit in die Luft gesprengt hätte. Vielleicht war sie von deutscher Seite schon zur Sprengung vorbereitet. Alle Vorzeichen des Todes hatte diese Brücke vom Steindamm zum Haberberg, aber es gab keine lange Überlegung. Es war der einzig mögliche Weg. Hinter uns brannte alles, und so gab es nur ein Vorwärts über diese Brücke. Wir liefen; endlich befanden wir uns auf einer Straße ohne Trümmerberge, immer mehr Menschen kamen aus dem Rauch und Flammenmeer und strömten mit uns der Brücke zu. Jetzt erst war zu erkennen, wie viele, viele Menschen es hier noch gab, die im Qualm der brennenden Straßen nicht zu sehen gewesen waren. Die Brücke war erreicht, mein Herz klopfte bis zum Hals. Den Mund vor Angst weit geöffnet, betraten wir die Brücke, die alles bedeuten konnte, Tod oder Leben. Bei jedem krachenden Einschlag, der wieder einmal ein Volltreffer auf ein Haus war, zuckte mein ganzer Körper zusammen, und wie von selbst zog ich meinen Kopf ein.

Wir hatten ungefähr die Hälfte der Brücke hinter uns, als wir Entsetzliches auf uns zukommen sahen. Feuer in hohen Wellen, so groß wie ich, rollte auf der Brücke direkt auf uns zu. Ein Entkommen oder Ausweichen war unmöglich. Wir waren die ersten, links und rechts das Wasser des Pregel, hinter uns die Brücke voller Menschen. Im Moment stockte meine Mutter, weil sie annahm, da kämen brennende Steinbrocken angerollt. Aber es waren nur Flammen, die, leicht wie eine Feder, aber unaufhaltsam wie die Wellen der Ostsee, auf uns zukamen. Es gab keine andere Möglichkeit, wir mußten durch die Flammen hindurch. Die Angst lähmte meine Stimme. Ich konnte weder schreien noch weinen. In solchen Situationen, in denen man den Tod so direkt vor Augen hat, hört jedes normale Fühlen und Denken auf. Wieder war nur ein einziger Satz in meinem Kopf, der schon durch die Geschehnisse der letzten Stunden wie automatisch programmiert war: Gleich sind wir tot, gleich sind wir tot. In der linken Hand trug ich noch immer die Milchkanne, mit dem rechten Arm hielt ich mir das Gesicht zu und dann stürzten wir uns hinein in die Flammen. Ich spürte die Hitze um mich herum, da sagte meine Mutter: »Wir sind rüber« und klopfte das Feuer an meinen Sachen aus. Hinter uns hörten wir die Schreie der vielen nachrückenden Menschen, doch für uns wie für jeden anderen hieß es nur: Weiter, weiter vorwärts. Auch auf dieser Seite der Brücke brannten die

Häuser. Feuerfunken flogen ständig um uns herum. Meine Schwester bekam einen ins Auge und fing an zu weinen. Meine Mutter rieb den Funken sofort raus, dann begannen wir erneut um unser Leben zu laufen. Die Männer in Uniform tauchten wieder auf und gaben mit Handzeichen die Richtung an, in die wir laufen sollten: »Hier lang.« Weiter ging es durch Trümmer, Rauch, Feuer, einstürzende Häuser, vorbei an schreienden, sterbenden Menschen, denen keiner helfen konnte.

Plötzlich sah es so aus, als gäbe es eine Pause von der Angst. Wir waren am Hafen. Dort warteten viele Menschen, dicht gedrängt, auf ein Schiff, das angeblich noch kommen sollte. Wir gesellten uns zu den Wartenden, in der Hoffnung, daß tatsächlich ein rettendes Schiff kommen möge. Irgendwie schien hier eine veränderte Situation zu herrschen. Hier im Hafen wurde nicht geschossen, es gab auch keine Einschläge und die umstehenden Speicher brannten nicht. Durch die vielen Menschen war der Schnee aufgetaut und ich merkte bald, daß ich bis zu den Knöcheln in Plonsch, Schneewasser, stand. Ich weinte nicht, ich schrie nicht, ich ertrug es still. Schließlich war ich ja schon ein großes Mädchen und würde dieses Jahr in die Schule gehen, also konnte ich doch nicht jammern. Das waren damals meine Gedanken. Wie lange ich nichts gegessen und getrunken hatte, wußte ich nicht. Es war lang her, und ich verspürte nur eines: Müdigkeit. Am liebsten hätte ich mich auf die Erde gelegt, aber das wäre der sichere Tod gewesen. So hieß es, weiter stehen zu bleiben.

Die Nacht kam, viele Kinder weinten und wimmerten und die Mütter versuchten, sie zu trösten. Ich nickte stehend immer wieder ein; dabei drohte ich umzufallen, konnte mich aber immer noch rechtzeitig abfangen. Ganz leise rollten die ersten Tränen über meine Wangen.

Das Unfaßbare meiner Umgebung, das Nicht-verstehen-Können des Geschehenen, der Seelenschmerz über diese, von den Erwachsenen veränderte Welt hatten sich in mein Kinderherz geschlichen. Sie sollten fortan dort einen festen Platz einnehmen und mich nie mehr verlassen. Mit meiner angeborenen, leidenschaftlichen Beobachtungsgabe und einem wachen Geist registrierte ich alles, was um mich herum geschah.

Im Morgengrauen des nächsten Tages war leises Motorengeräusch zu hören, das immer näher kam. Unruhe ergriff die Menschenmenge. Waren es feindliche Flieger, die sich näherten? »Ein Schiff« und immer wieder »Ein Schiff«, hörte man die Menschen sagen. Doch es war kein Schiff, sondern ein Frachtkahn, wie man sie heute noch zum Transport von Kohle und Rüben auf den Flüssen benutzt. Im Nu waren auch deutsche Soldaten zur Stelle, die den vielen Müttern mit ihren Kindern beim Besteigen des Kahns halfen. Jeder Soldat nahm immer zwei Kinder auf den Arm, alles mußte blitzschnell gehen. Im Kahn standen wir dicht gedrängt wie die Ölsardinen in der Dose, keiner hätte umfallen können. Aber es hieß, alle könnten mitgenommen werden. Über uns war kein Verdeck, nur der offene Himmel. An den vorbeiziehenden Häusern und Ruinen merkten wir, daß wir »auf Fahrt« waren. Von diesem Moment an verstummten alle Gespräche, sogar die Kinder hörten auf zu weinen. Es herrschte absolute Stille.

Niemand wußte, wohin die Fahrt ging, jeder dachte das gleiche: Nur raus aus dem Teufelskessel Königsberg. Längst waren links und rechts keine Häuser mehr zu sehen. Als wir schon eine Weile gefahren waren, sagte jemand, daß wir jetzt auf offener See seien. Da hörte man plötzlich eine Stimme rufen: »Flieger«. Sofort schaute jeder nach oben, und tatsächlich, ganz oben kreisten drei

Flugzeuge wie Geier immer im Kreis über uns. Jedem stockte der Atem, auch bei mir setzte die Todesangst wieder ein. Wenn die auf uns schießen würden, war dieser Kahn unser Massengrab, das wußte jeder, sogar ich. Eine ganze Zeit waren alle Blicke nach oben gerichtet, bis dann einer der Soldaten, die mit eingestiegen waren, sagte: »Das sind unsere, die geben uns Geleitschutz.« Das war ein erlösender Satz, und bei den vielen Menschen löste sich die angstvolle Spannung in leisem Gemurmel auf. Als der Frachtkahn endlich anlegte, waren wir in Pillau. Männer zeigten uns die Richtung zum Bahnhof, wo wir hingehen sollten, um auf den Weitertransport per Zug zu warten.

Das ganze Bahnhofsgelände war schon völlig überfüllt mit wartenden Menschen. Wieder waren aus allen Richtungen weinende Kinder zu hören, weil es keine Nahrung gab, nicht einmal ein heißes Getränk, zudem war es bitter kalt. Ich merkte jetzt besonders meine nassen Füße, sagte aber meiner Mutter nichts, die doch schon genug mit meiner quengelnden Schwester zu tun hatte.

Niemand wußte, wann und ob überhaupt ein Zug kommen würde. Nach vielen Stunden, es schien eine Ewigkeit vergangen zu sein, traf tatsächlich einer ein, und der war arg mitgenommen. Überall sah man Einschüsse von Kugeln und Granaten, Fensterscheiben fehlten gänzlich. Woher er kam, wußten wir nicht, es hieß nur, er sei in starken Beschuß geraten, es sei der letzte Zug überhaupt. Es gab ein rücksichtsloses Gedrängel, Geschiebe und Gestoße. Mal spürte ich links, mal rechts irgendwelche harten Gegenstände in meinen Rippen. Schließlich setzte sich der Zug in Bewegung ohne einen Menschen zurückgelassen zu haben. Alle waren müde und erschöpft, kuschelten sich eng aneinander, Schutz suchend gegen den eisigen Fahrwind, der durch die offenen Fenster drang. Der Zug hielt nirgends. Wo wir auch vorbeifuhren, alle Häuser waren leer und verlassen. Eine Geistergegend.

Plötzlich sah man über eine längere Strecke beidseitig der Bahnlinie Spuren der Verwüstung. Hausrat, Kleidung, Wäsche, alles lag verstreut herum. Am schlimmsten sahen die vielen, vielen aufgeschlitzten Federbetten aus, deren Inhalt durch den Zug hochgewirbelt wurde. Eine Frauenstimme hörte ich sagen: »Mein Gott, wo fährt man uns hin, hier war ja schon der Russe?!« Es war wirklich so. Ein deutliches Zeichen für einen Durchzug der Russen war, daß sie die Federbetten nicht mitnahmen, sondern aufschlitzten und meistens beim Verlassen auch noch die Häuser anzündeten. Aber alle, die den erschrockenen Satz dieser Frau hörten, waren zu müde, um darauf zu antworten oder länger darüber nachzudenken. Endlich war das Ziel dieser Fahrt erreicht und der Bahnhof, den ich nur allzugut kannte, sagte mir, daß wir in Rauschen waren.

Gleich nach Verlassen des Zuges wurde uns mitgeteilt, daß wir uns im Ort ein Quartier suchen sollten, es gäbe genug Platz, alle Häuser seien leer. Einmal am Tag, zur Mittagszeit, könnten wir uns an einer bestimmten Stelle einfinden, um eine Suppe in Empfang zu nehmen. Durchnäßt und bis auf die Knochen durchgefroren vom tagelangen Kampf ums Überleben bei unerbittlichen Kältegraden, suchte meine Mutter erst einmal eine Unterkunft.

In einer Villa fanden wir im ausgebauten Dachgeschoß eine hübsch möblierte Wohnung, in der sogar noch Betten mit Matratzen standen. Obwohl die Wohnung unbeheizt war, erinnere ich mich noch heute an das Gefühl, von dem ich beim Betreten der Wohnung eingehüllt wurde: Wärme und Ruhe. »Hier bleiben wir«, sagte ich zu meiner Mutter. Hier gab es keinen Beschuß, kein Feuer, keinen Schnee und keine Kälte. Völlig bekleidet legte ich mich gleich in eines der Betten auf die Matratzen und ich hatte das Empfinden, noch nie so weich, so warm und in so einer Ruhe geschlafen zu haben. Das waren die letzten Gedanken, bevor mich der Schlaf in seine Arme nahm. Meine Mutter sagte, ich hätte den restlichen Tag und die ganze Nacht durchgeschlafen.

Am nächsten Tag machten wir uns auf den Weg zur Essensausgabe. Der Weg führte am Kurhaus vorbei. Gardinen waren keine mehr an den Fenstern, darum konnte man mühelos in den Kursaal sehen. Dort lagen gestapelt, fast bis an den Fensterrand Bettwäsche, Federbetten, Lebensmittel wie Kartoffeln, Getreide und ganze Schinken. Es hieß, daß man dies alles von den vielen Flüchtlingswagen der Bauern genommen habe, die, bis hierher gekommen, alles stehen- und liegenlassen mußten, um nur mit Handgepäck die Flucht fortzusetzen. Bald sahen wir die Bestätigung. Entlang dem Waldrand standen, schön nebeneinander aufgereiht, die Treckwagen – leer. Auf einer Wiese daneben, eingezäunt, die Pferde. Es war ein herzbewegender Anblick, wie sie da standen, in Kälte, Eis und Schnee, traurig die Köpfe hängen lassend. Sie hatten nichts zu fressen und machten auch keine Anstalten, etwas zu bekommen. Unbeweglich wie Statuen, nur ihre Mähne bewegte sich im Wind, schienen sie alle, wie zu einem großen Begräbnis versammelt, nach innen zu weinen.

Je näher wir der »Volksküche« kamen, desto mehr kam uns ein seltsamer, unangenehmer Essensgeruch entgegen. Es gab an jedem Tag, solange wir in Rauschen wohnten, die gleiche Suppe: Wrunken (Futterrüben) mit Fleisch. Bald war es durchgesickert: Wir aßen Pferdefleisch. Eigentlich hätten wir es merken müssen, denn die Pferde auf der Wiese wurden immer weniger.

Rauschen war voll mit Flüchtlingen. Jeder fragte jeden, ob er nicht wüßte, wann es weiterginge, aber niemand wußte eine Antwort darauf. Ein alter ortsansässiger Mann wußte zu sagen, daß vor einigen Tagen ein Zug sehr stark beschossen worden war. Jetzt noch würden die zerfetzten Leichen links und rechts der Bahnlinie liegen. Er habe sich das Massaker angesehen, es sei schlimm. Seit diesem Tag sei der Zugverkehr eingestellt worden. Was nun? Wir waren schon unzählige Tage in Rauschen, und es gab keine Möglichkeit mehr, aus der Stadt herauszukommen. Allgemein herrschte große Ratlosigkeit.

Eine Frau, die im gleichen Haus unter uns wohnte, sagte meiner Mutter, ganz leise im Vertrauen, daß sie von Soldaten erfahren habe, daß ein Großangriff auf Rauschen geplant sei und daß diese Soldaten noch einen Fluchtweg wüßten und sie mitnehmen wollten. Ob meine Mutter mitkommen möchte. Bei dem Gedanken, daß Rauschen einen Angriff zu erwarten hatte, sagte meine Mutter natürlich ja. Schnell wurde das Köfferchen gegriffen, und ich durfte meine Milchkanne nicht vergessen, in der immer noch Butter von meinen Großeltern war, und dann bestiegen wir den Soldatenlaster. Ich bedauerte es sehr, dieses schöne Quartier verlassen zu müssen. Es war so angenehm trocken und warm, vor allen Dingen ruhig. Hier gab es keine Bomben, keinen Beschuß oder Fliegeralarm. Man konnte wie in alten Zeiten die Nächte noch ruhig durchschlafen. Hier war – noch – Frieden. Später erfuhren wir, daß kurz nach unserem Weggang tatsächlich ein verheerender Großangriff getobt haben soll, der ein Blutbad unter den vielen Flüchtlingen angerichtet hatte. Der Laster fuhr mit uns an der »Pferdewiese« vorbei, wo jetzt nur noch ein dünnes, hellbraunes Tier stand. Meine Mutter sagte mehr zu sich selbst: »Na Fuchs, wie lange darfst du noch leben?«

Kaum daß wir uns auf freier Strecke befanden, setzte ein höllischer Beschuß ein. Die Soldaten und wir legten uns flach auf den Boden des Lasters. Einer sagte: »Mensch, wir sind ja in der direkten Kampflinie.« Weit und breit keine Unterstellmöglichkeit, das Auto war Zielscheibe. Von allen Seiten wurde der Wagen getroffen. Der Fahrer fuhr wie der Teufel, mußte aber wegen des starken Angriffs eine andere Fahrstrecke einschlagen. Es war zu gefährlich. Jeden Moment konnte der Motor anfangen zu brennen oder ein Reifen zerfetzt werden. Das wäre der endgültige Tod für uns alle gewesen. Mit Entsetzen stellten wir und die Soldaten fest, daß wir wieder in Königsberg waren, im Zentrum des Krieges von Ostpreußen und somit wieder im Mittelpunkt der Hölle. Wie durch ein Wunder war niemand verletzt worden. Wir waren durch die Frontlinie gefahren, wie die Soldaten sagten, und alle lebten noch.

Die Frau, die Soldaten und wir, jeder versuchte, in eine andere Richtung gehend, sich in Sicherheit zu bringen, nicht wissend, ob es vielleicht ein Weg in den Tod war. Überall brannten Häuser und geschossen wurde immer noch stark. Wir hetzten wieder durch das ständige »Ratatata« der Maschinengewehre und hörten das Pfeifen der an uns vorbeifliegenden Kugeln. Wir stolperten über viele tote deutsche Soldaten, Frauen und Kinder, und sahen, wie entsetzlich sie zugerichtet waren. Mal fehlte ein Bein, bei einer Frau waren sogar beide Beine abgerissen. Oder es fehlte der Kopf oder das halbe Gesicht. An jedem Körper war irgendeine schwere Verletzung und man sah zerfetztes rotes Fleisch. Oder aber der Leib war aufgerissen und die Därme quollen heraus.

Ich fiel von einem Schrecken in den anderen, denn die Toten lagen wie gesät. In einem total zerschossenen Baum hing ein Menschenbein. Es war die leibhaftige Hölle. Immer wieder in Ruinen Deckung suchend, versuchten wir uns ein Stückchen weiter zu bewegen. Oft sagte meine Mutter, daß sie überhaupt nicht mehr wüßte, wo wir seien. Jede Straße sah gleich aus, nur Ruinen, Schuttberge und Tote.

Am Morgen hatten wir Rauschen verlassen und jetzt war es Nachmittag. Gehetzt wie zum Abschuß freigegebenes Wild, erschöpft durch die erneuten Strapazen vom Kampf ums Überleben durch die von Krieg und Tod erschütterte Stadt Königsberg, waren wir am Ende unserer Kraft. Beim Überqueren eines Schuttberges, unter vollem Beschuß – alle Straßen waren zugeschüttet – fiel diesmal meine Mutter, mit meiner Schwester auf dem Arm und dem Köfferchen in der anderen Hand, hin und blieb liegen. Ich schrie: »Mutti«, denn ich glaubte, ein Geschoß habe sie getroffen. Nur mühsam kam sie wieder hoch, das Knie aufgeschlagen und stark blutend. Sie humpelte und weinte. Da, was war das auf einmal? Wir befanden uns plötzlich in unserer Straße, in der Langen Reihe. Wir erkannten es an der Chirurgischen Klinik, die unbeschädigt dastand. Alle Häuser der gegenüberliegenden Straßenseite, also auch unseres, gab es nicht mehr. Aber nein, war es eine Geisterspiegelung, ein Traum? Da stand wirklich noch ein Haus. Ein einziges, verlassen und verloren wirkendes Haus wie ein letzter heiler Zahn in einem gebißlosen Mund. Es war das Eckhaus Lange Reihe/Nicolai Straße, das Haus mit dem Briefkasten, in dem ich manchmal einen Brief hatte einwerfen dürfen. Sogar der Briefkasten war noch da. Es sah so unwirklich aus, dieses unzerstörte Haus in einer Wüste der Zerstörung.

Wir konnten es kaum glauben, daß es so etwas noch gab, nachdem wir uns an den zerstörten Anblick von Königsberg schon fast gewöhnt hatten. Wie automatisch führten uns unsere müden Beine zu diesem Haus. Im Luftschutzraum waren einige Frauen, Kinder und wenige deutsche Soldaten. Letztere waren im Begriff, den Raum zu verlassen. Sie trugen keine Gewehre bei sich. »Der Krieg wird nun bald vorbei sein, hängen Sie lieber ein weißes Tuch raus.«

Ein Soldat gab meiner Mutter eine Aktentasche und sagte: »Geben Sie die bitte meiner Frau, es sind meine Uhr und Papiere darin. Der Krieg ist jetzt gleich aus, und dann wird es Ihnen besser gehen als uns.«

Eine andere Frau sagte noch: »Welches Datum haben wir eigentlich?« »Wir sind im April«, antwortete der Soldat, und damit verließen alle den Keller. Auf einer Bank legte meine Mutter sich hin, um ihr blutendes Knie etwas auszuruhen. Es stand viel zurückgelassenes Gepäck in diesem Luftschutzraum. Reisekörbe und Koffer mit Wäsche und Kleidern stapelten sich in einer Ecke. Wir waren gar nicht lange hier unten, da hörte draußen der Kriegslärm, an den ich mich schon so gewöhnt hatte, auf. Es war ganz plötzlich unheimlich, gespenstisch still. So unwirklich schien diese plötzliche große Stille. Zwei Männer in braunen Uniformen kamen herein, zogen wortlos ihre Kleidung aus und ganz normale Sachen an. Die Uniformen einschließlich Kopfbedeckung wickelten sie in etwas Stoff, legten das Bündel in eine Ecke und verschwanden so leise, wie sie gekommen waren.

Ein neuer Zeitabschnitt sollte nun beginnen, der unermeßliches Leid in sich barg. Leid, das sich über Jahrzehnte erstrecken sollte. Oft habe ich mir später vorgestellt, wenn ein Engel Gottes erscheinen und verkünden würde, mir entsprechende Kraft und Schutz zu geben, wenn ich noch einmal ähnliches zu durchleben hätte, ob ich dann bereit wäre, es anzunehmen. Ich hätte gewußt, was ich geantwortet hätte: Nein, denn das Überleben war schwerer als das Sterben.

Ich muß das gestehen, auch wenn mich jeder Pfarrer wahrscheinlich verurteilen und mir Undankbarkeit im Hinblick auf mein gerettetes Leben vorwerfen würde. Um mich zu verstehen, um überhaupt ermessen zu können, was es heißt, durch die Hölle zu gehen, müßte man in meine Haut schlüpfen. Da das niemand kann, kann auch keiner nach- oder mitempfinden und so ist das einzige Gefühl, das ich für mich persönlich ablehne: Mitleid. Mitleid kommt von mitleiden und ich würde niemals von einem anderen Menschen erwarten, mein Leid zu erfassen. Ich muß gestehen, daß es mir unsagbar schwerfällt, weiter zu schreiben, denn ich betrete jetzt die Schwelle zu den Tiefen meiner Seele, um vorsichtig, Schritt für Schritt, nochmals alle durchlebten und durchlittenen körperlichen und seelischen Leiden und Qualen auferstehen zu lassen, mich mit ihnen zu identifizieren und sie noch einmal zu durchleben.

III. In den Händen der Russen

Zurück zu unserem letzten Aufenthalt auf »noch« deutschem Boden in besagtem Keller. Später erfuhr ich von meiner Mutter, daß es der 9. April 1945 gewesen war. Man hatte uns also vom 28. Januar an nur umhergetrieben, um das Ende des Krieges am Ausgangspunkt unserer Flucht zu erleben.

Meine Mutter lag, sichtlich erschöpft, auf der Bank, um ihr stark aufgeschlagenes Knie, von dem das Blut tropfte, auszuruhen. Ich ging, langsam, ruhig und mehr gelangweilt durch den Kellerraum. Es war drinnen wie draußen so ungewohnt und unheimlich still. Gerade als ich mich vor der schweren, eisernen Eingangstür befand, wurde diese mit harten Fußtritten aufgestoßen und flog krachend gegen die Kellerwand. Was jetzt geschah, im Denken wie im Handeln, vollzog sich blitzschnell in Sekunden. Vor mir stand eine Gestalt, wie ich sie nie zuvor gesehen hatte, mit einem auf mich gerichteten Maschinengewehr. Ein Ungeheuer, ein Ungeheuer aus der bösen Märchenwelt, dachte ich und fing, in Todesangst, zum ersten Mal laut zu schreien an. So etwas hatte ich einfach noch nicht gesehen: Diese ungewöhnliche Kopfbedeckung (die alle Soldaten tragen, die einen Panzer fahren), die abgesteppte Jacke, alles ganz schmutzig, einschließlich des Gesichts, aus dem mich haßerfüllte Augen anblitzten. Ich schrie und zitterte. Da zeigte dieser russische Soldat, daß unter seiner Kriegsfassade ein Mensch mit Herz war, und er sagte beschwichtigende

Worte: »Nix Angst, nix Angst«, und der Blick aus seinen eben noch böse schauenden Augen wurde milder.

Über diese erste Begegnung habe ich später oft nachgedacht. Mit welchen Angstgefühlen muß der Soldat diese Kellertür aufgestoßen haben? Er mußte alles dahinter vermuten, deutsche Soldaten, Partisanen, alles, was seinen Tod hätte bedeuten können. Und was hatte er statt dessen vor dem Lauf seines Maschinengewehrs? Ein unschuldiges, kleines, blondes Mädchen, dem er Todesangst eingejagt hatte. Er hätte auf uns das Feuer eröffnen und uns alle niedermähen können, doch er tat es nicht.

Ich hörte auf zu schreien, ging Schutz suchend zu meiner Mutter, die sich langsam von der Bank erhob und auf das Zeichen, das der russische Soldat mit seinem Schießeisen gab, verließen wir den Keller. Was für eine veränderte Situation fanden wir draußen vor? Es wimmelte von Ungeheuern, die noch viel schrecklicher aussahen als der erste. Daß das Soldaten waren, wußte ich noch nicht. Sie sahen furchterregend aus. Vom Kampf in den Ruinen war ihre Bekleidung total verdreckt und verschmiert. Manche trugen wattierte Jacken, andere lange Mäntel bis fast auf die Erde, alle aber trugen ihr Gewehr und bei den meisten blitzte das Bajonettmesser obendrauf, was das Ganze noch gefährlicher aussehen ließ. Auf dem Kopf trugen sie die typischen Russenmützen, mit rotem Sowjetstern auf der hochgeklappten Stirnseite. Die seitlichen Ohrenklappen waren bei den meisten weder hoch- noch heruntergeklappt, sondern standen mittelwegs vom Kopf ab, wie Tragflächen eines Flugzeugs. Viele Gesichter waren schlitzäugig, und beim Öffnen des Mundes sah man ihre schwarzen, abgefaulten oder abgebrochenen Zähne, was den ganzen Eindruck abrundete und mich Furcht, Angst, Abscheu und

Greuel empfinden ließ. Ich fing an zu zittern, und dieses Gefühl sollte mich drei Jahre lang nicht mehr loslassen.

In meiner kindlichen Gedankenwelt waren diese Soldaten Ungeheuer. Sie nahmen uns erst einmal alles ab, was wir bei uns trugen. Das Köfferchen, die Aktentasche des deutschen Soldaten, und mir riß man die Milchkanne mit unserem letzten Proviant aus der Hand. Nun besaßen wir nichts mehr, nur das, was wir am Leib trugen. Alle deutschen Frauen wurden nach Schmuck abgetastet und ein einziges Wort hörte ich ständig um mich herum: »Uhri, Uhri, Uhri«. Frauen, die einen Haarknoten trugen, wurde das Haar aufgerissen, wobei man ziemlich brutal vorging. Andere mußten ihre warmen Stiefel, Mäntel oder Pelze ausziehen und abgeben, auch wenn es sich um eine Mutter mit Kindern handelte. Sie mußten auf Strümpfen und im Kleid weitergehen. Immer mehr Deutsche waren plötzlich in den Straßen und auf den Trümmerbergen. Sie kamen aus den Bunkern, die unter den öffentlichen Grünanlagen waren. Der Sprachschatz der Russen war in zwei andere Worte umgeschlagen: »Dawai, Dawai« (los, los), war jetzt zu hören, wobei sie uns die Richtung angaben, in die wir zu gehen hatten. Seltsam, wie diese fremden Soldaten wußten, wohin wir in dieser zerstörten Stadt zu gehen hatten.

Es wurde schon Abend, als eine endlos lange Kolonne von Frauen, Kindern, Alten und Kranken aus der Stadt der Toten marschierte. Immer wieder stolperte ich über einen am Boden Liegenden, nicht wissend, ob er schon lange tot war oder eben erst während des Marsches umgekippt war. Vor und hinter uns waren immer wieder Schreie von Frauen zu hören, die für Vergewaltigungen aus den Reihen geholt wurden. Dazu leuchteten die Russen mit Taschenlampen in die Gesichter, denn es war schon stockdunkle Nacht geworden. Manche hatten eine ganz raffinierte Beleuchtung: In dem roten Sowjetstern in der Stirnseite ihrer Mütze befand sich eine Glühbirne, die sie durch einen Auslöser in der Manteltasche zum Leuchten brachten. Dann sahen sie doppelt furchterregend aus, wie Teufel. Auch meine Mutter wurde auf diese Weise angeleuchtet und unter meiner Todesangst und dem Zittern, das meinen Körper beherrschte, fing ich jedes Mal an, markerschütternd zu schreien. Dann ließen die Russen immer ab von ihr.

Dieser automatische Reflex, der in mir ausgelöst wurde, rettete meine Mutter weiterhin vor Vergewaltigungen. Nachdem wir eine Ewigkeit marschiert waren, hieß es: »Stoi«. Jeder war froh, stehenbleiben zu dürfen. Vor uns befanden sich einige große, leere Hallen, die erleuchtet waren und in denen Busse oder Lastwagen gestanden haben mußten, denn es roch noch stark nach Benzin. Die Russen diskutierten miteinander und dann durften wir endlich in die Hallen. Vor Erschöpfung legte sich jeder erst einmal auf den nackten Betonboden. Es gab viele kleine Kinder. Manche weinten und jammerten leise, und an ihren Stimmchen konnte man erkennen, daß es sich um ganz kleine Kinder handeln mußte.

Kaum daß jeder einen Platz auf der Erde gefunden hatte, ging es auch schon los. Ein schmutziges, teuflisch grinsendes Ungeheuer nach dem anderen – denn als solche sah ich diese fremden Gestalten immer noch an – kam in die Halle. Die meisten waren schlitzäugig, also Mongolen, und sahen irgendwie furchterregend aus. Sie suchten sich junge Mütter aus und sagten: »Komm, Frau, dawai.« Wenn es nicht schnell genug ging, wurde so eine Frau mit den Füßen getreten oder bekam einen Schlag mit dem Gewehrkolben. Die Kinder schrien: »Mutti, Mutti, bleib hier!« Sie weinten und schrien, und es spielte sich ein Chaos ab. Vor Angst klopfte mein

Herz bis zum Hals. Nichts von Vergewaltigung wissend, glaubte ich, die Frauen würden weggeführt, um getötet zu werden, schließlich hatte jeder Soldat sein Gewehr umgehängt. Es kam, wie es nicht anders kommen konnte. Auch zu meiner Mutter kam einer. Da ich nun glaubte, daß sie erschossen werden sollte, wollte ich mit ihr sterben. Mit meinen beiden Händen umklammerte ich ganz fest ihre Hand und fing aus Todesangst so laut an zu weinen und zu schreien, daß meine Mutter später sagte, es habe sich angehört, als würde ich bei lebendigem Leib ein Messer in den Körper gejagt bekommen. Der Soldat versuchte mich mehrmals mit dem Fuß wegzustoßen, aber ich ließ die Hand meiner Mutter nicht los. Schließlich spuckte er vor uns aus, murmelte ein paar unverständliche Worte und ließ uns in Ruhe.

Meine Mutter legte sich in Seitenlage auf den Betonboden und ich setzte mich wie ein Wachhund auf ihre Hüfte. Irgendwie war ich mir dessen bewußt, daß ich meine Mutter beschützen mußte und es in gewisser Weise auch konnte. Meine dreijährige Schwester setzte sich auf ihren Oberkörper und so hielten wir Wache die ganze Nacht! Ich war todmüde, die Augen fielen mir immer wieder zu, aber an Schlaf war nicht zu denken. Die ganze Nacht hindurch wurden die Frauen geholt, manche mehrmals, und die Schreie der Kinder verstummten nicht. Zu meiner Mutter kam keiner mehr. Sie muß wohl mit ihrem blutenden Knie und wie wir beide so auf ihr saßen einen sehr kranken Eindruck gemacht haben, und vor Krankheit hatten die Russen panische Angst.

Der Morgen graute, und der zweite Tag unter unseren »Befreiern« brach an. Die Bezeichnung »Befreier« konnten sie mit Recht in Anspruch nehmen, hatten sie doch einen jeden von allem, was man bis dahin besessen hatte, befreit, indem sie uns alles weggenommen hatten. Mit dem neuen Tag wechselte auch die Szenerie. Die Peiniger der Nacht waren nicht mehr zu sehen, dafür wimmelte es jetzt von »normalen« Soldaten in ihren Russenkitteln und Schiffchenmützen. Auch sie trugen ihr Gewehr umgehängt, waren aber sauber und holten keine Frauen weg. Sie waren so etwas wie unsere Bewacher. Bewacher ihrer »Kriegsbeute«. Anscheinend hatte man mit so vielen hungernden Zivilisten in dieser zerstörten, toten Stadt nicht gerechnet. Und dann sah man die Herren über Leben und Tod: die russischen Offiziere. Sie waren sehr schnell als die »besseren« Russen zu erkennen. Sie trugen keine Gewehre, dafür aber sehr schicke Uniformen, an denen viele Orden blitzten und glänzten, und nicht zu übersehen waren die großen Tellermützen auf ihren Köpfen. In Gruppen standen sie und schienen zu beraten, was geschehen solle, während die vielen Deutschen sich in den Lagerhallen und draußen dicht gedrängt tummelten.

Da kam ein Aufruf, daß alle Kinder ab dem neunten Lebensjahr mit einem LKW irgendwohin gebracht würden, wo sie Milch bekämen. Meine Mutter wollte auch mich schicken, denn ich war ein sehr großes Mädchen und sah nicht aus wie eine Sechsjährige. Da verweigerte ich gegenüber meiner Mutter erstmals den Gehorsam, und das war schon ungewöhnlich, war man doch dazu erzogen worden, Eltern ohne Widerrede zu gehorchen. Ich beteuerte weinend, bittend und zitternd, daß ich nicht gehen würde. In mir kroch eine unheimliche Angst hoch. Meine Mutter erlebte ich erstmals schimpfend, aber ich ging nicht. Als hätte ich es vorhergesehen, geahnt, war die Angst eine versteckte Warnung gewesen, denn die Kinder kamen nicht mehr zurück. Das Weinen und Schreien der Mütter war groß. Eine Frau, erinnere ich mich, lief immer im Kreis, den Kopf in den Händen vergraben, sie hatte ihr einziges Kind verloren. Mir hatten die drei Jahre, die ich nach Reden meines Vaters »zu spät« gekommen war, weil meine Eltern 1935 geheiratet hatten und ich erst 1939 geboren wurde, das Leben gerettet.

Wir fanden bald heraus, daß es unter diesen fremden Soldaten drei verschiedene Sorten gab, eine Hierarchie, die der eines Bienenstaates ähnelte. Da waren zunächst einmal die Offiziere, sauber, gepflegt, gebildet, gut genährt und an keine körperliche Arbeit gewöhnt wie die Bienenkönigin. Sie hielten sich in gebührender Distanz zu uns Deutschen, als hätten wir die Pest. Sie sprachen auch nicht zu uns, weder im Guten noch im Bösen, sie ignorierten uns. An zweiter Stelle kam das große Heer der »Arbeitsbienen«, der normalen Soldaten. Sie waren Befehlsempfänger der Offiziere und ausführende Organe und gaben die Anordnungen und Befehle an uns Deutsche weiter. Sie hatten auch einen ganz normalen Gesichtsausdruck, nichts Furchterregendes, außer ihrem umgehängten Gewehr. Die dritte Gruppe war in der Minderheit. Es waren die mit den kalten, bösen Gesichtern, vor denen man sich fürchten mußte, diejenigen, die die Frauen in der Nacht wegholten. Sie waren die Bestien. Wenig später sollten wir mehr über sie erfahren, und das erklärte uns alles.

Einer von den normalen Soldaten betrat unsere Halle, zeigte mit dem Finger schnell hintereinander auf verschiedene Frauen, auch auf meine Mutter, und sagte zu jeder: »Frau komm rabotatch.« Als er die Frauen in einer kleinen Kolonne mitnahm, weinte ich nicht, hatte auch kein Angstgefühl. Während der Abwesenheit meiner Mutter saß ich still und reglos am gleichen Platz, damit sie uns in diesem großen Getümmel wiederfinden konnte und hatte meine Schwester neben mir. Mit wachem Geist beobachtete ich das ungewohnte, fremde Leben um mich herum. Alle liefen durcheinander. Mehrmals kamen Gruppen von Soldaten vorbei, die aufgeregt diskutierten. Gott sei Dank nahmen sie keine Notiz von uns beiden. Zu essen gab es nichts. Einige Frauen hatten in den umliegenden Ruinen etwas gestöbert und ein paar Kartoffeln gefunden. Aus den Ziegeln der Ruinen wurden schnell offene Feuerstellen errichtet, und als Kochtöpfe dienten, so makaber es klingen mag, Stahlhelme.

Dieses andere Leben, die Eindrücke von Bomben, Geschossen, Feuer, einstürzenden Häusern, Schreien, Toten, diese fremdartigen Soldaten und die Angst, immer wieder Angst, dieses neue Leben hatte mich verändert. Der Schreck saß tief in meiner Seele. Die Erlebnisse hatten allen kindlichen Frohsinn von mir genommen, mich ernst und nachdenklich gemacht. Meine Stunde des »Erwachsenseins« hatte begonnen.

Endlich kamen meine Mutter und die anderen Frauen zurück. Jetzt wußten wir auch, was rabotatch heißt: arbeiten. In vierundzwanzig Stunden hatten wir schon zwei russische Wörter gelernt, ohne zu ahnen, daß es noch sehr viel mehr werden sollten. Da ich ihre »Große« und der einzige Mensch war, mit dem sie sich unterhalten konnte, erzählte meine Mutter mir leise von ihren Tageserlebnissen.

Der Soldat habe sie alle nach Ponart geführt, wo es noch viele Häuser mit schön eingerichteten Wohnungen gab. Jede Frau wurde für eine Wohnung eingeteilt. Alles Mobiliar sollte stehenbleiben, jedoch sollte, was sich noch in den Schränken befand, aus den Fenstern hinausgeworfen werden. Zum Glück seien in der Wohnung meiner Mutter weder Kleidungs- noch Wäschestücke gewesen, denn es wäre ihr sehr schwergefallen, sie aus dem Fenster zu werfen. Aber die Küche war angefüllt mit Geschirr, Töpfen, Schüsseln, Besteck und allem, was so zum Küchenhaushalt gehört. Es habe ihr sehr weh getan, all diese guten Gegenstände hinauszuwerfen. Als alle Schränke leer waren, mußte jedes Möbelstück umgedreht werden, mit der Vorderseite zur Wand. Bei dieser Aktion entdeckte meine Mutter einen Kanister mit Öl – Speiseöl. In diesem Moment betrat gerade ein polnischer Soldat die Wohnung. Er sprach etwas Deutsch und meine Mutter fragte ihn, ob sie etwas Öl haben könnte. Er entschied, daß sie und alle anderen Frauen Öl haben sollten. Sie müßten alle eine Flasche bringen, dann würde er abfüllen. Blitzschnell informierte sie die anderen Frauen, und bald darauf fanden sich alle zum Ölabfüllen ein. Sie versteckten ihr Ölfläschchen unter ihren Kleidern, als der russische Soldat sie wieder zum Lagerplatz zurückführte. Wer die damalige Zeit auch nur ein wenig erlebt hat, weiß, daß Speiseöl Gold gleichkam.

Trotz Müdigkeit und Hunger ging meine Mutter in die Ruinen und fand tatsächlich auch einige Kartoffeln, die wir in ein offenes Feuer legten und rösteten. Nach vielen Tagen des Hungers war dies unsere erste Mahlzeit, eine warme Kartoffel. Ich aber verspürte keinen Hunger mehr, war nur müde. Seit Rauschen hatte ich nicht mehr geschlafen. Dazwischen lagen der gestrige Tag, die Flucht aus Rauschen, die Gefangennahme durch die Rote Armee, der Marsch bis in die Nacht zu diesem Sammelplatz, die schreienden Frauen und der heutige Tag des ersten Arbeitseinsatzes der Frauen. In einer der Hallen legte ich mich hin, und trotz der vielen Geräusche übermannte mich der Schlaf wie eine Ohnmacht. Lange konnte ich nicht geschlafen haben, als meine Mutter mich weckte, um mich zum Essen einer gerösteten Kartoffel zu überreden. Gleich war auch die Angst wieder da, als ein junger russischer Soldat auf meine Mutter zukam. Mit Zeichensprache verlangte er ihren Ehering, der nach einigen Mühen, ohne den Finger abgehackt zu bekommen, denn solches drohten die russischen Soldaten anderen Frauen an, vom Finger ging. Der Soldat nahm den Ring und verschwand.

Etwas gedankenverloren ging meine Mutter umher, meine Schwester und ich an ihrer Seite. Am Ende dieses Geländes war ringsum Wasser. Die Leute sagten, die Wiesen seien alle überschwemmt. Bei einer Gruppe von Deutschen, die stumm in eine Richtung schauten, blieben wir stehen. Nicht weit von uns, etwa zehn Meter entfernt, stiegen Blasen aus dem Wasser, eine junge Frau soll dort mit ihren beiden Kindern auf dem Arm ins Wasser gegangen sein. Traurig wandten wir uns ab und gingen wieder in Richtung Halle. Da sah meine Mutter auf dem Boden einen Ehering liegen. Sie hob ihn auf und ging den jungen Soldaten suchen, dem sie eben ihren Ring hatte geben müssen. Es war ein Wunder, daß sie ihn unter diesen vielen Menschen und Soldaten fand. Mutig ging sie auf ihn zu. Sie sprach kein Wort Russisch und er ebensowenig Deutsch, also bediente man sich der Sprache der Hände und sie erklärte ihm, daß sie gerne ihren Ring zurück hätte und ihm im Gegenzug diesen dafür geben würde. Er griff nach seinem Geldbeutel, öffnete ihn und siehe da, er war prallvoll mit Eheringen und nicht ein einziges Geldstück war darin. Beide suchten lange, bis der Ring meiner Mutter gefunden war, und dann ging er tatsächlich auf den Tausch ein. Er erklärte meiner Mutter mit den Händen, daß er sich von dem Gold Zähne machen lassen wolle.

Kurz vor Einbruch der Nacht ereignete sich nochmals etwas Ungewöhnliches. Plötzlich stand ein russischer Offizier vor meiner Mutter. Ja, ein ganz lebendiger, schicker Offizier mit seiner ordengeschmückten Uniform. Ich zitterte am ganzen Körper, denn ich glaubte, jetzt würde etwas ganz Ungeheuerliches geschehen. Er sprach folgenden Satz zweimal in Deutsch: »Wenn Kamerad kommen und sagen Frau komm, du rufen Kommandant.« Dabei klopfte er sich auf die Brust und verschwand. Meine Mutter stand noch da wie versteinert, als ich sie ansah. Was sollte das bedeuten? Sehr oft habe ich in späteren Jahren über diesen Satz nachgedacht, denn ich konnte mir das, was geschehen war, nicht erklären.

Die Nacht kam und mit ihr die Ungeheuer der letzten Nacht. Meine Mutter legte sich wieder auf die Seite, und wir Kinder setzten uns erneut auf sie, wie schon in der Nacht zuvor. Dauernd hörte man »Frau komm«, und eine nach der anderen wurde herausgetrieben oder gezerrt, manche mehrmals, und es muß als ein Wunder angesehen werden, daß keiner der Schänder etwas von meiner Mutter wollte, obwohl wir alle dicht bei dicht auf der Erde lagen. Bis zum Morgengrauen waren die Schreie der Frauen zu hören.

Am Tag nach dieser zweiten grauenvollen Nacht erschien wieder ein normaler Soldat, der einen Arbeitstrupp zusammenstellte. Nach diesem Arbeitseinsatz kam meine Mutter nicht nur müde und erschöpft, sondern auch irgendwie verändert zurück. Sie wiederholte dauernd, es sei ihr übel. Zögernd erzählte sie mir, daß sie deutsche Soldaten beerdigen mußten. Der Soldat führte sie zum Nordbahnhof. Dort auf dem Vorplatz und den umliegenden Straßen waren viele Bombentrichter und unzählige junge, tote Soldaten. Hier mußten besonders schwere Kämpfe stattgefunden haben. Die Bombenkrater wurden mit toten deutschen Soldaten gefüllt, zwei Frauen für einen Toten. Die Erkennungsmarke oder andere persönliche Papiere durften nicht abgenommen werden, darauf achtete der Russe mit seinem Maschinengewehr im Anschlag. Diese Massengräber mußten ziemlich hoch gefüllt werden, bevor die Frauen Spaten erhielten, um Erde darüber zu schaufeln. Von einem jungen Soldaten sollen die blonden Locken immer wieder zu sehen gewesen sein, so als wollten sie sich nicht begraben lassen. Da habe eine der deutschen Frauen sie mit ihrer Hand unter die Erde geschoben, ihm dabei noch ein letztes Mal leicht über den Kopf gestrichen und leise, mehr zu sich selbst, gesagt: »Jungchen, wo wird deine Mutter um dich weinen?«

Als meine Mutter zu Ende erzählt hatte, war ich noch nachdenklicher, noch trauriger geworden. Bombentrichter kannte ich genügend, und darin wurden Soldaten begraben, und Autos würden darüber fahren, weil es ja Straßen waren. Ein Gefühl von Grauen, Übelkeit und Angst erfaßte mich. Sicher gibt es diese »Gräber« mit Soldaten, die als verschollen gelten, auch heute noch unter den Straßen von Königsberg. Für den Rest dieses Tages war meine Mutter sehr bedrückt.

Am Nachmittag hatte sie bei einem Streifzug durch die nahegelegenen Ruinen einen alten, großen Eisenkochtopf gefunden. Schnell wurde ein offenes Feuer entfacht und einige Kartoffeln, die sie gestern gefunden und die ich bis zu diesem Zeitpunkt bewacht hatte, aufgesetzt. Es war später Nachmittag und die Kartoffeln waren längst noch nicht gar, da erlebten wir etwas, das uns durch die kommenden drei Jahre immer wieder begegnete: Ganz plötzlich, von einer Minute auf die andere, ohne jegliche Vorwarnung oder Andeutung, wurden

Befehle erteilt. Manchmal war es ganz schlimm, dann gab es eine Anordnung und kurz darauf von einem anderen Offizier eine zweite mit entgegengesetztem Inhalt, so daß wir Deutschen oft nicht wußten, welchen Befehl wir ausführen sollten. Anscheinend gab es keine Kommandozentrale. Jeder der maßgeblichen Offiziere handelte nach seinem Kopf, zumindest wenn es um Befehle an die Deutschen ging. Jetzt, am Anfang unseres Leidenswegs, erlebten wir also den ersten Befehl, der lautete: »Alles stehen- und liegenlassen, fertig machen zum Abmarsch.« Sehnsüchtig schaute ich in den Kochtopf mit den Kartoffeln, die unsere erste warme Mahlzeit gewesen wäre.

Wir wurden, begleitet von vielen Soldaten mit umgehängten Gewehren, zu einem nahegelegenen Wäldchen geführt. Als es hieß: »Stoi« (stehenbleiben), glaubte jeder, daß wir hier erschossen werden sollten. Aber nichts geschah, überhaupt nichts. Hier waren sehr viele Menschen. Wir wurden wie Kriegsgefangene behandelt und bewacht. Ständig gingen bewaffnete Soldaten um uns herum. Wir setzten uns eng aneinandergedrängt auf den kalten und nassen Waldboden. Die Soldaten erlaubten es.

Die Nacht kam, und es war die erste Nacht, in der keine Frauen geholt wurden. Bis auf einige Kinder, die leise jammerten und weinten, war es ruhig. Vor Entkräftung und Erschöpfung müssen wohl alle so fest eingeschlafen gewesen sein, daß keiner merkte, daß nachts ganz leise Schnee auf uns, die Ärmsten der Armen, niederrieselte und uns mit einer weißen Schicht zudeckte, die für uns das Grab hätte werden können. Beim Erwachen schaute jeder erst einmal ängstlich nach allen Seiten, wo wohl die Russen waren. Keiner war zu sehen. Die Frauen tuschelten. Was sollte man von dieser Situation halten? Lagen die Soldaten, die uns noch gestern abend hierhergebracht und beobachtet hatten, vielleicht in irgendeinem Gebüsch und schliefen noch? Oder hatte man uns bewußt hierhergeführt, um uns unserem Schicksal zu überlassen, das den sicheren Tod, durch Hunger und Erfrieren, bedeutet hätte? Denn diese neuen Machthaber hatten keine Lebensmittel, um so viele »feindliche« Menschen ernähren zu können. Vielleicht wollten sie es auch nicht. Wenn man uns hier draußen sterben lassen wollte, dann waren die Soldaten bestimmt über Nacht zu ihrer Einheit zurückgekehrt.

Man flüsterte und rätselte, aber Genaues wußte keiner. Jedenfalls sahen wir weit und breit keinen Russen mehr. Was wir sahen, waren Frauen, die sich mit ihren Kindern aus diesem Wald wegschlichen. So taten wir das gleiche. Bald sahen wir an den Ruinen, daß wir uns am Stadtrand von Königsberg befanden. Beim Verlassen des Wäldchens holten wir eine Frau ein, die sich ebenfalls abgesetzt hatte und mit der meine Mutter kurz ins Gespräch kam. Sie sagte, sie habe von einer anderen Frau, die Russisch verstand, gehört, daß in den LKW-Hallen die Rede davon gewesen sei, uns in ein Lager zu stecken zum Abtransport nach Rußland. Angesichts der vielen Kleinkinder und Alten sei man sich noch nicht schlüssig gewesen, was geschehen solle. Aus diesem Grund sei sie jetzt getürmt, wie sie es nannte.

Wenn wir in den vorangegangenen Tagen und Wochen durch das brennende Königsberg hindurch auf der Flucht waren, auf der Flucht vor Bomben, Granatsplittern, Kugeln und einstürzenden Häusern, auf der Flucht vor dem Tod, so waren wir jetzt wieder mit gleichen Gefühlen und Ängsten auf dem Weg auf der Flucht vor unseren »Befreiern«. Wir waren bemüht, ihnen zu entkommen und liefen erneut um unser Leben. Königsberg war eine Totenstadt geworden.

Als die Hölle des Kriegslärms noch im Gange war, meinte ich oft, mein Trommelfell müßte jeden Moment platzen. Es war ein Lärm, der die Schallgrenze dessen überschritt, was menschliche Organe ertragen können, ein Lärm, der Schmerz auslöste. Und jetzt dagegen diese große Veränderung. Stille, nichts als Stille. Eine Stille, die zu schreien schien. Tote, überall Tote wie gesät. Man konnte keinen Schritt machen, ohne über verstümmelte Leichen zu stolpern. Jedesmal krampfte sich in meiner Brust etwas zusammen, das mir die Luft abschnürte, denn der Anblick war zu entsetzlich. Zu den unzähligen, von Geschossen zerfetzten Körpern waren noch Tote ganz anderer Art hinzugekommen: Überall lagen ganz junge Mädchen, die völlig ausgezogen und deren Körper mit Messerstichen übersät waren. Wieder andere hatten die Kleider bis zur Hüfte hochgekrempelt, die Beine angewinkelt und auseinandergespreizt und waren tot. Sie hatten ihren Tod nach dem Einmarsch der Roten Armee gefunden, waren vergewaltigt, erschossen oder erstochen worden. Wohin auch mein Blick fiel, immer nur bestialisch verstümmelte Leichen.

Manchmal, wenn der Anblick zu grauenvoll war, hielt meine Mutter mir schnell die Hand vor die Augen, aber ich hatte schon genug gesehen. In mir war so viel Angst, Zittern und Schrecken, daß ich immer wieder vergaß zu atmen. Am liebsten hätte ich laut in den Himmel geschrien: Lieber Gott, nimm mich doch endlich fort von hier. Seit Wochen sehe ich nur noch Tote, erlebe Angst, Leid, Elend, Hunger und Verfolgung. Nimm mich doch rauf zu dir in den Himmel, ich will nicht mehr hier unten bleiben. Das waren damals meine Gedanken. Statt dessen mußte ich mucksmäuschenstill sein, denn es durfte uns niemand hören oder sehen. Anscheinend war es Gottes Wille, daß wir weiterleben mußten. War es Strafe, dann wofür? War es Gnade, dann warum?

Niemand fragte damals, ob es in Königsberg oder Ostpreußen Überlebende gab. Kein Internationales Rotes Kreuz kümmerte sich darum, sandte Medikamente, Nahrung, Kleidung, stellte Namenslisten auf. Es gab Tausende ostpreußische Menschen, die die Aufforderung zur Flucht zu spät bekommen hatten, die vom Ende des Krieges überrascht und von der Roten Armee überrollt worden waren. Für sie hatte der Kampf ums Überleben, der Kampf gegen Kälte und Hunger, die Auseinandersetzung mit unaussprechlichen Leiden und Qualen für Körper und Seele gerade jetzt erst begonnen. Kampf der lebendig Verschollenen! Menschen, denen das Recht auf Leben und jede Menschenwürde aberkannt wurde. Wer nicht erschossen, erstochen, erschlagen oder zu Tode gequält wurde, wer sich noch halbwegs aufrecht halten konnte, der wurde von den Häschern eingefangen und zur Zwangsarbeit verpflichtet, ohne ausreichend Nahrung, bis der Tod ihn erlöste. Irgendwann werden andere Generationen die unzähligen Massengräber finden. Wind und Zeit sind über diese Gräber hinweg gegangen, die stumm mahnende Zeugen einer wahnsinnigen Epoche sind. Skelettberge der Namenlosen. Unschuldige Leben. Menschen, deren Pech es war, daß ihre Heimat Ostpreußen die geographisch ungünstigste Lage aller deutschen Provinzen hatte. Auf diese Massengräber setzte keiner ein Kreuz, legte keiner einen Kranz nieder. Auch noch nach hundert Jahren werden sie Mahnmale barbarischer Unmenschlichkeit sein. Das damals erlittene Leid wird in keinen Geschichtszahlen erfaßt werden können.

Aber zurück zu unserer zweiten Flucht durch das tote Königsberg. Meine Mutter und ich sprachen nur im Flüsterton. Wir hatten Angst, doch von irgend jemandem bemerkt zu werden, obwohl nur Tote um uns herumlagen. Da hörten wir in dieser zeitlosen Stille plötzlich Geräusche. Es hörte sich an wie marschierende Menschen. Schnell versteckten wir uns in einer Ruine und konnten beobachten, wie eine Kolonne Deutscher, unter russischer Bewachung, anmarschiert kam. Sie wurden ganz sicher in ein Lager transportiert. Als die Gefahr vorüber war, krabbelten wir, ängstlich nach allen Seiten schauend, aus unserem Versteck, um unsere Flucht mit unbekanntem Ziel fortzusetzen.

Immer und überall nur Ruinen und verstümmelte Tote. Wir kamen an eine Ruine, die sich ein wenig von den anderen unterschied. Wie bei allen anderen Häusern waren die Stockwerke eingestürzt, bis auf die Decke des Parterre. Das ganze Erdgeschoß stand noch, natürlich ausgebrannt. Es war deutlich zu erkennen, daß dort einmal ein Laden gewesen war. Das Glas der großen Fensterscheiben lag über den ganzen Boden verstreut, sogar die ehemalige Theke war noch vorhanden, jedoch völlig verkohlt. Ganz leise und äußerst vorsichtig betraten wir den Laden. In einem kleinen Nebenraum hing ein halbes Rind oder Schwein, auch verkohlt. Also mußte dies eine Fleischerei gewesen sein. Uns war schon ganz schlecht und schwach vor Hunger, und vor uns hing so viel Fleisch, das unter der dicken Rauchschicht sicher noch genießbar war, aber wir besaßen doch kein Messer, um uns ein Stück abschneiden zu können.

Wir gingen weiter in einen Raum, der hinter dem Laden lag. Dort standen lange verbrannte Tische. Und dann, o Schreck, ich glaubte, mein Herz hört auf zu schlagen, da, an einem der Tische, saß ein Mann. Kopf und Arme auf den Tisch gestützt, hatte ihn so der Tod ereilt, auch er war total schwarz, verkohlt. Vor Schreck zitterten mir die Knie, ich zog an der Hand meiner Mutter und so leise, wie wir hereingekommen waren, schlichen wir wieder hinaus.

Wir fühlten uns immer elender und schwächer. In dieser Kraterlandschaft aus Ruinen, Toten, Bombentrichtern und Steinen, immer wieder Steinen, konnte man fast annehmen, es gäbe nur noch uns auf dieser Erde. Es war ein beängstigendes Gefühl. Da es nur noch zugeschüttete Straßen, jedoch keine Straßenschilder oder andere Markierungspunkte mehr gab, wußte meine Mutter nie, wo wir uns gerade befanden. Wir stolperten und krochen weiter über Steinhaufen und Leichen, immer in der Hoffnung, den Stadtrand zu erreichen, wo es vielleicht noch Deutsche gab und etwas zu essen.

Völlig erschöpft und am Ende unserer Kraft erblickten wir etwas, das uns wie eine Sinnestäuschung vorkam. Da stand mitten in den Trümmern, wo einmal eine Straße verlaufen war, eine kleine Holzbaracke, ähnlich einer Baubude, mit einem kleinen qualmenden Ofenrohr, das zum Fenster herausragte. Drinnen wurde also gekocht! Deutsche? Das war ausgeschlossen. Wir blieben stehen und meine Mutter dachte laut. Wenn wir dort betteln gingen und die Bude war voller Soldaten, könnten sie uns sofort umbringen, wobei Erschießen noch das Angenehmste gewesen wäre. Sie könnten uns aber auch mit ihrem Bajonett erstechen, wie wir das an den vielen anderen toten Frauen gesehen hatten. Schließlich waren wir für sie Freiwild. Wesen ohne Rechte. Aber was macht ein wildes Tier in der Natur, wenn es nichts zu fressen findet und der Hunger immer größer wird? Unter Todesangst schleicht es sich bis an die Häuser der Menschen heran, zu seinen größten Feinden. In solchen Situationen ist der Hunger mächtiger als die Angst. So erging es auch uns.

Mit jedem Schritt, mit dem wir uns der Bude näherten, schlug das Herz wilder. Wir waren uns dessen bewußt, daß dies eventuell die letzten Schritte unseres Lebens sein konnten. Dieses Häuschen war entweder unser Tod oder unsere Rettung. Als wir endlich vor der Tür standen, blieben wir erst einmal still stehen, um nach Stimmen zu horchen. Es war nichts zu hören außer einem schwachen Geräusch, das zu uns drang. Meine Mutter sah mich an, sprach kein Wort. Sicher schlug auch ihr das Herz bis zum Hals. Sie faßte Mut und klopfte an. Eine Stimme war zu hören, die wir aber nicht verstanden. Zaghaft öffnete sie die Tür, und wir sahen einen ganz jungen russischen Soldaten mit umgehängtem Gewehr. Er rührte kräftig in einem großen Kochtopf, der auf einem Kanonenofen stand. Ein Soldat alleine erschien uns schon mal nicht so gefährlich wie mehrere. Jetzt blieb nur noch die bange Frage: Wie reagiert er? Er hatte kein grimmiges Gesicht, und meine Mutter verständigte sich mit Handzeichen, ob sie etwas zu essen bekommen könnte. Und siehe da, der Soldat nahm eine leere Konservenbüchse, füllte sie mit dem heißen Brei aus dem Topf und gab meiner Mutter Zeichen, daß sie aufessen solle. Danach bekäme sie noch etwas für die Kinder. Ihr kamen vor Freude und Dankbarkeit die Tränen. Wir gingen hinter die Bude und leerten gemeinsam mit den Fingern die Büchse mit dem heißen Brei und bekamen dann tatsächlich noch einmal die gleiche Portion.

Was wir bekommen hatten – so erfuhren wir später – war die russische Nationalspeise »Kascha«. Sie wird täglich gegessen, wie bei uns Kartoffeln. Sie besteht aus Hirse, mit viel Schweineschmalz gekocht, schmeckt sehr gut und hält lange satt.

Nachdem meine Mutter diesem jungen Soldaten aus Dankbarkeit beide Hände gedrückt hatte, entfernten wir uns von dieser Bude fast mit einem kleinen Glücksgefühl. Diese kleine Baracke hatte uns nicht den Tod, sondern eine vorläufige Verlängerung unseres Lebens gebracht. Nach drei Tagen Hunger war dies die erste Mahlzeit gewesen. Sie kam als Rettung in letzter Minute. Wieder suchten wir einen Weg, der uns aus der einst so geliebten Stadt herausführen sollte. Jede Straße, jedes ehemalige Haus, alles sah gleich aus. Hinter jedem Mauerrest bot sich uns ein anderes Bild des Grauens. Ich hatte mir schon angewöhnt, vorsichtig um jede Ecke zu schauen, trotzdem war das Erschrecken noch groß genug.

In einer Straße war der Anblick von Leichen besonders entsetzlich. Wie gehabt, gingen wir Hügel hinauf, Hügel hinab, wo sich ehemals eine Straße befunden hatte. Vor uns lag plötzlich eine breite Straße, die nicht zugeschüttet war, lediglich die Bürgersteige, denn auch hier bestanden alle Häuser nur noch aus Ruinen. Wir bogen nach links ein. Im gleichen Moment erschraken wir zu Tode, die Angst legte sich wie ein Eisenring um meinen Hals. So weit sich die Straße unseren Blicken bot, lagen auf dem Bürgersteig, schön nebeneinander in einer Zweierreihe, total verschmorte, verkohlte Leichen. Meine Mutter sah hoch, deutete auf das langgestreckte, ausgebrannte Gebäude und sagte: »Hier war einmal ein Krankenhaus.« Es gab an diesen Toten keinerlei Merkmale mehr, die erkennen ließen, ob es sich um eine Frau oder einen Mann gehandelt hatte. Alle sahen gleich aus. Seither verstehe ich, warum Brandopfer nur noch am Gebiß identifiziert werden können. Diese Leichen besaßen nicht einmal Augenlider, alles war weggeschmort. Alle aber befanden sich in der gleichen Stellung: Den

Kopf weit nach hinten gestreckt, den Mund weit aufgerissen und durch die fehlenden Lider ins Leere starrend. Die Zeichen ihres letzten Schreies, des Todesschreies, den die Flammen erstickt hatten, standen ihnen noch im Gesicht. Dieses Merkmal des Todes war ihnen allen gemeinsam. Fast glaubte man, die Schreie noch zu hören, je länger man hinsah. Es war unbeschreiblich grauenvoll. Nur die Metallgestelle der ehemaligen Krankentragen, auf denen man sie hinausgetragen hatte, und die Schienen, mit denen die Beine oder Arme gerichtet worden waren, waren als solche noch deutlich zu erkennen.

Wie schrecklich mußten diese Menschen umgekommen sein. Sie hatten vor den Flammen nicht weglaufen können, in denen sie bis zur Unkenntlichkeit verbrannten. Das war das einzige Mal, daß wir vor Leichen stehen blieben, um stumm das entsetzliche Ausmaß dieses Krieges in uns aufzunehmen. Darum habe ich gerade diesen Anblick so deutlich in Erinnerung.

Auf diese tieftraurige Begebenheit folgte eine kleine Kuriosität, über die man hätte lachen können, wenn die ganze Situation nicht so ernst gewesen wäre. Wir kamen an einen Platz, den ich als solchen nicht mehr erkannte. Ringsherum Trümmer, nichts als Trümmer. Da sagte meine Mutter, auf eine Ruine deutend: »Das war einmal das Schloß.« Fassungslos stand ich da und sah auf das ehemalige Symbol meiner Märchenwelt. Die einstigen Fenster, hinter denen ich eine Prinzessin mit viel Schokolade vermutet hatte, waren dunkle Öffnungen, durch die der Wind wehte. Nach meiner inneren Märchenwelt, die schon längst in Schutt und Asche lag, trug ich jetzt auch das Schloß zu Grabe. Aus, alles war zu Ende. Mein Schloß war eine Geisterruine geworden. Jetzt wußte ich auch, wo wir waren, denn über diesen Platz war ich früher sehr oft mit meiner Mutter gegangen. Auch das Denkmal fehlte jetzt. Kurios war hingegen, daß mitten auf diesem Platz, umgeben von Chaos und Leere, eine Verkehrspolizistin stand, mit weißen Stulpen und weißem Stab. Während der wenigen Minuten unseres Aufenthaltes kam tatsächlich ein russischer Laster angeknattert, dem sie Zeichen gab.

Am Straßenrand, die Bürgersteige waren ja zugeschüttet, stand eine schöne, gänzlich unbeschädigte, weiße Gartenbank. Sie schien gerade aus einem Geschäft geholt. Ihre Unversehrtheit stand so sehr im Widerspruch zu der totalen Zerstörung, von der sie umgeben war, daß wohl nicht einmal ein moderner Maler, von denen man ja einiges an Motiven gewohnt ist, auf die Idee gekommen wäre, so etwas als Bild zu malen. Wie hätte er es auch nennen mögen? »Bank für Steine« oder »Sitzplatz für Steine«? Ein alter deutscher Mann, sichtlich krank, die Beine so dick, daß sie kaum noch in die Schuhe paßten, humpelte, sich auf einen Stock stützend, heran und setzte sich auf die Bank, die ihm sehr willkommen war. Sofort jagte ihn die russische Verkehrspolizistin mit scharfen Worten von der Bank. Schweigend erhob er sich mühsam und setzte sich auf einen Steinhaufen neben der Bank.

Wir gingen weiter, denn es mußte ein Quartier für die Nacht gefunden werden. Nach einer abermals mühe- und angstvollen Wegstrecke sahen wir ein ganz und gar unzerstörtes Haus. Einen solch normalen Anblick waren wir nicht mehr gewohnt. Vor der Haustür stand eine Frau, und in uns, die wir seelisch zermürbt und müde waren, glomm ein kleiner Hoffnungsstrahl auf, daß es eine deutsche Frau sein möge, die uns in dem Haus schlafen lassen würde. Mit letzter Kraft und froh, endlich wieder einen Menschen ohne Uniform zu sehen, gingen wir mutig auf das Haus zu. Meine Mutter fragte: »Sind Sie Deutsche?«

»Ja«, sagte sie, »aber in dieses Haus darf niemand mehr rein, es ist überfüllt.«

Das waren harte Worte aus dem Mund einer deutschen Frau. Sie trafen uns wie ein Schlag ins Gesicht. Sie sah doch, daß wir kaum noch gehen konnten und schickte uns zurück, eine Mutter mit zwei kleinen Kindern! Zutiefst enttäuscht empfanden wir die Müdigkeit, die den ganzen Körper lähmte, doppelt schwer. Ich sah, wie meine Mutter sich heimlich Tränen wegwischte, als wir schon wieder gegangen waren. Noch vor Einbruch der Dunkelheit fanden wir indes eine Unterkunft. An einem Haus, in dem alle oberen Stockwerke ausgebrannt waren und der Hauseingang mit Steinen und Geröll fast zugeschüttet war, sahen wir, daß sich im Erdgeschoß noch Scheiben in den Fenstern befanden. Ganz vorsichtig, voller Angst und Herzklopfen, krabbelten wir in das Haus. Was würde uns hier drinnen erwarten? Vielleicht auch Tote wie draußen? Nein, wir hatten Glück. Die Fenster mit den noch intakten Scheiben gehörten zu einem Raum, der für Versammlungszwecke vorgesehen sein mußte. Keine Tische, aber viele Stühle und ein Klavier standen darin. Hinten in der Ecke fand ich einen Karton mit vielen dünnen, weißen Plättchen, die ich meiner Mutter brachte. Sie sagte, es seien Abendmahloblaten, die man ruhig essen dürfe. Sie wurden unser Abendbrot. Total erschöpft krochen wir in einer Ecke ganz eng aneinander. Uns fröstelte, weniger vor Kälte als vor Unbehagen und Angst bei dem Gedanken, nur von Ruinen und Leichen umgeben zu sein. Wir drei alleine, einsam und verlassen. Jedenfalls schien es uns so. Mit diesen Gedanken nahm der Schlaf uns in seine Arme.

Am Morgen wurden wir von Stimmen und Gepolter geweckt. »Das sind Russen«, konnte meine Mutter gerade noch angstvoll sagen, und schon stand eine Gruppe junger Russen mit umgehängten Gewehren vor uns. Sie schienen überrascht zu sein, uns, ein Häufchen Elend voller Angst und Schrecken, hier zu finden. Bedeutsam fragten sie immer wieder, mal der eine, dann wieder ein anderer: »Chleb?« und zeigten mit den Fingern zum Mund. Chleb heißt Brot, aber das wußten wir in diesem Moment noch nicht. Zunächst verstand meine Mutter nur so viel, daß es sich um Nahrung handeln müsse und sagte: »No Chleb.« Sofort verschwanden sie alle, um bald darauf wieder zu erscheinen. Sie brachten einen großen Teller voller Bratkartoffeln und sogar einen Löffel.

Während wir mit Heißhunger die Bratkartoffeln verschlangen, spielten die Soldaten abwechselnd auf dem Klavier. Sie mußten aus guten Familien stammen und eine gute Erziehung genossen haben. Sie machten auch nicht die geringsten Anstalten, meine Mutter zu schänden. Wieder konnte sie sich nur mit Gesten der Verneigung ausdrücken, und schon waren sie auch wieder verschwunden. Gleich darauf verließen auch wir diesen Raum, aber draußen war von den Soldaten weder etwas zu sehen noch zu hören. Woher konnten sie nur gekommen sein? Um uns herum gab es doch nur Ruinen. Und warum waren sie ausgerechnet in dieses Haus gekommen, in dem wir übernachteten?

Erfüllt von einer Sehnsucht und Hoffnung auf Besserung der Situation, die in jeder Menschenseele als Überlebenstrieb existiert, zogen wir weiter durch die gestorbene, untergegangene Stadt.

Nach kurzer Zeit sahen wir etwas Unfaßbares: Auf den Trümmern der Ruinen hatten russische Frauen einen Markt eröffnet. Wie sie nur so schnell hierhergekommen waren, jetzt, am vierten Tag nach dem Einmarsch der Roten Armee? Sie mußten den Truppen wohl gleich gefolgt sein. Ihre typischen weißen Kopftücher waren so groß, daß sie bis über die Hüften reichten. Sie waren aus dicker, weicher, flauschiger Wolle gehäkelt. Die Frauen sahen sehr hübsch darin aus. An den Füßen trugen sie Filzstiefel. Sie boten alles das an, was ihre Soldaten den Deutschen abgenommen oder sonstwo gefunden hatten. Meine Mutter hieß uns, kein Wort zu sprechen, damit sie nicht merkten, daß wir Deutsche waren. Eine Frau habe ich noch deutlich in Erinnerung, die im Gegensatz zu den anderen Frauen nur eine einzige Schachtel Pralinen in ihren Händen hielt. Sie tat mir ein wenig leid, denn sie mußte ihre Pralinen einzeln anbieten, das Stück zu sechs Rubel. Dabei schaute sie mich mit bittenden, warmen Augen an. Aber ich konnte und durfte nichts sagen. Wir beeilten uns, diesen Markt so schnell und so leise wie möglich hinter uns zu lassen.

Plötzlich befanden wir uns wieder am Hafen. Hier schien zwar immer noch keine Bombe gefallen zu sein, denn alle Speicher standen noch, doch waren sie alle ausgebrannt. Ein intensiver Rauchgeruch stand in der Luft. Hier hatte unsere Flucht begonnen. Wie verändert war jetzt alles. Keine Menschenseele weit und breit. Die Totenstille wurde manchmal nur von einer knarrenden Tür unterbrochen, was sie noch gespenstischer machte. Die Stille war so unheimlich, dass wir nur noch flüsterten. Als wir uns dem Hafenbecken näherten und ins Wasser sahen, bot sich uns ein entsetzlicher Anblick. Das Hafenbecken war angefüllt mit angeschwemmten, aufgedunsenen Wasserleichen von Menschen und Pferden. Wir waren umgeben von Tod und Verderben. Der

Hafen, den ich nur voller Leben und geschäftigem Treiben gekannt hatte, offenbarte sich jetzt als ein riesengroßes, stilles Grab. Es war unheimlich, zumal sämtliche Speichertüren offenstanden und manchmal knarrten. Wir eilten schnell fort von hier.

Als wir die Hafengegend gerade hinter uns hatten, kam ein kleiner, älterer Mann aus den Ruinen direkt auf uns zu. Er schien meine Mutter zu kennen, denn er sprach sie mit Namen an. Er wolle ein Café aufmachen und ob sie nicht Lust hätte, mit ihm zusammenzuarbeiten. Seine Frau sei kurz vor dem Einmarsch der russischen Truppen an Darmverschluß gestorben. Er habe den ganzen echten Schmuck seiner Frau gerettet – wie er das wohl bewerkstelligt haben mag? Meine Mutter lehnte höflich ab, unterhielt sich noch etwas mit ihm, jedoch im Flüsterton, und ging dann wieder ihres Weges. Anschließend erklärte sie mir, daß das Herr Stuhllämmer gewesen war, der ehemalige Besitzer des Hotels »Exelsior«; ihn und seine Familie habe sie gut gekannt. Für die Frau sei es ein Segen gewesen, daß sie hätte sterben müssen. Mit ihrer Körperfülle von zwei Zentnern hätte sie bei den Russen ohnehin nicht lange zu leben gehabt: War jemand dick, sagten die russischen Soldaten gewöhnlich nur ein Wort: »Kapitalist«, legten das Gewehr zum Schuß an und besiegelten damit ein dickes Menschenleben.

Immer noch versuchten wir, den Stadtrand zu erreichen, in der Hoffnung, auf deutsches Leben und auf Nahrung zu stoßen. Plötzlich befanden wir uns auf einer sehr breiten Straße, die nicht verschüttet war. Auf der einen Seite standen Häuser, die zum Teil ausgebrannt waren, und auf der gegenüberliegenden Seite, wo wir gingen, befanden sich neben dem Bürgersteig Bäume und eine tiefliegende Bahnlinie. Ein steiler, grasbewachsener Hang führte weit hinunter und an der anderen Seite wieder hinauf. Wir sahen einen deutschen Mann den Abhang hinunter gehen, groß, schlank, mittleren Alters, aber anscheinend sehr krank, denn auch er hatte ganz dicke Füße, die kaum noch in die Schuhe paßten. Er überquerte den Bahnkörper und war bemüht, auf der anderen Seite wieder hoch zu krabbeln. Er schaffte es nur bis zur Hälfte, dann verließen ihn seine Kräfte. Mit den Händen versuchte er krampfhaft, sich an Grasbüscheln hinaufzuziehen, aber seine Füße machten nicht mit. Schlaff und leblos hingen sie herunter. Mir tat der Mann unsagbar leid, wie sein großer Körper, der jetzt doppelt so lang wirkte, da an dem steilen Hang hing und er sich selbst nicht mehr helfen konnte. Auf einmal kam auf der anderen Seite ein russischer Soldat mit umgehängtem Gewehr vorbei, sah, wie der Mann so hilflos da hing, kletterte runter, packte ihn kräftig an und zog ihn hinauf.

Bis jetzt hatten wir nur auf den Mann geachtet, obwohl wir ihm nicht helfen konnten, aber nun, da er oben war, begriffen wir, warum er sich so abgequält hatte, um über den Bahnkörper zu kommen. Direkt auf der anderen Seite stand ein großes Gebäude, das augenscheinlich ein Krankenhaus war. Man sah es an den Krankenschwestern, die draußen herumliefen. Meine Mutter erklärte: »Das war einmal das Finanzamt.« Diese Schwestern nahmen sich sofort des Mannes an, als er schwerfällig auf das Haus zuging. Doch auch an den russischen Soldaten habe ich noch oft denken müssen.

Endlich schien es so, als ob das Weitergehen leichter werden sollte. Ruinen und Steinhaufen, über die wir hatten klettern müssen, gab es nicht mehr. Statt dessen lagen beiderseits der Straße leere Felder. Wir befanden uns also am Rande der Stadt. Dort blieben wir ein wenig stehen, um uns auszuruhen und an den neuen Anblick zu gewöhnen. Dabei vergaßen wir aber, daß wir immer noch in Gefahr waren, gefangen zu werden. So schnell, daß wir uns nicht mehr verstecken konnten, kam urplötzlich eine Kolonne Deutscher auf dieser schnurgeraden Straße anmarschiert, angeführt von einem Soldaten mit umgehängtem Gewehr. Jetzt war die Flucht zu Ende. Bis hierher waren wir gekommen, und nun schien alles aus. Uns blieb keine andere Wahl, als ganz ruhig stehenzubleiben. Wortlos deutete uns der Rotarmist mit seinem Daumen und einer unmißverständlichen Armbewegung an, daß wir uns dem Ende der Truppe anschließen sollten. Meine Mutter nickte zum Zeichen des Verständnisses, ließ erst einmal etliche »Gefangene« an uns vorüberziehen, um dann ganz schnell uns und sich in den Straßengraben zu werfen. Reglos und starr blieben wir so eine ganze Weile liegen, bis die letzten Schritte in der Ferne verhallt waren. Auf diese Weise waren wir noch einmal dem Lagerleben entkommen und damit auch einem wahrscheinlichen Abtransport nach Rußland.

Hungrig, müde und zerschlagen setzten wir unsere Suche nach einer Möglichkeit zum Weiterleben fort. Wir waren schon eine ganze Weile diese Straße ohne Schutt, Geröll und Steine entlanggezogen, als wir zwei nebeneinanderstehende Häuser erblickten, die unzerstört waren. Die Angst, die uns nun schon seit Wochen beherrschte, wurde mit jedem Schritt stärker, mit dem wir uns den Häusern näherten. Waren sie von Deutschen oder von Russen bewohnt? Was würde uns dort erwarten? Die immer gleiche Frage in dieser Zeit, in der wir ehr- und wehrlos waren. Es war alles still, unheimlich still, und zu sehen war auch niemand. Also wagten wir, mit großem Herzklopfen, eines der Häuser zu betreten. Ängstlich schauten wir nach allen Seiten, aus Angst vor Toten und deren furchtbarem Anblick. Das Haus war leer, alle Türen standen weit offen und in einem Raum befand sich ein Bett mit drei Matratzen, die auf der Erde lagen. Eigentlich wollte ich mich sogleich hinlegen, denn es taten mir nicht nur die Füße, sondern auch der Rücken weh. Aber aus irgendwelchen Gründen ging ich zum Fenster, um schnell noch einmal hinauszuschauen. O Gott, was sah ich da? Überall, im ganzen Garten hinter dem Haus, auf allen Blumenbeeten, lagen kreuz und quer, dicht nebeneinander tote Frauen, jung und alt. Die Kleidung bis zu den Hüften hochgezogen, die Beine breit auseinander und angewinkelt und bei vielen war der Geschlechtsbereich blutüberströmt.

Dieser Anblick war ein schrecklicher Schlag für meine Kinderseele, den ich lange nicht verkraftet habe. Man muß die Frauen nach der Vergewaltigung erschossen oder erstochen haben, und zwar eine nach der anderen. Mir wird heute noch ganz übel in der Magengegend, wenn ich mir diese Bilder wieder in Erinnerung rufe. Im Nachbargarten waren alte, deutsche Männer damit beschäftigt, ein Massengrab auszuheben. Als ich dies alles gesehen hatte, trat auch meine Mutter an das Fenster. Schnell zog sie mich weg, aber ich hatte schon genug gesehen. Im gleichen Moment trat ein russischer Soldat in das Zimmer und gab mit Handbewegungen zu verstehen, daß wir das Haus zu verlassen hatten; dazu sagte er: »Dawai, dawai.« Voll neuem Grauen und Angst sahen wir zu, daß wir schnell wegkamen.

Meine Füße und mein Rücken schmerzten unsagbar, und ich glaubte, in jedem Moment zusammenzubrechen. Doch kam kein Wort der Klage über meine

Lippen, da ich sah, daß meine Mutter es viel schwerer hatte, denn sie mußte ja noch meine kleine Schwester tragen. Wie hatte meine Großmutter immer gesagt? »Im Glück nicht stolz sein und im Leid nicht klagen, das Unvermeidbare mit Fassung tragen.« Also war ich tapfer und ging und litt ohne ein Wort der Klage.

Dies war meine letzte, große Konfrontation mit Toten gewesen, die meine von unzähligen Schreckmomenten geplagte Seele zu verkraften hatte. Aus dem Haus mit den unzähligen Toten im Garten waren wir regelrecht geflüchtet – nur schnell weg von dort. Wir gingen weiter auf dieser schnurgeraden Straße, um uns an dieses Randgebiet zu halten, wo es mitunter noch unzerstörte Häuser gab. Zu den körperlichen Strapazen meldete sich allmählich auch der Durst. Das war ein schlimmes Problem, denn nirgends gab es einen Brunnen oder eine Wasserzapfstelle. Es war alles zerstört. Wahrscheinlich war es in der damaligen Situation sogar gut, daß es nichts zu trinken gab, denn wer weiß, ob das Wasser im Hinblick auf die vielen herumliegenden Leichen überhaupt genießbar gewesen wäre. Auch auf dieser Straße lagen links und rechts immer wieder Tote. Wir zogen es daher vor, in der Mitte der Straße zu gehen, wir drei ganz allein auf weiter Flur. Irgendwo las meine Mutter »Jerusalemstraße«.

Mit Einbruch der Dämmerung tauchte rechts eine für damalige Verhältnisse ungewöhnliche Straße auf. Sie führte wie ein Arm weg von der großen, breiten Straße ins freie Feld und zu beiden Seiten lagen die schönsten Siedlungshäuschen. Keines war im geringsten zerstört oder hatte auch nur einen Granatsplitter abbekommen. Sie standen da, schön, sauber, gepflegt, mit Blumengärtchen davor, wie aus der Puppenstube, als habe diese Siedlung während des tobenden Krieges unter einer

Glocke gestanden. Hier war der Krieg wahrhaftig vorbeigegangen. Frieden, ein Gefühl, das man schon fast vergessen hatte, strahlte diese Straße aus. In einem der ersten Häuser links war die russische Kommandantur untergebracht, was man am großen Sowjetstern und der riesigen Fahne erkannte. Hier wohnten die Offiziere – kein Wunder bei den schönen Häuschen. Aber die Kinder, die wie in Friedenszeiten auf der Straße herumhopsten, sprachen deutsch. Das ließ uns aufatmen. Meine Mutter klopfte an jede Haustür, außer an die der Kommandantur natürlich, und bat die Deutschen um Einlaß und Übernachtungsmöglichkeit, da es schon dunkelte. Aber überall die gleiche deprimierende Antwort: »Tut uns leid, hier ist alles belegt.« Bis uns in einem Haus ein Engel begegnete. Eine alte Dame, sehr fein, schwarz gekleidet, mit schneeweißen, hochgesteckten Haaren lud uns ein: »Kommen Sie nur herein.«

Obwohl auch dieses Haus belegt war, wie wir uns gleich überzeugen konnten, hatte uns diese nette alte Dame mit den warmen Augen und dem gütigen Lächeln nicht weggeschickt. Gleich hinter dem Eingang lag links die Küche, geradeaus gelangte man ins Wohnzimmer, in dem noch der Wohnzimmerschrank stand, und durch dieses Zimmer hindurch kam man in ein kleines Schlafzimmer, in dem jetzt ein großes Bett stand, das sich eine Mutter mit ihren zwei Kindern teilte. Das zweite Bett stand im Wohnzimmer, und die nette alte Dame, sie hieß Frau Schubert, hatte bis jetzt nur mit zwei Decken darin geschlafen. Frau Schubert hatte dieses Wohnzimmer nicht etwa allein für sich gehabt, o nein. Direkt vor dem Fenster saß eine sehr alte und dicke Frau in einem Lehnstuhl, die sich nicht bewegen konnte und von der jungen Frau aus dem Schlafzimmer betreut wurde; es soll ihre Schwiegermutter gewesen sein. Frau

Schubert bot uns ihr Bett an, in dem wir drei ab jetzt schliefen, und sie selbst ging zum Schlafen in die Küche. Was für eine Großmut in einer Zeit, wo jeder sich selbst der Nächste war. Wir verstanden uns auf Anhieb und so schlossen wir uns zusammen. Wir nannten sie Tante Schubert, und sie wurde so eine Art Ersatzmutter und Omi zugleich.

Sie war so sanftmütig, gütig und lieb, und wenn sie mit leiser Stimme von ihrer Familie erzählte, war es für uns Kinder wie Märchenstunde, Geschichten aus einer vergangenen schöneren Zeit. Dieses Gefühl des verlorenen Paradieses wurde noch bekräftigt, als sie uns Photos zeigte, auf denen edle, schöne und gutgekleidete Menschen zu sehen waren. Ihr Mann war sehr dick. Er hatte bei der Königsberger Polizei ein hohes Amt bekleidet. Sie und ihr Mann waren in einem Sammellager mit vielen anderen gelandet, doch sie hatte sich davonstehlen können und war dann hier gelandet wie wir. Sie hatte ihren Mann noch hinter dem hohen Zaun gesehen. Sie hatten zwei Söhne gehabt. Der ältere hieß Walter, hatte dicke schwarze Haare, sah sehr, sehr gut aus und war mit einem ebenso gutaussehenden Fräulein Irene verlobt. Ein wirklich wunderschönes Paar. Wir besitzen die Verlobungsbilder und andere Familienfotos von Tante Schubert heute noch. Diese beiden jungen Menschen sahen sich in ihrer Schönheit sogar ähnlich. Er aber war leider gefallen, der bessere von ihren beiden Jungs. Sie war sehr stolz auf ihn gewesen, weil er so einen guten Charakter hatte. Ausgerechnet er mußte sterben. Darum trug sie auch noch Schwarz.

Der zweite Sohn war nicht nur äußerlich das ganze Gegenteil, sondern vor allen Dingen in seiner Wesensart unterschied er sich total von ihrem »Großen«. Er war ein ganz Blonder, mit stechenden Augen, und seine Wesensart wurde von Eigensinn und Egoismus bestimmt. Er hatte ihr so manchen Kummer bereitet, sagte sie. Er war zwar ein Musterschüler gewesen, hatte die Universität in Königsberg besucht, wo er alle Prüfungen mit Auszeichnungen abgelegt hatte, aber er war auch ein Luftikus gewesen. Er hatte sich allein auf die Flucht gemacht und wollte versuchen, bis Hamburg durchzukommen. Seither hatte sie nichts mehr von ihm gehört. Er war indes tatsächlich durchgekommen, nur wußte sie das zu dieser Zeit noch nicht. Wenn sie erzählte, fand sie in mir immer eine interessierte Zuhörerin.

Tante Schubert gehörte zunehmend fester zu uns. Es war, als seien wir schon immer miteinander verwandt gewesen. Ab jetzt gingen meine Mutter und Tante Schubert stets gemeinsam betteln. Sie suchten Häuser auf, in denen russische Soldaten oder ihre Familien wohnten und baten um etwas Essen, wobei Tante Schubert immer die Mutigere gewesen sein soll. Sie soll sich nie haben abweisen lassen. Auch wenn man sie mit bösen Worten wegtrieb, habe sie erneut angeklopft, gebeten und gebettelt, so lange, bis man ihr etwas gab, oft nur Kartoffelschalen. Diese wurden dann zu Hause tüchtig gewaschen und abgekocht. Kartoffelschalensuppe, nur aus klarem Wasser, ohne ein Körnchen Salz, das war oft unsere einzige Tagesmahlzeit, und wir waren froh, daß wir sie überhaupt hatten. Die meisten anderen Kinder hatten gar nichts, vor allen Dingen dann, wenn die Mutter schon gestorben war; sie lebten dann auch nicht mehr lange. Manchmal gab es zu der Handvoll Kartoffelschalen auch ein Stückchen hartes, vertrocknetes Brot. Das wurde dann mit den Schalen zusammen gekocht, wodurch die Suppe nicht ganz so wässerig wurde. Für diese eine dürftige Mahlzeit waren beide immer den ganzen Tag unterwegs.

Ihre guten Schuhe hatte meine Mutter an einen russischen Soldaten abgeben müssen, und so war sie gezwungen, jetzt barfuß zu gehen. Gott sei Dank war es schon Sommer geworden, ein schöner warmer Mai, aber sie mußten dennoch jeden Tag bei jedem Wetter gehen und mit Hunger und Durst die größten Strecken nur für einige Kartoffelschalen zurücklegen. Wenn sie nicht einmal die bekamen, hatten wir alle nichts zu essen. Meine Schwester und ich waren den ganzen Tag alleine. Das war indes nicht weiter schlimm, denn ich war ja schon vernünftig und uns stand nicht der Sinn danach, etwas anzustellen. Wir hatten unsere traurige Lebenssituation voll erfaßt. Doch plötzlich gerieten wir in eine sehr bedrohliche Lebenslage.

Es war üblich, daß Deutsche, die in schönen oder noch halbwegs bewohnbaren Wohnungen oder Häusern lebten, also wo noch Türen, Fensterscheiben und fließend Wasser vorhanden waren, ausquartiert wurden. Dann erging der übliche Befehl aus heiterem Himmel. So auch jetzt. Es hieß: Fertig machen zum Abtransport, auf die Straße stellen, in einer Stunde werden alle abgeholt. Meine Mutter und Tante Schubert waren, wie jeden Tag, unterwegs. Todesangst erfaßte mich wieder. Mit meiner Schwester an der Hand stellte ich mich vor die Haustür und weinte herzzerreißend, wobei ich leise vor mich hin jammerte: »Mutti, bitte, bitte komm doch!«

Ich fühle heute noch die Angst und Verzweiflung dieser Situation in mir. Mir war vollkommen klar, was mit uns geschehen würde, wenn die Soldaten kämen, um alle abzutransportieren. Für uns zwei kleine Mädchen hätte es keine Chance zum Entrinnen gegeben. Man hätte angenommen, wir seien Waisen und uns unter russischen Namen in ein russisches Waisenhaus gegeben. Das wäre das Ende gewesen, denn wir hätten uns nie wiedergesehen. Daß so etwas geschah, hatte man schon gehört. Vor Angst machte ich mir fast in die Hosen. Ich weiß noch, daß ich während des Wartens und Weinens einen ständigen Druck spürte. Solche Befehle wurden normalerweise unverzüglich durchgeführt, daran gab es keinen Zweifel. Darum schrie ich leise und betete meine Mutter herbei und hoffte, daß sie noch rechtzeitig käme. Es geschah abermals ein Wunder. Der Abtransport wurde nicht durchgeführt, und meine Mutter und Tante Schubert kamen wie immer gegen Abend zurück. Sie sahen sich sprachlos an, als ich erzählte, was beinahe geschehen wäre.

Täglich fuhr durch unsere Siedlungsstraße der »Leichenmann«. Das war ein kleiner, alter, dünner Mann mit einer Schirmmütze und einem vierrädrigen Handkarren, wie ihn damals Handwerker besaßen, die noch kein Auto hatten, um ihr Material zu befördern. Zu der Deichsel gab es noch eine Art Brust-Schulterriemen, den er sich umlegte, um besser ziehen zu können. Jeden Tag kam er an jede Haustür und fragte: »Gibt es hier Tote?« Meistens waren Kinder und alte Leute gestorben, die in ein Massengrab kamen, in dem über jede Schicht Leichen Chlor gestreut wurde.

In dieser, unserer »Siedlungszeit« kursierten auch bald die seltsamsten Geschichten, die sich tatsächlich ereignet hatten. Junge Frauen wurden von der Kommandantur ausgesucht und mußten in nahegelegenen Häusern Wohnungen putzen, in denen russische Soldaten einquartiert waren. Jeden Tag mußten alle Fußböden naß aufgewischt werden, und zwar auf den Knien. Ich weiß nicht, ob das als eine Art Bestrafung gedacht war oder aber ob man einen Schrubber als Hilfsmittel nicht kannte. Die Benutzung eines Schrubbers war jedenfalls verboten.

Eine der jungen Putzfrauen erzählte folgendes Erlebnis: Es war nicht bekannt, aus welchem Teil des riesigen russischen Reiches die Soldaten stammten, die in der Etage untergebracht waren, die sie zu reinigen hatte. Jedenfalls war ihnen anscheinend der Zweck und die Bedeutung eines Bades und WCs fremd. Oder waren sie betrunken gewesen? Sie hatten nämlich auf dem Rand der Wanne sitzend ihre Notdurft dort hinein verrichtet, wo man sonst ein Bad genießt. Die Frau mußte die Wanne ausräumen und säubern. In der Toilettenschüssel lagen Lebensmittel zur kühlen Aufbewahrung. Ein Soldat kam herein, zog ahnungslos an der Kette und weg war alles. Schlimm war es, wenn die russischen Soldaten betrunken waren. Dann machten sie sich einen Spaß daraus, alle Möbel, die noch in der Wohnung standen, zum Fenster hinauszuwerfen, auch wenn es ein Klavier oder ein Kronleuchter war.

Das waren noch harmlose Geschichten, es gab auch andere, grausamere. Der Hunger hatte die Menschen in den Wahnsinn getrieben, sie zu Bestien werden lassen. So schlachteten Deutsche andere, wehrlosere Deutsche und aßen sie auf. Allein durch einsame Ruinengegenden zu gehen war höchst gefährlich. Viele, hauptsächlich Kinder und Frauen, kamen nie mehr zurück. Daß sie von Deutschen umgebracht und aufgegessen worden waren, dafür gab es im Laufe der Zeit immer mehr Beweise. Entsetzliches wurde berichtet und ein neues Grauen breitete sich unter uns Deutschen aus. Wer den Krieg und die Rote Armee überlebt hatte, mußte jetzt den deutschen Kannibalismus fürchten. Wir waren in eine gesetzlose Urzeit zurückversetzt worden. Hitlers Saat ging über uns auf. Das Unrecht, das er seinem eigenen Volk und den anderen Völkern zugefügt hatte – und das in nicht zu überbietender Grausamkeit –, erfüllte sich jetzt an uns.

Königsberg, die einst wunderschöne, ehrwürdige Metropole des Ostens, die Hauptstadt Ostpreußens, war nicht nur eine Ruinenstätte und ein einziges Massengrab geworden, sondern hatte seinen deutschen Lebensgeist für immer ausgehaucht, war ausgeblutet. Sicher hatten die russischen Soldaten gehofft, etwas anderes vorzufinden. Man hatte ihnen gesagt, es würde sich um ein reiches Land handeln, in dem »Milch und Honig fließen«, gelbes Gold aus der Erde wachsen und niemand mehr hungern würde. Das wäre ja auch richtig gewesen, hätte es keinen Krieg gegeben. Statt dessen fanden sie als einzige »Kriegsbeute« viele halbverhungerte Deutsche vor, die infolge der letzten Kriegswochen kaum noch an Nahrungsmittel herankommen konnten und jetzt von den Siegermächten hätten ernährt werden sollen. Aber wovon? Die Armee hätte so etwas wie eine Volksküche einrichten müssen, wo es einmal am Tag eine warme Suppe gegeben hätte. Aber es gab absolut keine Lebensmittel. Bald merkten wir, daß die russischen Soldaten und die wenigen Zivilisten, die ihnen aus ihrer Heimat gefolgt waren, auch nicht viel hatten, daß sie knapp gehalten wurden. Ihre Lebensmittelzuteilungen an Brot, Hirse für Kascha, Kartoffeln und Schweineschmalz, das sie wie das Schweinefleisch in Büchsen bekamen und das aus Rußland stammte, waren rationiert. Nur den Offizieren ging es sehr viel besser. Sie erhielten sogar Butter.

Wer den Krieg und den Einmarsch der Roten Armee bis jetzt überlebt hatte, auf den wartete nun der Tod in anderer Gestalt. Eine weitere Geißel der Menschheit breitete sich rapide aus und raffte, mangels fehlender Medikamente und Nahrung, die meisten dahin: Malaria und Typhus. Der Typhus griff am schlimmsten um sich. Jetzt mußte der Leichenmann, auf Anweisung der Kommandantur, zweimal am Tag durch die Siedlung fahren und erst die Kranken und dann die Toten holen. Die kranken Frauen mußten sich mit hohem Fieber aus dem Haus schleppen und sich allein auf den Karren des Mannes legen, ohne Kopfkissen, ohne Zudecke, grad so auf die Holzplatte. Damit mehr Frauen darauf paßten, mußte der Kopf neben den Füßen einer anderen Frau liegen, so konnte er sechs Personen mitnehmen. Niemand wußte, wohin er sie fuhr. Wenn er gefragt wurde, sagte er nur: »Ins Krankenhaus.« Aber es gab doch keines mehr, das wußte doch jeder. Da noch keiner von dort, wo er sie alle hingebracht hatte, zurückgekehrt war, blieb der Ort ein Geheimnis. Dieses neue Sterben war eine Menschheitstragödie ohnegleichen. Abermals gab es keine Hilfe vom Internationalen Roten Kreuz. Manchmal nahm der Leichenmann nicht nur die Mutter, sondern auch gleich ihre Kinder mit, denn meist hatten alle Typhus. Es war wohl das Beste, so konnten sie wenigstens zusammen sterben.

An eine Familientragödie aus dieser Siedlung erinnere ich mich ganz besonders, sie geht mir heute, nach so vielen Jahren, noch nahe. Eine Mutter von fünf Kindern erkrankte und wurde abgeholt. Das älteste Mädchen war etwas älter und größer als ich. Nun waren diese armen, kleinen Geschöpfe ganz auf sich gestellt. Aber andererseits hatte keiner von den übrigen Deutschen etwas zu essen, um ihnen helfen zu können. Eines Tages stand das große Mädchen vor unserer Tür. Sie trug die Schuhe ihrer Mutter. In der Hand ein Blechschüsselchen mit einem Löffel fragte sie nach etwas Suppe. Aber wir hatten nichts, und so mußte meine Mutter das arme Kind gehen lassen, ohne helfen zu können, das plagt noch heute ihre Seele. Am nächsten Tag, als der Mann die Toten wieder einsammeln kam, war auch ein

Schwesterchen darunter. Ein zartes, hübsches, kleines Mädchen mit langen schwarzen Zöpfen, die man ihr noch auf die Brust gelegt hatte. Die Toten kamen unregistriert in ein Massengrab, wurden mit Chlor bestreut, bis das Grab zugeschaufelt werden konnte. So starb ein Kind nach dem anderen. Zuletzt sah ich nur noch das große Mädchen und einen Jungen.

Es war schamlos, wie manche Frauen das Leid dieser armseligen Kinder ausnutzten. Immer wieder kamen sie zu dem Mädchen, verlangten Kleidungsstücke von der Mutter und sagten, sie würde nun bald entlassen. Aber die Mutter kam nicht mehr. Sicher war sie schon längst gestorben. Eine Benachrichtigung an eventuell noch lebende Angehörige gab es damals nicht. Wir lebten in einer Zeit, wo ein Mensch – wohlgemerkt ein deutscher Mensch – nichts galt. Ein sogenanntes Krankenhaus war nichts anderes als ein Sterbehaus. Wer tot war, kam in eines der Massengräber und war weg, aus!

Unterdessen feierten die Russen jede Nacht ihren Sieg mit viel Wodka, lauten Gesängen, die in Geschrei und Gebrüll übergingen, je mehr Alkohol sie getrunken hatten. Das wurde immer im Freien an einem großen, offenen Feuer zelebriert. Und wenn sie so richtig betrunken waren, kamen sie in die Siedlung, in der kein Haus verschlossen sein durfte, und holten sich die Frauen. Alle kamen dran, auch die Alten, die schon Großmütter waren. Einmal nützte mein Weinen und Schreien nichts, meine Mutter mußte mitgehen. Die ganze Zeit stand ich draußen vor der Haustür im Dunkeln, weinte und schrie. Die Russen trugen stets ihr Gewehr, auch dann, wenn sie die Frauen zur Vergewaltigung holten. Sie sollen es auch »währenddessen« umbehalten haben. Meistens waren es Mongolen, die besonders furchterregend aussahen. Meine Mutter kam Gott sei Dank bald zurück.

Später erzählte sie, daß sie »Glück« gehabt hatte mit »nur« einem Russen. Andere Frauen hätten oftmals mehrere Männer hintereinander über sich ergehen lassen müssen.

Eines Tages hatte ich plötzlich Kopfläuse und gleich in so großer Ansammlung, daß meine Mutter andere Frauen fragte, was man dagegen tun könne. Diese jedoch zeigten sich unbeeindruckt, weil jeder unter diesen Tierchen litt. Aber man gab meiner Mutter den Rat, eine Kopfspülung mit Urin vorzunehmen. Es wurde der Urin einer Nacht von uns dreien in einem Eimer gesammelt, und am nächsten Tag mußte ich diese ungewöhnliche Kopfwäsche über mich ergehen lassen. Ich durfte mir ein großes Tuch vor das Gesicht halten, das anschließend fest um den Kopf gewickelt wurde. Leider blieb der gewünschte Erfolg aus. Den Läusen machte der Uringeruch nichts aus, und so wurde diese Prozedur nicht wiederholt. Es hätte auch wenig Sinn gehabt, denn niemand blieb damals von Kopf- und Kleiderläusen verschont.

Es war wie jedes Jahr ein herrlich warmer Sommer, mit garantiertem Sonnenschein an jedem Tag. Es muß im Mai/Juni 1945 gewesen sein, als der Tod nach uns greifen wollte. Eines Morgens, nach dem Erwachen in unserem gemeinsamen Bett, wo es nur eine graue Militärdecke als Zudecke für uns drei gab, hatte meine Mutter hohes Fieber. Sie konnte nicht mehr zur Toilette gehen und bat mich, einen Eimer zu bringen. Der Kot, dünn wie Wasser und gelb, sprach das fast sichere Todesurteil: Typhus!

Diese Krankheitssymptome kannte damals jedes Kind, schließlich wurde täglich darüber gesprochen. Mir war, als hätte ich eben mein eigenes Todesurteil gehört, als zöge mir jemand das Blut aus den Adern. Mir wurde kalt und kälter, mein Hals schnürte sich zu, ich war erfüllt von Todesangst. Denn ich wußte, daß der alte Mann mit dem Karren heute meine Mutter mitnehmen und sie an einen Ort bringen würde, den niemand kannte und von dem noch keine der vielen Frauen, die er mitgenommen hatte, zurückgekehrt war. Meine Mutter sollte für immer von uns weg. Dieser Gedanke lähmte mich und meine Angst wurde immer größer. Der Mann kam, wie jeden Tag, fragte nach Kranken und Toten und meine Mutter nahm ihre ganze Kraft zusammen, schleppte sich hinaus auf die Straße und legte sich auf den Karren. Ohne Kopfkissen, ohne Decke. Wie sie so reglos dalag auf der Holzplatte, sah sie schon aus wie gestorben. Als der Mann anfuhr, fiel ihr Kopf auf die rechte Seite, aber sie öffnete die Augen nicht mehr, hatte auch keine Kraft mehr, sich umzudrehen. Auf der linken Seite standen wir, ihre beiden kleinen Mädchen. Ich schaute ihr nach, bis der Mann mit ihr am Ende der Siedlung um die Ecke bog.

Zunächst übernahm Tante Schubert den Platz meiner Mutter. Nach wie vor ging sie täglich betteln, und was sie mitbrachte – ob ein Stückchen hartes Brot, eine Handvoll Kascha oder ein paar Kartoffelschalen, die sie wusch, ganz klein schnitt und Suppe davon kochte –, alles teilte sie mit uns. Überhaupt behandelte sie uns wie ihre eigenen Kinder. Nie richtete sie ein mahnendes, schimpfendes oder gar böses Wort an uns. Sie war stets still, gütig, warmherzig und lieb. In ihr waren wir einem wahren Engel begegnet. Damals war mir natürlich nicht bewußt, daß wir nur dank Tante Schubert überlebten. Sie achtete auch darauf, daß wir sauber waren. Allein daß die Kopfläuse sich in meinen dicken Zöpfen rapide vermehrten, dafür konnte auch sie nichts. Sie legte mir die Zöpfe an den Kopf, band ein Kopftuch darum, das sie oberhalb der Stirn fest verknotete, und sagte, daß die Läuse so nicht zu sehen sein würden. Ich konnte ja nicht wissen, daß sie deutlich sichtbar auf meinen Haaren herumliefen, und einen Spiegel gab es nicht.

Seit dem Tag, an dem der alte Mann meine Mutter weggeholt hatte, ging eine seltsame Veränderung in mir vor. Mein junges Kinderleben von nur sechs Jahren war seit der Flucht am 28. Januar 1945 ununterbrochen mit so viel nie zuvor gekanntem Elend, Leid, Sterben, Tod, Bomben, Feuer, Hunger, Durst, Verfolgung, Todesangst und Erschöpfung überschüttet worden, daß ich still und fassungslos nur durch die Anwesenheit der Mutter all das versucht hatte zu ertragen, aber nicht verstehen konnte, warum die Welt sich plötzlich so verändert hatte. Nun war sie weg, einfach weggeholt worden, wie die vielen anderen Mütter zuvor, deren Kinder langsam verhungerten, weil sich niemand um ihre Ernährung kümmerte, schon gar nicht die Sieger! In meiner Seele geschahen umwälzende Veränderungen, die mit bewußtem Denken nichts zu tun hatten und die ich darum auch nicht erklären kann. Ich vermag nur aufzuschreiben, was sich abspielte.

Ich stellte mich jeden Tag vor die Gartenpforte und schaute in die Richtung, in der meine Mutter verschwunden war. Weder die brennende Sonne noch den Regen, der auf mich niederging, nahm ich wahr. Die Geräusche der Kinder, die um mich herumhopsten und anscheinend ihre Mutter noch hatten, hörte ich wie durch eine dicke Wand aus der Ferne. Einmal trat ein Mädchen, das etwa gleich groß war, an mich heran und fragte mich, warum ich denn hier jeden Tag stehen würde. Da sagte ich ihr, daß ich auf meine Mutter warten würde und wenn sie stürbe, würde auch ich sterben. Sie glaubte das nicht, lachte und lief weg.

Ich aber stand weiterhin jeden Tag auf der Straße, äußerlich zwar reglos und stumm, doch in Gedanken sprach ich ununterbrochen mit der ganzen Kraft meines Herzens und noch so jungen Denkens zu meiner Mutter. Mein ganzes kindliches Sein konzentrierte sich darauf, ihr immer wieder Befehle zu geben und Fragen zu stellen. Ganz mit mir allein sprach ich zu ihr: Mutti, wo bist du, warum kommst du nicht? Du mußt leben, du mußt zurückkommen! Sonst müssen wir sterben. Immer die gleichen Gedanken, jeden Tag. Tage und Wochen vergingen, und sie kam nicht. Ich verspürte keinen Hunger mehr. Es war gewiß kein Eigensinn, diese Charaktereigenschaft gehörte nicht zu mir, nein, der Hunger war einfach weg. Tante Schubert hatte große Mühe, redete mir gut zu, von dem Wenigen doch wenigstens etwas zu essen. Ich hatte nur einen einzigen Gedanken: Mit meiner Mutter in Gedanken zu sprechen, was ich auch weiterhin tat. Und dann hörte ich diese innere Stimme, die ich später noch oft hören sollte: Hab keine Angst. Mehr nicht, dann war ich wieder allein, und meine Augen blickten ins Leere – Mutter kam nicht.

Den einzigen Menschen, den ich jeden Tag ganz bewußt wahrnahm, das war der alte Mann mit dem Karren, wenn er kam, um die Kranken und die Toten abzuholen. Ihn hätte ich fragen können, aber er hätte mir nichts anderes gesagt als all den anderen, die ihn schon nach dem »wohin« gefragt hatten, nämlich »ins Krankenhaus«. Aber jeder wußte, daß es so ein Krankenhaus nicht mehr gab. Also wo brachte er sie hin? Die Gedanken drehten sich im Kreis der vielen unbeantworteten Fragen. Zwischenzeitlich stellte Tante Schubert fest, daß zwei Kleidungsstücke meiner Mutter gestohlen worden waren. Sicher war es die Frau gewesen, die im hinteren

Zimmer mit ihren zwei Kindern lebte. Verständlicherweise hatte sie angenommen, daß meine Mutter schon tot war, wie alle anderen Frauen, und hatte die Kleidung bei den russischen Frauen gegen Lebensmittel eingetauscht. So machte man es damals – zumindest wer Kleidung hatte.

Die dicke, alte Frau schlief nach wie vor in ihrem Lehnstuhl am Fenster sitzend, mit einer Nackenstütze für den Kopf. An ihr Schnarchen hatte ich mich schon gewöhnt, ja ich empfand dieses Geräusch irgendwie als wohltuend, beruhigend. Es gab mir das Gefühl, nicht so allein, einsam und verlassen zu sein. Vielmehr gab es mir die Gewißheit, daß noch jemand im Zimmer war, noch ein Lebewesen. Eines Nachts wachte ich plötzlich auf, und noch mit geschlossenen Augen registrierte ich das fehlende Schnarchgeräusch. Es war unheimlich still. Als ich zu der alten Frau hinübersah, erschrak ich zutiefst, denn sie war tot. Diesen schauderhaften Anblick werde ich nie vergessen. Ihr Kopf war weit nach hinten gestreckt, lag auf der Rückenlehne des Stuhls, so als habe sie sich noch einmal ausstrecken wollen. Mund und Augen waren weit geöffnet, und in dieses starre Totengesicht schien der Vollmond.

Angst und Verzweiflung erfaßten mich erneut, das Herz schlug mir bis zum Hals, ich kroch mit dem Kopf ganz unter die Decke und sehnte noch mehr als sonst meine Mutter herbei. Am liebsten hätte ich laut geweint, aber es erstickte alles in mir. Ich begann zu zittern, weil ich glaubte, der Tod in Person der alten Frau könnte jeden Moment auch nach mir greifen. Ich fürchtete, daß die Tote mir gleich die Decke wegziehen würde. Es war unbeschreiblich furchtbar. Hatte ich nicht schon genug Tote sehen müssen, mußte ich jetzt auch noch mit dem Tod in einem Zimmer schlafen? Dort, wo das Herz ist, verkrampfte sich alles. So verbrachte ich den Rest der Nacht unter meiner Decke, bis es Tag wurde, Tante Schubert ins Zimmer kam und ich, so schnell ich konnte, aus dem Haus rannte. Als der alte Mann mit dem Karren kam, mußten viele Frauen aus der Nachbarschaft helfen, den schweren Körper hinauszubefördern.

Unermüdlich wartete ich täglich weiter an der Gartenpforte. Dabei war ich sehr schwach, mußte mich an der Pforte festhalten, wurde zunehmend trauriger und verzweifelter und irgendwie innerlich tot. Warum hatte die Stimme in mir gesagt, ich solle keine Angst haben, wenn die Mutti doch nicht wiederkam? Das kleine Flämmchen Hoffnung, die geheime Nahrung eines jeden Menschen, wurde von der Ungewißheit am Leben gehalten. Solange man nicht ganz genau weiß, ob jemand tot ist oder lebt, klammert man sich an die Hoffnung auf Leben. Auch dann noch, wenn die äußeren Anzeichen allein auf einen negativen Schluß hindeuten. Dieses kleine Flämmchen zusammen mit meiner großen Sehnsucht und der Kraft der Gedanken, mit der ich meine Mutter ununterbrochen rief und ihr sagte, daß sie zurückkommen solle, hielten mich am Leben, obwohl ich kaum etwas aß. Ich hatte zudem das Zeitgefühl verloren und wußte später nicht mehr, wie lange ich an der Pforte gestanden hatte, ob zwei oder zehn Wochen.

Es war wieder einmal ein sehr heißer Tag. Apathisch, enttäuscht, müde und traurig stand ich an der Pforte. Vor Hitze und Schwäche flimmerte es vor meinen Augen, während ich unentwegt auf die Ecke schaute, um die meine Mutter verschwunden war. Da, was war das? War da nicht eben eine Frauengestalt um diese Ecke in die Straße eingebogen? Nein, Mutti konnte es nicht sein, so dünn war sie nicht. Ganz langsam kam die Gestalt näher. Plötzlich war ich hellwach wie schon lange nicht mehr. Die Apathie schien sich zu lösen. Konnte das – sollte das vielleicht nicht doch die Mutti sein? Ich riß meine Augen weit auf, und es wurde mir heiß, als sollte ich verbrennen. War es eine Hitze, die von innen, durch die auferstandenen Lebensgeister, kam, oder aber merkte ich jetzt die heiße Sonne, die auf mich niederbrannte? Ich weiß es nicht. Jedenfalls hatte ich das Gefühl, eben erst geboren worden zu sein. Denn jetzt erkannte ich sie deutlich. Es war keine Spiegelung in der Hitze, die mir mein geschwächter Körper vorgaukelte.

Wie von den Toten auferstanden, wie aus einer anderen Welt kommend, sehr dünn, sehr blaß, kam sie immer näher – unsere Mutti! Meiner Schwester, die auf dem Bordstein saß, rief ich zu: »Die Mutti kommt«, und beide rannten wir ihr entgegen. Um ihren Hals und ihre Schulter trug sie einen Riemen, in den sie ihre Arme gelegt hatte, denn sie war so schwach, daß ihre eigenen Arme ihr zu schwer geworden waren. Ein Wunder war geschehen. Hier war erstmals ein Mensch zurückgekommen, der, wie alle anderen Frauen, längst totgeglaubt war und es auch gut hätte sein können. Es war unfaßbar!

Auf einmal fühlte ich mich wieder lebendig, kräftig und nahm meine Umwelt wahr. Jetzt erfuhr ich auch, wie lange ich an der Pforte gestanden hatte: sechs Wochen. Sechs Wochen, in denen mein Lebenslicht immer schwächer geworden war. Sehr viel später hätte meine Mutter nicht zurückkommen dürfen. Aber die Stimme, die ich einmal gehört hatte, hatte doch recht gehabt. Noch auf der Straße schob meine Mutter meine feste Kopfumwicklung etwas zurück und stellte fest, daß alles voller Läuse war.

Auch Tante Schubert war überrascht und zutiefst erfreut, als wir zu dritt das Siedlungshäuschen betraten. Die erste Handlung meiner Mutter war, daß sie mir und meiner Schwester die Haare abschnitt. Sie breitete eine große Zeitung aus und an meinen herunterfallenden Haaren sah ich, wie sie über und über voller Läuse waren. Sie schnitt schnell, um danach alles im Küchenherd zu verbrennen. So war am selben Tag noch das Problem der Kopfläuse für mich und meine Schwester gelöst. Viele Kinder liefen schon seit einiger Zeit kahlköpfig herum, aber niemand lachte über sie. Überhaupt wurde in der ganzen Zeit der folgenden drei Jahre nie ein Kind verspottet, verhöhnt oder sonst irgendwie niedergemacht. Ich glaube, die Kinder von damals hatten alle das Gebot der Zeit verstanden. Kindliche Albernheit war der Vernunft und dem Verstehen gewichen. Tante Schubert hatte irgendwo eine große Tüte Lindenblütentee gefunden. Davon brühte sie eine große Kanne auf und so saßen wir alle zusammen in der Küche und waren glücklich über die Rückkehr unserer Mutti, die nun begann zu berichten.

Erstmals konnte jemand von dem Ort erzählen, an dem sonst nur gestorben wurde. Nach einer langen Strecke war der alte Mann mit seinem Karren auf einen großen Hof gefahren, der von hohen Gebäuden umgeben war. Sofort kamen junge Ärzte in weißen Kitteln auf die neue Fuhre zu, und jede Frau mußte ihre Zunge zeigen. Dann wurden sie ins Haus getragen. Meine Mutter kam in einen großen Saal mit sehr hohen Fenstern, in dem immer zwei Betten zusammengestellt waren, um drei Frauen darin Platz zu geben. Als Neuankömmling kam sie in die Mitte, wobei sie sich immer etwas Zudecke von links und von rechts heranzupfen mußte. Sobald eine Frau gestorben war, und es wurde laufend gestorben, konnte die Frau aus der Mitte den frei gewordenen Platz einnehmen. Die Betten waren zwar mit ehemals weißer Wäsche bezogen, die jetzt jedoch mit

Kot und Blut befleckt war. Wer hätte auch das Bettzeug abziehen und waschen sollen?

Im Fieber soll meine Mutter gesagt haben, daß sie ihrem Mann berichten werde, daß man sie in einem so schmutzigen Bett liegen ließe, der werde sich dann beschweren. Die Krankenschwestern erzählten ihr das, sie selbst wußte nichts davon. Die meiste Zeit lag sie in tiefem Fieberschlaf, in dem sie von irgendwoher schöne Musik hörte und mich, sie suchend, durchs Fenster schauen sah. Ich soll auch immer gesprochen haben zu ihr, nur konnte sie es durch die Scheibe nicht verstehen. Wenn sie aufwachte, sah sie sofort zum Fenster und war enttäuscht, daß ich nicht da war. Seit dieser Zeit glaube ich an Gedankenübertragung. Ihr Unterbewußtsein hatte meine Gedanken empfangen. Vielleicht bewirkten sie auch ihre Gesundung, wer weiß? Sechs Wochen hatte ich sie ununterbrochen gerufen und ihr gesagt, sie solle gesund werden und zurückkommen – und ein Wunder war geschehen.

Zudem registrierte sie, daß jedesmal, wenn sie aufwachte, andere Frauen in den Betten um sie herum lagen. Einmal brachte man eine hübsche junge Frau mit ihren beiden kleinen Mädchen. Alle hatten Typhus und man legte sie zusammen in ein Bett. Die Kinderchen weinten nie, auch nicht, als die Mutter zuerst starb und man sie ihnen wegnahm. Das hohe Fieber hatte sie ganz still gemacht, und sie folgten bald ihrer Mutter.

Täglich soll es einen Teller Roggensuppe gegeben haben, den meine Mutter indes nie bekommen hat, weil sie sich immer im Fieberschlaf befand. Außerdem soll es jeden Tag eine Scheibe trockenes Roggenbrot gegeben haben und die soll sie, wenn sie gerade wach war, unter das Kopfkissen geschoben haben mit den Worten: »Für meine Kinder.« Medizin erhielt sie keine, es war ja nichts vorhanden. Die ganze Zeit hatte sie nichts gegessen, nur gefiebert. Die Tatsache, daß sie nichts gegessen hatte, sei wohl ihr Glück gewesen, sagten die Ärzte bei der Entlassung. Roggenmehl fördere den Typhus. Das wußten sie, aber sie hatten keine andere Nahrung, die sie den vielen Kranken hätten geben können. Alles, was man gefunden habe, seien einige Säcke Roggenmehl gewesen.

Dann kam der letzte große Traum, der sie in die Ewigkeit befördern wollte. Sie träumte, in einem großen Trichter immer tiefer und tiefer zu fallen. Gerade als sie unten durch das Loch durchfallen wollte, dachte sie: Nein, nein, nein, meine Kinder, ich muß zu ihnen. Von da an ging es zurück, aufwärts und als sie oben wieder angekommen war, wachte sie auf und das Fieber war weg. Man sagte ihr, daß sie schon abgeschrieben worden war, denn sie hatte 41,8 Grad Fieber gehabt. Es war überhaupt erstaunlich, daß man sich die große Mühe noch machte, täglich bei jeder Patientin die Temperatur zu messen und sie auf einer Fieberkurve einzutragen, die jede unter ihr Kopfkissen geschoben bekam. Als sie hörte, daß sie dem Tode so nahe gewesen war, erschrak sie, und als sie sich das erste Mal im Spiegel sehen konnte, noch tiefer. Zum Skelett abgemagert sah sie sich aus tiefen, schwarzumränderten Augen an. Nun galt es, langsam wieder auf die Beine zu kommen.

Sie konnte anfangs nur drei Schritte gehen, wobei sie sich an einem Bettgestell festhalten mußte. Ihre Gedanken kreisten indes um ihre Kinder. Würden sie noch leben in dieser Zeit, in der vornehmlich gestorben wurde? Wenn ja, würden sie dann noch in dieser Siedlung wohnen oder aber hatte man sie verschleppt, was viel wahrscheinlicher war. Sie nahm all ihre Kraft zusammen und übte täglich Gehen, um bald entlassen zu werden. Vier Tage nach dem großen Fieber machte sie den ersten zaghaften Versuch, nach draußen zu gehen, natürlich ohne ärztliche Anordnung oder Hilfe. Ganz auf eigene Verantwortung, so wie die Gesetze des Lebens es damals diktierten. Auf dem Hof sagte ihr ein großes Schild über dem Hauptportal, wo sie sich befand: Yorkkaserne. Man hatte also die Kaserne in ein Krankenhaus umfunktioniert. In diesem Hof traf sie mit weiteren Frauen zusammen, die in einem Seitenflügel der Kaserne untergebracht worden waren. Sie hatten eine andere schreckliche Krankheit: Geschlechtskrank von den vielen Vergewaltigungen. Meine Mutter kam auch an der Küche vorbei. Erstmals verspürte sie wieder Hunger. Eine Küchenhilfe bettelte sie um ein Stückchen Brot an und bekam es auch.

Hinter dem Kasernenkomplex befand sich ein großes Feld. Aber sie erschrak bei dem Anblick, der sich ihr bot: Ein Massengrab neben dem anderen. Auf manch einem stand ein kleines, primitives Holzkreuz, das sicher Angehörige aufgestellt hatten. Meiner Mutter fröstelte es bei dem Gedanken, daß sie sich mit einem Bein auch schon in solch einem Grab befunden hatte. Am Tag ihrer Entlassung, acht Tage nach dem Fieber, sprach ein junger Arzt mit ihr. Sie sei bis zu diesem Zeitpunkt die einzige Patientin, die diesen Ort wieder lebend verlassen würde. Man habe von der Roten Armee weder Medikamente noch Nahrungsmittel erhalten, um die Menschen durchzubringen. Bei dem hohen Fieber, das sie gehabt habe, sei es als Wunder anzusehen, daß sie, ohne Medizin und Nahrung, aus eigener Kraft gesundet sei. Als sie durch das Tor ging, durch das sie vor einigen Wochen als eine zum Tode Verurteilte eingeliefert worden war, hatte sie weder einen Krankenhausbericht noch wartete ein Krankenauto auf sie, um sie heimzufahren. Sie trug jedoch etwas mit sich, was das höchste Gut für jeden Menschen war und ist und immer bleiben wird: das Leben.

Von den Auswirkungen dieser Krankheit, die ihr und unser Leben bis zum heutigen Tag prägen sollten, wußte sie zu diesem Zeitpunkt noch nichts. Erst einmal spürte sie nur, wie schwach sie war. Die Kräfte wollten versagen, sie schaffte es kaum, weiter zu gehen. Aber da war wieder die Sorge und die Angst um ihre Kinder. Sie mußte zurückfinden zu der Siedlung, und sie versuchte, sich zu orientieren, was in der Trümmerlandschaft nicht leicht war. Weit und breit war kein Mensch zu sehen, nur Ruinen – die vielen Toten hatte man schon weggeschafft. Da kam ein Russe auf einem kleinen Pferdewagen dahergefahren. Sie winkte ihm, er möge anhalten, was er auch tat. Mit Zeichensprache bat sie ihn, etwas mitfahren zu dürfen, weil er in die Richtung fuhr, in der sie die Siedlung vermutete. Er nickte und sie stieg auf. Nach einer Weile hielt er an, gab Zeichen zum Absteigen und sie sah, daß er in eine Kaserne einbiegen mußte. Anschließend mußte sie noch ein langes Stück zu Fuß zurücklegen, die Arme immer in der Riemenschlaufe, die um ihren Hals hing, bis sie endlich die Gegend erkannte, wo die Siedlung sein mußte.

Jetzt wurde sie mit jedem Schritt unruhiger, ihr Herz raste vor Angst, was sie erwarten würde. Die Russen hatten die Deutschen noch nie lange an einem Ort wohnen lassen, und schon gar nicht, wenn es ein hübscher war. Dann kam der große Augenblick, wo sie um die Ecke bog, und sie sah mich an der Pforte stehen, wie angewurzelt, sehr dünn, sehr blaß. Es war wirklich eine große Gnade, daß wir uns wiederfinden durften in einer Zeit, in der wir Deutschen ein Nichts waren und in unserem Sinne weder etwas geregelt noch geholfen wurde.

Uns gab es offiziell ja gar nicht mehr. Wir waren lebendige Tote.

Mit Tante Schuberts Hilfe hatten wir beiden Mädchen überlebt. Tatsächlich war während der ganzen Zeit der Abwesenheit meiner Mutter keinerlei Anordnung oder Befehl von der Kommandantur an die Deutschen ergangen. Eine höchst merkwürdige und unnormale Praxis. Es war wie die Ebbe vor der Flut. Niemand hatte sich diese Stille so richtig erklären können. Wie sollte man auch. Aber diese angenehme Situation des »In-Ruhe-gelassen-Werdens« änderte sich schlagartig mit dem Tag, als meine Mutter wieder bei uns war. Als hätten die Russen gerade darauf gewartet. Ein deutscher Mann kam von Haus zu Haus und sagte, daß sich alle Frauen am nächsten Morgen an einer bestimmten Stelle mit sämtlichen Papieren wie Ausweis, Paß, Stammbuch einfinden sollten.

Natürlich ging jeder hin, weil alle glaubten, daß irgend etwas eingetragen werden sollte oder man vielleicht sogar Lebensmittelkarten erhalten würde. Erst einmal mußten alle in einen kalten, feuchten, engen Kellerraum. Dort ließ man sie bis zum Abend warten. Die meisten Frauen hatten sich abwechselnd auf den kalten Fußboden gesetzt, waren sie doch alle sehr schwach. Endlich ließ man sie auf den Hof, wo jeder seine Papiere auf die Erde werfen mußte, alle auf einen Haufen. Die Frauen mußten noch mit ansehen, wie alles angezündet wurde, und dann erst jagte man sie wie Hunde vom Hof. Damit wollte man lediglich demonstrieren, daß ein jeder ab jetzt offiziell namenlos war. Als sie ihren Weg nach Hause antraten, weinte jede. Einmal mehr mußten arme, unschuldige Frauen für etwas büßen, das sie nicht angerichtet hatten.

Wie zuvor ging meine Mutter wieder mit Tante Schubert täglich betteln. Dabei merkte sie, daß das hohe Fieber doch nicht so ganz ohne Folgen geblieben war. Es war nicht nur die große Körperschwäche, die ihr sehr zu schaffen machte, sondern aus der Herzgegend meldeten sich ununterbrochen Schmerzen, etwas, das sie früher nie gekannt hatte.

Es waren nur wenige Tage vergangen, da kam der deutsche Mann wieder. Er sah sich in jedem Haus gründlich um, wer alles darin wohnte und schrieb sich die Namen der jungen Frauen auf, zu denen auch meine Mutter gehörte. Er sagte, daß sie sich in der Frühe des nächsten Tages zum Abmarsch für einen Ernteeinsatz auf der Straße einzufinden hätten.

So war es dann auch. Ein kleiner Trupp von jungen, schwachen, dünnen Frauen setzte sich in Bewegung. Sicherheitshalber nahm meine Mutter uns beide mit, obwohl sie meine dreijährige Schwester tragen mußte. Ich tippelte neben ihr her, wie gewohnt, nur jetzt ohne Haare. Die Sonne brannte unerbittlich auf uns nieder. Uns klebten nicht nur die Kleider am Körper, sondern auch die Zunge am Gaumen. Unsäglicher Durst quälte uns alle, aber wir mußten unerbittlich weitergehen. Manchmal bat die eine oder andere deutsche Frau um eine Rastpause, darum, sich kurz ein wenig in den Straßengraben setzen zu dürfen, aber der Mann war ungnädiger als die russischen Soldaten, die uns bis jetzt begegnet waren. In barschem Ton befahl er uns, weiterzumarschieren. Den ganzen Tag waren wir ununterbrochen in glühender Hitze gegangen, ohne zu trinken, ohne zu essen. Total erschöpft, dem Zusammenbruch nahe, erreichten wir gegen Abend ein Barackenlager, umgeben von einem hohen Zaun und russischen Wachposten am Eingang. Nun wußten wir, daß wir trotz all unseren bisherigen Bemühungen in einem Lager gelandet waren.

Die Baracken waren so dicht mit eisernen Stockbetten, die mit Stroh ausgelegt waren, angefüllt, daß zwischen jedem Bett immer nur so viel Platz war, daß ein Erwachsener in dem schmalen Gang stehen konnte. Jeder von uns mußte sich ein Strohlager suchen, und zu essen gab es immer noch nichts. Am nächsten Morgen wurden die Frauen zur Feldarbeit herausgetrieben, ohne einen Happen Essen erhalten zu haben. Wir Kinder setzten uns vor die Baracken auf die Erde, weil wir uns vor Hunger und Schwäche kaum auf den Beinen halten konnten. Den ganzen Tag gab es nichts zu essen. Hier war es schlimmer als in der Siedlung, wo Tante Schubert sicher auf uns wartete. Dort hatten wir wenigstens so viel Freiheit gehabt, daß sie und Mutti betteln gehen konnten und wir ein wenig zu essen hatten, wenn es auch nur Kartoffelschalensuppe war. Warum hatte man uns hier bloß eingesperrt, fragte ich mich ständig. Hier würden wir garantiert verhungern.

Einmal, so erzählte meine Mutter, als sie den ganzen Tag ohne Erfolg unterwegs waren, kam ihr ein russischer Soldat entgegen. Sie nahm allen Mut zusammen und bettelte ihn an. Er langte in seine Hosentasche, holte ein Stück Brot heraus, das in Zeitungspapier eingewickelt war, und gab es ihr. Es war seine Reserve, die er hergegeben hatte und die für uns zu einer lebensrettenden Mahlzeit wurde.

In diesem Lager lebten wir wie in einem Gefängnis – ohne Nahrung. Es kam der zweite Tag, und es hatte immer noch nichts zu essen gegeben. Die ersten Toten wurden herausgetragen. Jetzt saßen am Morgen nicht nur die Kinder vor den Baracken auf der Erde, sondern auch die Frauen. Hunger und Schwäche zeigten ihre Wirkung. Die neuen Machthaber, Offiziere und einfache Soldaten – man konnte sie durch ihre unterschiedliche

Kopfbedeckung gut auseinander halten – standen auf dem großen Lagerplatz und waren sich anscheinend über irgend etwas nicht einig. Laut und aufgeregt diskutierten sie, wobei die Arme zuweilen hoch in die Luft geworfen wurden, zur Bekräftigung der Worte. Manchmal schrien zwei oder auch drei durcheinander. Sicherlich ging es um ein größeres Problem. Es war anzunehmen, daß man sich nicht einig war, was mit diesen vielen Gefangenen geschehen sollte. Es waren Frauen, Kinder und Alte, die von der Landwirtschaft ebensowenig Ahnung hatten wie die russischen Soldaten. Sie waren schließlich Militärs und ihr Wissen über Landarbeit war gleich Null. Wie sollte es auch anders sein – bei Siegern und Besiegten gab es keine Fachkräfte, und das ganze reiche ostpreußische Land stand zur Ernte bereit. Sicher hatten auch sie nicht genügend Verpflegung für sich selbst, denn man sah und roch nichts, was auf einen Küchenbetrieb hätte schließen lassen können.

In diesem Durcheinander vollbrachte meine Mutter eine heroische Tat, die, wenn sie schief gegangen wäre, mildestenfalls unsere sofortige Erschießung zur Folge gehabt hätte oder aber die Trennung von Mutter und Kindern mit Verschleppung nach Rußland. Solches geschah damals nicht selten. Meine Mutter flüchtete vor den Augen der Russen mit uns beiden Kindern aus dem Lager. Später erzählte sie oft, daß es eine Reflexhandlung gewesen war, aus dem Unterbewußtsein, ohne darüber nachzudenken. Ein leerer Ernteleiterwagen, vor den zwei dicke, starke ostpreußische Pferde gespannt waren und den ein alter deutscher Mann kutschierte, kam über den Hof gefahren, an den diskutierenden Soldaten vorbei, in Richtung auf den Ausgang. Gerade als er an uns vorbeifuhr, geschah es: Meine Mutter riß meine Schwester und mich blitzschnell hoch, warf uns hinten auf den

Wagen und sprang selbst auf. Die Russen sahen verwundert zu, aber weil es so offensichtlich vor ihren Augen geschah, glaubte wahrscheinlich keiner an eine Flucht, sondern daß eventuell der eine oder andere Offizier diesen Befehl gegeben haben mußte. Man war sich ja so selten einig. So fuhren wir still und selbstsicher an dem Wachposten vorbei, hinaus in die provisorische Freiheit.

Der Fahrer hatte von all dem nichts gemerkt. Erst als das Lager nicht mehr zu sehen war, machte meine Mutter sich bei dem alten Mann bemerkbar, der ganz erstaunt war, Mitfahrer zu haben. Er war gutmütig, hielt die Pferde an und meine Mutter konnte ihn fragen, wo es nach Königsberg weiterginge. Wir wollten zu Tante Schubert zurück. Er sagte, er könne uns noch ein Stück mitnehmen und dann müßten wir immer an den Bahnschienen entlang gehen, die würden direkt nach Königsberg führen. Also begannen wir erneut zu gehen. Und wir gingen und gingen, nun schon den dritten Tag ohne Essen. Die Sonne brannte unerbittlich, die Kräfte drohten uns zu verlassen, es flimmerte vor den Augen, kein Schatten weit und breit, kein Wasser, mit dem wir unseren ausgetrockneten Mund etwas hätten anfeuchten können.

Ab und zu setzten wir uns ein wenig hin, aber nicht lange, um nicht einzuschlafen, denn das wäre unser Tod gewesen. Wir wußten nicht, wo wir uns befanden und wie weit es noch war. Vor Anbruch der Dunkelheit mußten wir bei Tante Schubert sein, vorausgesetzt, daß wir sie fänden. Plötzlich standen entlang der Bahnlinie die schönsten Möbel. Alles, was man für eine Wohnungseinrichtung braucht, auch viele, viele Nähmaschinen. Dieses aufgereihte Mobiliar stand auf vielen Kilometern entlang der Schienen. Wir wunderten uns und konnten nicht verstehen, warum diese Gegenstände im Freien standen und somit Sonne, Wind und Regen ausgesetzt waren. Kurz vor Königsberg hörten schlagartig die Schienen auf. Es war wie ein erneutes Zeichen der schlechten Zusammenarbeit und mangelnden Verständigung innerhalb der russischen Führung. Meistens war es wohl so, daß die linke Hand nicht wußte, was die rechte tat. So war es auch hier.

Der Tag ging schon in den Abend über, als wir die Trümmerstätte Königsberg erreichten. Meine Mutter versuchte, sich zu orientieren und die Siedlung zu finden, in der Tante Schubert sicher auf uns wartete. Als es schon richtig dunkel war, erreichten wir die uns bekannte Straße und fanden tatsächlich Tante Schubert. Die Freude war auf beiden Seiten groß. Sie berichtete, sie hätte uns schon abgeschrieben und angenommen, uns nie wiederzusehen. Ihre erbettelte »Tagesration« an harten Brotresten teilte sie mit uns und brühte dazu eine Kanne Lindenblütentee auf. Danach kamen Mutter und sie zu dem Entschluß, daß wir alle am nächsten Tag die Siedlung verlassen sollten, denn hier gab es Typhus, Malaria, Sterben, keine Lebensmittel und die große Gefahr, daß man meine Mutter erneut holen käme.

Als wir uns total erschöpft in unser gewohntes Bett legten, schien es uns, als lägen wir in einem Himmelbett, auch wenn wir gemeinsam nur eine Decke hatten. Kein Stroh, kein vollgefüllter Barackenraum, in dem man glaubte zu ersticken, nein, wir hatten noch ein letztes Mal ein Zimmer ganz für uns alleine, bevor am nächsten Tag das Abenteuer »Leben« weitergehen mußte. Wir hatten in den letzten drei Tagen so viel durchgemacht, daß diese Ruhe unsagbar guttat.

Am nächsten Morgen machten wir uns gleich auf den Weg, die einst so geliebte Stadt für immer zu verlassen.

Dabei kamen wir noch einmal an einem Haus vorbei, das inmitten von Ruinen einsam und alleine gänzlich unbeschädigt dastand. Es schienen auch keine Russen darin zu wohnen, denn das wäre zu hören gewesen. Ganz leise gingen wir hinein, aber nur in den Hausflur. Gleich vorne rechts neben der Eingangstür stand ein braunes Klavier, das anscheinend nicht weitertransportiert worden war. Beim Anblick dieses schönen Instrumentes war für einen Augenblick ein freudiges Aufleuchten in mir. Mir fiel ein, daß ich irgendwann in diesen Fluchtwochen sechs Jahre alt geworden sein mußte und doch in die Schule kommen sollte. Zu diesem Anlaß hätte ich mein sehnlichst gewünschtes Klavier bekommen, und hier stand nun eines, zum Anfassen nahe. Spontan sagte ich: »Mutti, können wir das nicht mitnehmen?« Im gleichen Moment begriff ich die Dummheit meiner Frage, und ein Gefühl der Traurigkeit überkam mich.

Alles, aber auch wirklich alles hatte dieses neue Leben mir weggenommen. Das schöne Zuhause, die Spielsachen, die vielen schönen Kleider, die netten, freundlichen Menschen, die ständig um mich herum waren, mein weiches, kuscheliges Bett, ja sogar meine Haare. Jetzt liefen wir umher wie die ärmsten Bettler dieser Welt, ohne Zuhause, ohne Heimat, ohne ein Dach über dem Kopf, ohne eine Stätte, wo wir unseren Kopf hinlegen konnten. Eine Maus hatte ihr Loch, ihren Zufluchts- und Schutzraum. Wir dagegen hatten nicht einmal das. Wir waren nicht existent, offiziell überhaupt nicht vorhanden. Das wurde uns täglich mehr und mehr bewußt. Mit dem Verlassen dieses Hauses nahmen wir Abschied von unserer untergegangenen Stadt.

Wir suchten nach einem Schienenstrang, der aus der Stadt führte und an dem wir entlanggehen konnten, auf der Suche nach noch lebenden Deutschen und einer Bleibe für uns. Wieder hieß es gehen, gehen, gehen. Man glaubt gar nicht, wie schnell sich der Körper daran gewöhnt, keine Nahrung mehr aufzunehmen. Wir waren jetzt schon auf Hunger trainiert und spürten ihn kaum noch. Allein der Durst ließ sich nicht ignorieren. Er war viel schwerer zu ertragen. Wir fanden tatsächlich Zugschienen und verließen die Stadt in Richtung Land. Unerbittlich brannte die Sonne auf uns nieder, was ich ohne Haare besonders zu spüren bekam. Irgendwo in den Trümmern hatte meine Mutter ein Sommerkleidchen gefunden; nichts Besonderes, hellblaues Leinen, bescheidene Puffärmelchen, Bubikrägelchen, drei weiße Knöpfchen als Verschluß. Über dieses Kleid war ich sehr froh. Meine Wintersachen, die mich zu Beginn der Flucht vor Kälte und Schnee geschützt hatten, trug ich, zu einem Bündel zusammengewickelt, unter dem Arm. Für meine langen, braunen Winterstrümpfe gab es jedoch keinen Ersatz, und so endeten sie, als Söckchen heruntergekrempelt, als dicker, breiter Rand oberhalb meiner hohen Winterschuhe. Nur gut, daß es damals nirgends einen Spiegel gab, ich muß ausgesehen haben wie das ärmste Kind vom Müll.

Wir zogen entlang der Bahnlinie, wie die letzten Überlebenden nach einem Krieg mit chemischen Waffen, denn wir kamen durch die schönsten Dörfer, so schön wie Musterhaussiedlungen, aber ohne jedes Lebewesen. In Königsberg hatte es nur noch Trümmer und Tote gegeben, hier auf dem Land aber lag eine ganz andere Situation vor. Alle Gebäude waren gänzlich unbeschädigt, nichts deutete hier auf Krieg hin. Aber es gab auch keine Anzeichen für irgendwelches Leben. Nicht ein Hund, eine Katze oder eine Maus sahen wir. Wo waren nur die ganzen Hofhunde geblieben? Jeder

Bauer hatte doch einen Hund besessen! Alle Hundehütten waren leer, sogar die Freßnäpfe fehlten. Alle Storchennester waren unbewohnt, anscheinend hatte der Krieg auch die Störche vertrieben. Nicht einmal ein Vogel war zu hören, es herrschte eine gespenstische Stille. Mich fröstelte innerlich bei der ununterbrochenen Suche nach Leben.

Anfangs betraten wir noch hier und da ein Gehöft, ganz zaghaft, aus Angst, Tote zu finden. Was wir fanden, war absolute Leere – in allen Wohnhäusern, Ställen, Scheunen. Es gab nichts, aber auch gar nichts mehr. Sogar wo deutlich sichtbar Bilder gehangen haben mußten, fehlten nicht nur sie, sondern auch die dazugehörenden Nägel. Es muß sogar ausgefegt worden sein, so sauber waren die Dielen. Ebenso war es in den Scheunen. Kein Halm Stroh oder Heu lag herum. Nicht einmal landwirtschaftliche Maschinen, weder Eimer, Hacke, Spaten noch die einfachsten Gartengeräte hatte so ein Hof mehr. Nur die Gebäude, die fest in der Erde fundamentiert waren, standen, und zwar alle mit weit geöffneten Türen.

Die Stille war so groß und unheimlich, daß wir uns in den Dörfern nur im Flüsterton unterhielten, während wir die Dorfstraße entlanggingen – zum nächsten Ort. Aber von Ort zu Ort bot sich die immer gleiche Situation, das gleiche Bild: ausgestorben und leer. Jetzt wußten wir auch, woher die vielen Möbel stammten, die wir am Tag zuvor an den Bahngleisen hatten stehen sehen. Manchmal bewegte der Wind irgendwo eine offene Stall- oder Scheunentür und unterbrach die Friedhofsstille mit einem knarrenden, quietschenden Geräusch, das sich wie Trauer, Klage oder Wehmut anhörte. Die Türen schienen wie die Seelen der Gehöfte, die nach den Menschen riefen, von denen sie verlassen worden waren. Ein

Wehklagen, das der Wind wegtrug, um erneut der Einsamkeit, Verlassenheit und Stille Platz zu machen.

In den Gärten blühten die schönsten Blumen, doch konnte keiner der Menschen, die sie einst gepflanzt hatten, dies sehen. In alle Richtungen hatte der Krieg sie verstreut, und sie würden ihr schönes Zuhause, von Generation zu Generation vererbt und vergrößert, nie wiedersehen. Es fiel mir auf, daß eine bestimmte Blume in jedem Garten zu finden war, und ich fragte meine Mutter, wie sie hieße. Ihr Name war »Tränendes Herz«. War diese Blume ein vorweggenommenes Sinnbild für das Leid, das über dieses Land und seine Menschen kommen sollte?

Entlang einer nicht enden wollenden Schienenstrecke standen Waggons, beladen mit landwirtschaftlichen Maschinen, die der Witterung ausgesetzt waren, da sie auf offenen Wagen standen und nun der Transport nicht weiterging.

Zwischen zwei Dörfern mußten die russischen Soldaten ein Schlachtfest abgehalten haben. Auf einer Wiese lagen verstreut Kuhköpfe – ein schauderhafter Anblick. Von der Besatzung war jedoch weit und breit nichts zu sehen oder zu hören. Müdigkeit und Durst plagten uns immer mehr, schließlich waren wir den ganzen Tag, vom frühen Morgen an, auf staubigen Landstraßen in glühender Sonne marschiert. Fast hatten wir den Eindruck, die einzigen Überlebenden in diesem weiten Land zu sein. Auf einer schönen, breiten Landstraße, die seitlich von der Bahnlinie wegführte, setzten wir, erschöpft und mutlos, unsere Suche fort. Gesprochen wurde kaum noch, es fehlte uns die Kraft.

Nach einer abermals langen Wegstrecke glaubten wir ganz in der Ferne, am Rande eines Dorfes, das vor uns lag, irgend etwas erkannt zu haben, das sich bewegte, das vielleicht Menschen hätten sein können. Als wir näher kamen, erkannten wir nicht nur Kinder, sondern auch Erwachsene. Auf den ersten Blick schien es, als ob hier alles normal weitergelaufen war. Aber nur auf den ersten Blick, denn bald erkannten wir auch russisches Militär. Man glaubt gar nicht, wie froh man ist, Menschen zu finden, wenn man einen ganzen Tag das Gefühl gehabt hat, allein auf dieser Welt übriggeblieben zu sein.

Die Kinder betrachteten uns länger als üblich, wie Wesen von einem anderen Stern. Wir müssen schon ungewöhnlich ausgesehen haben, zumindest staubig und schmutzig nach unserem Tagesmarsch von Königsberg. Wie ich aussah, kahlköpfig, im Sommerkleid mit hohen Winterschuhen und heruntergerollten Winterstrümpfen, habe ich schon berichtet. Aber keines der Kinder lachte mich aus. Mein Gesicht und mein Körper waren vom Hunger gezeichnet. Unser äußeres Erscheinungsbild entsprach der Stunde der Not, in der sich jeder befand, der den Krieg überlebt hatte. Meine Mutter fragte nach dem Namen des Dorfes und ob es hier für uns eine Wohnmöglichkeit gäbe. Das Dorf hieß Blöcken. Jemand sagte uns, daß wir in ein bestimmtes Haus gehen und uns bei einem deutschen Mann namens Tienert melden sollten.

IV. In Blöcken

Wenn ich im folgenden die Namen der ehemaligen Bauern nennen kann, dann nur, weil ich sie über dreißig Jahre später über eine Kreiskartei des ehemaligen Landkreises Labiau herausfinden konnte. Damals war mir natürlich keiner der Namen der ehemaligen Hofbesitzer bekannt.

Wir suchten also Herrn Tienert auf. Er war ein kleiner, drahtiger, wortkarger Mann mit Schirmmütze und schwarzem Oberlippenbärtchen und bewohnte mit seiner Frau und zwei großen Töchtern das große, sonnige, ehemalige Wohnzimmer im Haus vom Bauer Richard Wiehler. Man merkte sofort, daß Herr Tienert hier in Blöcken eine Sonderstellung innehatte. Nicht nur, daß er in seinem Zimmer Möbelstücke hatte, was in dieser Zeit, in der die Deutschen wie Tiere lebten, eine Besonderheit war, er brauchte auch nicht zur Arbeit aufs Feld zu gehen. Ihm oblag die Stallaufsicht, die allein darin bestand, die fünf Pferde, die im Stall des Wiehlerschen Hofes untergebracht waren, zu versorgen. Diese fünf Pferde waren die einzigen Tiere in Blöcken.

Zunächst wies er uns im gleichen Haus, in dem er wohnte, eine Dachkammer zu. Wie in allen Häusern, in denen Deutsche wohnten, war auch in diesem Haus die Haustür auf Anweisung der Kommandantur ausgehängt worden. Ging man links an der Küchentür vorbei, kam man an eine breite, schöne Holztreppe, die auf einen geräumigen Boden führte. Rechts befanden sich zwei verhältnismäßig große Dachstuben mit einem normal großen Fenster an der Giebelseite und einer schrägen Wand. Die linke Stube war schon bewohnt, also blieb uns die rechte. Zwei eiserne Betten ohne Matratzen und Bettzeug standen darin, außerdem ein Tisch mit zwei Stühlen und am Fenster eine Schulbank mit halbabgebrochenem Sitz. Eine Bank, wie sie früher üblich waren, Schreibpult und Sitzbank in einem. Wir erhielten Stroh für die Betten und zwei Pferdedecken, von denen eine Tante Schubert bekam. Tante Schubert durfte ihr Bett für sich alleine haben, wir drei schliefen im anderen. Das hatte den Vorteil, daß wir uns gegenseitig wärmen konnten.

Hier in Blöcken begann unser neues Leben. Es war ein Leben, das nur eine magere Überlebenschance bot, das uns in eine Art Urzeit zurückwarf. Dieses harte Leben ließ mich zu einem starken Erwachsenen werden, obwohl äußerlich noch ein Kind, es ließ mich mein Kindsein vergessen und raubte mir das Lachen. Es formte mich und prägt mich bis zum heutigen Tag.

Grundsätzlich war in Ostpreußen eines im Überfluß vorhanden: Land. Gebaut wurde daher großzügig, großräumig und weitflächig. Bauliche Enge, bestimmt durch einschränkende Maßnahmen, mit denen sich heute jeder Bauherr auseinanderzusetzen hat, wie z.B. drei Meter Abstand zum nächsten Haus, vorgeschriebene Wohnquadratmeter, Dachneigung und ähnliches, kannte man in Ostpreußen nicht. Das Land bot viel Platz und jeder Landeigentümer konnte auf seinem Grund und Boden nach Belieben bauen. Bauernhöfe wurden meist nach dem gleichen Grundriß angelegt. Am Kopfende das Wohnhaus, links und rechts in gebührendem Abstand zum Haus lagen die Wirtschaftsgebäude, Stall und Scheune.

Beim Wiehlerschen Hof befanden sich Stall und Scheune in ca. 30–40 Meter Entfernung vom Wohnhaus und in ungefähr gleichem Maße standen sich die Wirtschaftsgebäude gegenüber. In der Mitte lag ein großer, mit Kopfsteinen gepflasterter Hof. Die Zierde des Wiehlerschen Wohnhauses war eine geräumige, reich verzierte Holzveranda, die ausschließlich von Familie Tienert benutzt wurde. Vor der Veranda lag ein herrlicher Blumengarten, der, von einer hohen Hecke umgrenzt, an der Dorfstraße endete. Dieser Blumengarten führte seitlich ums Haus herum und ging hinter dem Haus, wo sich Haupteingang und Hof befanden, in eine kleine, gepflegte Rasenfläche über, die von Buchsbäumen eingefaßt war. Beidseitig des Hauseingangs standen zwei große, ausladende Bäume. Der kleine grüne Vorgarten, oder besser Hintergarten, weil er zum Hof hin lag, wurde durch einen etwa 2 Meter breiten Fußweg geteilt, der das Haus mit dem Hof verband. Unter einer dieser Grünflächen befand sich ein sehr massiver Gewölbekeller, wie für die Ewigkeit gebaut. Man ging ein paar Stufen ins Erdreich hinunter – alles stabil ausgemauert – und stand dann vor einer mächtig schweren Eichentür mit großem Schloß und riesigem Schlüssel. Neben der Tür war sogar ein kleines Fensterchen, ohne Scheiben, nur mit Eisengitterstäben. Dieser unterirdische Raum außerhalb des Hauses, in der Erde und sehr kalt, soll der Lebensmittelvorratsraum gewesen sein. Weil das Ganze so stabil und ausbruchsicher war, benutzten es die Russen als Gefängnis für die deutschen Frauen. Dieser Erdkeller, dieser Naturkühlschrank, war wohl einzigartig in Blöcken, jedenfalls habe ich keinen zweiten gesehen.

Eine weitere Besonderheit gab es auf dem Wiehlerschen Anwesen: einen herrlich gewachsenen, grünen Laubengang von der Dorfstraße zum Hauseingang. Wer zu Wiehlers wollte, ob mit der Kutsche oder zu Fuß, der mußte um das ganze Haus herum, da der Eingang an der rückwärtigen Hofseite war. Darum mußte man herunter von der Dorfstraße, in einen Seitenweg einbiegen, von dem es rechts ab auf den Wiehlerhof ging. Links lag der Hof von Rudolf Lange und geradeaus ging es weiter nach Brasdorf. Mit Pferd und Wagen war dies der Zugangsweg, für die Fußgänger jedoch hatte sich Familie Wiehler etwas besonders Schönes einfallen lassen. Gleich neben dem Blumengarten hatte man einen Laubengang angelegt, der von der Straße unmittelbar zum Haus führte. Man konnte auf diesem Weg direkt über die Veranda ins Haus gelangen, was sicher nur der Familie und Freunden vorbehalten war, oder aber kurz um die Ecke gehen, um schon vor der Haustür zu stehen. Das war eine wesentliche Wegverkürzung. Dieser Gang war zu beiden Seiten mit jungen Bäumen bepflanzt, die so geschnitten waren, daß es seitlich nur ganz kurze Äste gab, die Kronen jedoch über dem Kopf zu einem grünen Dach zusammenwuchsen, so daß es kaum hereinregnete. Er war wirklich sehr schön angelegt, leider aber für uns jetzt nicht mehr zu benutzen. Entlang des ganzen Ganges lag ein Kothaufen neben dem anderen. Wir konnten uns nicht vorstellen, daß diese von Deutschen stammten, denn jede Nacht wurden es mehr. Außerdem hatte wohl keiner von den Frauen – und von den Kindern schon gar nicht – solch eine Menge an Ausscheidungen. Zudem gehörte zu jedem Bauernhaus, in dem die Mütter mit ihren Kindern wohnten, ein Herzhäuschen.

Rechts vom Wiehlerschen Hof lag das Anwesen von Bauer Franz Krause. Es war ebenfalls ein schönes Haus, und zwar das einzige im Dorf, das noch eine Hauseingangstür hatte, weil sich hier die russische Komman-

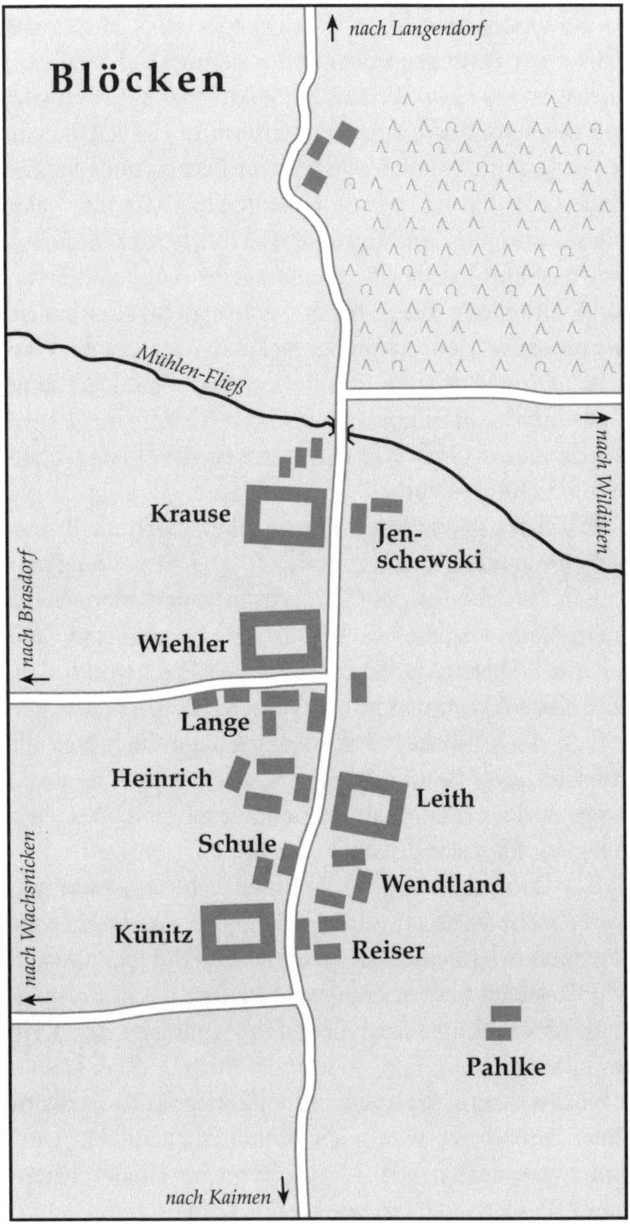
Blöcken
nach Langendorf
Mühlen-Fließ
nach Wilditten
Krause
Jen-
schewski
nach Brasdorf
Wiehler
Lange
Heinrich
Leith
Schule
Wendtland
nach Wachsnicken
Künitz
Reiser
Pahlke
nach Kaimen

dantur einquartiert hatte. Es muß dort ein Telefon gegeben haben, denn Kommandanturen ließen sich stets dort nieder, wo es einen Fernanschluß gab. Der Hausflur war, wie in allen anderen Bauernhäusern, in die ich hineinsehen konnte, mit schwarzweißen Platten gefließt. Die beiden Bauernhäuser Wiehler/Krause trennte eine Wiese, durch die ein Trampelpfad führte, der diese beiden großen Höfe auf bequeme Weise miteinander verband. Auf dieser Wiese befand sich jetzt ein Russengrab mit rotem Sowjetstern an der Stelle, wo auf unseren Gräbern ein Kreuz steht. Eingefaßt war dieser einsame Totenhügel von einem kleinen, weißen Holzzaun. Leider wurde dieses Grab von den russischen Soldaten überhaupt nicht gepflegt.

Wir hatten zwar erst Sommer 1945, doch die Brennnesseln standen schon zaunhoch. Der Hof von Franz Krause ließ anhand der Gebäude auf einen ehemals reichen Besitzer schließen. Die große Scheune stand nur noch als Skelett da. Fundament, alle Fachwerkbalken und das vollkommen unbeschädigte Ziegeldach waren jedoch noch erhalten. Allerdings fehlten auch hier alle verkleidenden Bretter. Wahrscheinlich waren sie abgerissen und als Brennmaterial benutzt worden. Das darin gelagerte Heu wurde natürlich naß.

Wir Deutschen waren auch hier nicht registriert und somit nicht existent, sondern lediglich Arbeitssklaven. Wir lebten hauptsächlich vom Hunger. Mein Gesicht war dreieckig geworden, davon konnte ich mich 1948, nach unserer Entlassung, überzeugen, als ich erstmals in einen Spiegel sah. Eine sehr breite Stirn und ein kleines schmales Kinn, dazwischen vorstehende Backenknochen. Am Körper waren alle Knochen zu sehen, Arme und Beine waren wie Stöcke, manche Kinder hatten einen Wasserbauch, so wie meine Schwester. Später, in den sechziger Jahren, gingen Bilder von Biafra-Kindern um die Welt, um Mitleid für diese unschuldigen Kinder zu erwecken. Dabei fielen mir die Kinder von Blöcken ein, zu denen ich auch einmal gehört hatte und von denen damals niemand Bilder veröffentlichte und die auch nicht mit irgendwelchen Lebensmittelsendungen rechnen konnten. Wir fühlten uns verlassen, vergessen, zur Strafarbeit verurteilt für einen Krieg, den wir nicht verschuldet hatten. Aber müssen nach Kriegen nicht immer vor allem Mütter und Kinder dafür büßen?

Da kein Deutscher außer Herrn Tienert damals mehr im Besitz einer Uhr war, durfte er das ganze Dorf wach trommeln. Dazu hatte man an einen der Bäume auf dem Wiehlerschen Hof eine kaputte Pflugschar gehängt, auf die Herr Tienert mit einem Eisenstab draufschlug.

Dieser aufdringliche Lärm war in der Totenstille, die im Dorf herrschte, unüberhörbar. Da jeder mit den Sachen, die er am Tag trug, auch schlafen mußte und es zum Frühstück nichts gab, dauerte es nie lange, bis alle Frauen auf dem Wiehler Hof zum Arbeitseinsatz versammelt waren. Wie spät es war, wußte niemand, aber es war immer dunkle Nacht, ob Sommer, ob Winter. Von einem jungen deutschen Mann namens Helmut Pleb, der russisch sprach, wurden zunächst die Namen der Frauen aufgeschrieben. Dieser Mann wurde im ganzen Ort von allen Deutschen gehaßt und gefürchtet, denn er war russenfreundlich und deutschfeindlich. Wann immer er nur konnte, verpetzte er Deutsche, die ein paar Karotten oder eine Handvoll Hafer mitgehen ließen, weil der Hunger sie dazu trieb. Wenn er alle aufgeschrieben hatte, mußten die Frauen in Regen, Sturm, Schnee oder sonstigem Unwetter so lange auf dem Hof warten, bis der Natschalnik aus der Kommandantur kam.

Der Natschalnik war der oberste Offizier, dem alles unterstellt war, die Deutschen, die fünf bis sechs russischen Soldaten, die Tiere und die Arbeit auf den Feldern. Er hatte das Kommando über alles. Unser Natschalnik hieß Staschina, und er war so böse und kaltherzig wie seine eiskalten Augen. Er schien noch nie gelacht zu haben und sein graues Gesicht war über und über mit Pockennarben übersät. Er kam meistens erst, wenn es draußen schon hell war, und er trug immer eine Peitsche bei sich. Ob er sie nur zur Einschüchterung bei sich hatte oder aber ob er jemals eine deutsche Frau damit geschlagen hatte, war nicht bekannt. Als Offizier trug er im Gegensatz zu den einfachen Soldaten nie ein Gewehr. Mit ihm besprach Helmut Pleb den Tageseinsatz. Bevor der Natschalnik wieder in der Kommandantur verschwand, schrie er noch ein wenig auf dem Hof herum, womit er wohl nur seine Machtposition demonstrieren wollte, denn von Feldarbeit hatte er keine Ahnung.

Nur wer jeden Morgen zur Arbeit angetreten war, zählte zu denen, die alle zehn Tage Lebensmittel in der Kommandantur bekamen. Sollte eine Mutter einmal einen Tag fehlen, weil eines ihrer Kinder krank oder gar gestorben war und sie es beerdigen mußte, dann erhielt sie für die anderen neun Tage keine Zuteilung. Jeder mußte zehn Tage hintereinander dagewesen sein oder es gab nichts. Es wurde auch nicht berücksichtigt, wie viele Kinder eine Frau zu ernähren hatte oder ob es sich vielleicht sogar um ein altes Elternpaar handelte, das nicht mehr arbeiten konnte. Nur die eine Person, die zur Arbeit antrat, erhielt zu essen. Die Menge der Zuteilung war so knapp, daß nicht einmal diese eine Person davon satt werden konnte, geschweige denn die Kinder. Sie bestand aus einem Viertel Komißbrot, einem Eßlöffel weiße Bohnen, einem Eßlöffel Zucker und einem Eßlöffel Fett (Margarine oder Schweineschmalz). Das war die ganze Zuteilung für zehn Tage Arbeit von Sonnenauf- bis Sonnenuntergang. Diese kleine Ration teilten wir mit Tante Schubert, wobei sie, zu Gunsten von uns Kindern, auf den Zucker verzichtete. Meine Schwester und ich bekamen eine Scheibe Brot, die mit Wasser angefeuchtet und mit Zucker bestreut wurde. Wohlgemerkt alle zehn Tage nur einmal! Den einen Eßlöffel Bohnen konnte man völlig vergessen. Es gab kein Mehl, keine Kartoffeln, nichts. Ohne eine andere, zusätzliche Art von Lebensmittelbeschaffung ging es also nicht – wenn man überleben wollte.

Die anderen Frauen, die seit der Kapitulation hier in Blöcken lebten, hatten schon genügend Erfahrung in der inoffiziellen Beschaffung von Nahrung. Meine Mutter knüpfte während der Arbeit erste Kontakte mit ihnen. Vorsichtig fragte sie, wie es denn hier mit der Verpflegung bestellt sei. Die meisten waren still, andere redeten sich undeutlich heraus, schließlich hatte jede von ihnen Angst vor den anderen. Aber von einer netten Frau namens Zernechel, einer dreifachen Mutter aus Wachsnieken, einem nahegelegenen Dorf bei Blöcken, erhielt meine Mutter Instruktionen.

Durch die tägliche Arbeit auf den Feldern wußten die Frauen natürlich, welches Feld »erntereif« war. Im Schutz der Dunkelheit der Nacht mußte man sich an ein Feld heranschleichen, immer alleine, nie zu zweit oder in einer Gruppe. So ein Unternehmen war nicht nur sehr schwierig, sondern auch äußerst gefährlich. Denn die Russen war vorbereitet auf so etwas und solche Felder, die nachts »beerntet« werden konnten, wurden von je einem Soldaten bewacht. Diese Felder waren unübersehbar weit, und eine Frau, die sich einem Feld näherte, wußte nicht, wo sich der Soldat befand, ob am anderen

Ende des Feldes oder vielleicht ganz in ihrer Nähe. Ersteres wünschte sich natürlich jede. Da alle russischen Menschen von großer Angst geprägt sind, egal ob Zivilist oder Militär, würde so ein Soldat in der stockfinsteren Nacht, in der er nichts sehen konnte, auf alles schießen, was sich bewegt oder Geräusche macht. Das war bekannt. Und angeschossen zu werden, war das schlimmste, was einer Mutter hätte passieren können. Für Deutsche gab es keine Hilfe. Sie hätten verbluten müssen und ihre Kinder wären verhungert. Also galt es, bis in unmittelbarer Nähe des Feldes zu gehen und ab dann auf Knien und Händen zu kriechen. »Geerntet« wurde nur im Liegen. Jede Frau hatte sich schon irgendwann einen Kartoffelsack gestohlen. Dieser wurde bis zur Hälfte gefüllt, denn mehr konnte keine nach Hause schleppen. Zu ernten gab es wechselweise Kartoffeln und Karotten oder auch nur Runkelrüben. Mit dieser Last mußte zurückgekrochen werden, auf allen vieren, bis man das Feld weit genug hinter sich wußte.

Wenn meine Mutter auf so einer nächtlichen Tour war, konnte ich nie schlafen. Still saß ich die ganze Zeit in unserer dunklen Kammer und betete. Angespannt hörte ich auf jedes Geräusch, das von draußen kam, ob nicht irgendwo ein Schuß fiel. Erst wenn ich meine Mutter ganz leise die Treppe heraufschleichen hörte – sie mußte ja immer barfuß gehen –, wurde ich innerlich ruhig. Die »Ware« kam unters Bett, und wir krochen noch schnell ein wenig in unser Strohlager, denn viel Zeit blieb nicht mehr, bis Herr Tienert zum Wecken trommelte. Meistens war es so, daß die Mütter zwei Nächte schlafen konnten und in der dritten wieder stehlen gehen mußten.

Nur wenige Frauen waren aus Königsberg wie wir. Es gab zwei ehemalige Lehrerinnen mittleren Alters, die in der spärlichen Freizeit oft über Landkarten saßen, die sie noch bei sich hatten und immer etwas suchten. Dann war da noch eine ganz junge Mutter mit einem kleinen Bübchen, die eine schöne, handgestrickte Jacke trug, um die ich sie sehr beneidete. Auch Frau Tunger mit ihrem kleinen, angenommenen Töchterchen, dessen Namen ich nicht mehr weiß, soll aus Königsberg gewesen sein. Weiter erinnere ich mich an eine Frau Mayer mit zwei großen Jungen, an Frau Domnik, die auch Jungen hatte, eine Frau Bagusch und an Frau Latzke, die ihre roten Haare in einem strengen Knoten zusammengefaßt trug und einen langen Rock bis fast zu den Knöcheln anhatte, womit es eine besondere Bewandtnis hatte. Sie mußte ihre alte Mutter und ihre beiden Jungen ernähren. Nicht zu vergessen Frau Zernechel mit ihren drei Kindern Gertrud, Alfred und Irmgard. Mit ihr arbeitete meine Mutter immer Seite an Seite auf den Feldern, wobei sie viel von ihr lernte.

Zernechels wohnten im Haus von Bauer Heinrich. Frau Zernechel trug ein besonders schweres Schicksal mit sich. Sie war mit ihren vier Kindern geflüchtet und hatte versucht, die beiden kleinsten, Irmgard und einen kleinen Buben, der krank war und Fieber hatte, in einer Mistschubkarre im tiefen Schnee vor sich herzuschieben, um auf diese Weise eine Fluchtstrecke von Hunderten von Kilometern zu bewältigen. Sie war eine ehemalige Instfrau, doch warum sie nicht mit dem Bauern geflüchtet war, für den sie gearbeitet hatte, wissen wir heute nicht mehr. Unterwegs verließen sie die Kräfte und sie verlor ihr kleinstes Kind auf der Flucht.

In der Dachkammer neben uns lebte ein altes Försterehepaar mit seiner unverheirateten, etwas älteren Tochter. Ich schätze, sie war damals zwischen dreißig und vierzig. Diese Familie hieß Stein. Der Förster und seine

Frau konnten nicht mehr zur Arbeit gehen, dafür waren sie schon zu alt. Der Mann hatte schneeweiße Haare und einen ordentlich geschnittenen, ebenfalls weißen Spitzbart. Nach wie vor trug er seine grüne Uniform und seinen Jägerhut, worüber sich die Russen ärgerten. Die Russen hatten etwas gegen Deutsche in Uniform, auch wenn es nur die eines Försters war. Die alten Herrschaften vertrauten meiner Mutter einmal an, daß sie ihr ganzes Silber und ihr gutes Tafelgeschirr im Garten des Forsthauses vergraben hätten, weil sie davon überzeugt seien, daß sie eines Tages wieder zurück könnten. Das Gesicht der Tochter ist mir noch gut in Erinnerung. Sie hatte eine große, fleischige Nase, dazu einen fast lippenlosen Mund und eine viel zu breite Kinnpartie. Sie war das große Schweigen in Person. In den ganzen drei Jahren habe ich sie nicht ein einziges Mal sprechen gehört – auch nicht mit meiner Mutter, mit der sie ja auf dem Feld zusammen war. Sie war zur Arbeit verpflichtet und mußte mit den mageren Lebensmitteln sich und ihre Eltern durchbringen.

Im Haus links vom Wiehler Hof, dem ehemaligen Besitz von Bauer Rudolf Lange, befanden sich unter dem Dach des Wohnhauses ebenfalls zwei kleine Kammern. Sie waren viel kleiner als die, in der wir wohnten, auch war der Vorboden eng und dunkel. Links wohnte ein alleinstehender Mann mit seinem kleinen Sohn, dessen Namen ich nicht mehr weiß. In der rechten Kammer lebte eine Frau Herrmann mit ihrer alten Mutter und ihrer Tochter. Das Mädchen hieß Ruth und war ein sehr hübsches Kind von etwa 14 oder 15 Jahren, hatte naturgelocktes, blondes Haar und lange Zöpfe. Die meiste Zeit mußte das arme Kind im Bett bleiben, denn sie hatte, wie der Mann in der Dachkammer nebenan, Tuberkulose. Frau Herrmann ging immer fleißig arbeiten und nachts stehlen, um ihr krankes Kind durchzubringen. Aber Milch und Butter, das einzige, was ihrer Tochter hätte helfen können, gab es in ganz Blöcken nicht, weil die Kühe fehlten. Sie konnte allenfalls Kartoffeln, Karotten oder Runkelrüben von ihren nächtlichen Touren heimbringen, wie meine Mutter und die anderen Frauen auch.

Weiter erinnere ich mich noch an eine Frau, die über ihre abfaulende Nase immer einen Schal gebunden trug. Nichts gegen diese Frau, sie war nett und freundlich, aber ausgerechnet sie wollte mich haben. Über meine Schwester und mich waren nämlich schon die Würfel gefallen. Während der Feldarbeit besprachen die Frauen, wer welches Kind übernehmen würde, wenn meine Mutter sterben sollte. Solches war damals ja an der Tagesordnung, und darum war es wichtig, daß die Frauen den Tatsachen ins Auge sahen und noch bei Lebzeiten ihre Kinder aufteilten.

Ich habe mich, zum Ärger meiner Mutter, immer sehr schnell vor unästhetischen Anblicken oder unangenehmen Gerüchen geekelt. Mein Magen verschloß sich, ich konnte nichts aufnehmen, so ist es heute noch. Darum hätte ich bei dieser Frau nicht lange überlebt. Es gab noch drei oder vier andere Frauen, deren Namen ich nicht mehr weiß. Eine Handvoll halb verhungerter Menschen, die dem Kriegsinferno entkommen waren, hatte das Schicksal hier nach Blöcken verschlagen. Menschen, die als verschollen galten. Ein unsagbar hartes Leben kam auf uns zu, mit Lebensbedingungen wie in der Urzeit.

Ich konnte mich als ehemals wohlbehütetes Stadtkind, eingebettet in Harmonie, Frieden, Liebe und Wohlstand, nur schwer mit den primitiven Verhältnissen, mit denen wir täglich konfrontiert waren, vertraut machen.

Aber ich lernte bald, alles mit Ernsthaftigkeit und Geduld zu ertragen – wie ein gefangenes Tier wurde ich angesichts der ausweglosen Situation jedoch apathisch, traurig und mutlos. Das Lachen war schon längst aus meiner Seele gewichen, und zu der täglichen Angst kamen jetzt auch noch die Tränen, Tränen der Verzweiflung, Tränen des »Nicht-Verstehens«. In Königsberg hatten mich alle Menschen, mit denen ich zusammen kam, dahingehend erzogen: »Wer Böses tut, muß auch Böses erleiden.« Also mußte man gut sein, um gut behandelt zu werden. Das hatte sich fest in meinen Kinderkopf eingeprägt. Um so weniger verstand ich das Leben, das ich jetzt leben mußte. Ich konnte einfach nicht begreifen, warum ich soviel Elend erleben und ertragen mußte – ich war doch nie böse gewesen.

Nachdem Herr Tienert mit seinem eisernen Trommellärm das ganze Dorf geweckt hatte und die Frauen sich nach und nach frierend, hungrig und zum Teil barfuß, wie meine Mutter, auf dem Hof eingefunden hatten, wurde es nach einer gewissen Zeit immer recht laut dort. Eine russische Männerstimme mit strengem Kommandoton – ich kannte sie schon von Königsberg –, drang bis hinauf zu mir in unsere Dachkammer, wo ich wach im Strohbett lag. Weil ich nichts verstehen konnte und sich alles so furchtbar hart anhörte, bekam ich immer so große Angst, daß ich zitterte. Angst, daß gleich alle Frauen erschossen werden sollten. In Wirklichkeit waren das, so erzählte meine Mutter am Abend, um mich für den nächsten Tag zu beruhigen, die Einsatzbefehle für den Tag. Trotzdem ergriff die Angst mich jeden Tag aufs neue.

Es gab unter den russischen Soldaten auch einen besonders gutmütigen. Er sprach ein wenig Deutsch, hinkte etwas und war zwischen vierzig und fünfzig Jahre alt. Warum hatte man ihn mit seiner Gehbehinderung überhaupt noch zum Militär eingezogen? Er suchte immer Gelegenheiten, um mit deutschen Frauen oder Kindern ins Gespräch zu kommen. Einmal erzählte er, daß er gelernter Schmied sei und gerne wieder »B doma« (nach Hause) gehen möchte. Der Krieg sei doch nun schon vorbei. Ihn brauchte gottlob keine Frau zu fürchten.

Meistens, zumindest im ersten Jahr, wurden die Frauen für eines der Felder in unmittelbarer Nähe von Blöcken eingeteilt. Wenn Rüben oder Pferdekarotten gehackt werden mußten, bekam sogar jede eine Hacke, obwohl es sonst keine Landwerkzeuge gab. Manchmal wurden sie in zwei Gruppen eingeteilt, wobei ein Teil nach Kaimen oder Louisenfelde marschieren mußte, um dort mit anderen Frauen aus anderen Dörfern irgendeine größere Arbeit zu verrichten, beispielsweise Getreide umschaufeln, Tomaten pflanzen oder Kausta (Kohl) mit den Füßen in großen Silos einstampfen. Diese Zusammenkunft mit den anderen Frauen war der einzige Kontakt nach draußen und diente zugleich der Nachrichtenübermittlung. Man erfuhr davon, wie es außerhalb Blöckens zuging und wie viele Deutsche noch in anderen Ortschaften lebten. Die abschließende Frage war immer die gleiche: »Glauben Sie, daß wir raus kommen?«

Wenn bekannt gegeben worden war, zu welcher Arbeit man eingeteilt war, kam meine Mutter schnell noch einmal nach oben in die Kammer, um Tante Schubert, die zur gleichen Zeit mit ihr aufgestanden war, mitzuteilen, wo sie sich am heutigen Tag befinden würde. Dies zu wissen war sehr wichtig. Gearbeitet wurde von frühmorgens bis Sonnenuntergang, mit einer Stunde Unterbrechung zur Mittagszeit, um zu essen, wie es offiziell hieß. Sie erhielten indes von den neuen Arbeitgebern nichts zu essen, und eine Marschverpflegung hatte auch niemand mitgenommen, weil man nichts hatte. Wurde außerhalb Blöckens gearbeitet, war ein Heimkommen zur Mittagszeit unmöglich, denn die Entfernung von Kaimen nach Blöcken betrug rund zehn Kilometer. Dann mußten die Frauen den ganzen Tag ohne Nahrung arbeiten, und meine Mutter wurde oft nach außerhalb eingeteilt. Mittags schnell nach Hause laufen konnte sie nur, wenn rings um Blöcken gearbeitet wurde. Daß zur Mittagszeit eine warme Wassersuppe fertig war, dafür waren Tante Schubert und ich zuständig.

Wenn meine Mutter abends staubig und erschöpft von der Arbeit nach Hause kam, gab es zwei Möglichkeiten, wie der Abend bzw. die Nacht weiter verlief. Blieb sie daheim, holte ich Wasser aus dem Brunnen und wusch ihr die Füße, weil sie sich vor Müdigkeit kaum noch rühren konnte. Mußte sie Lebensmittel stehlen gehen, blieb sie so lange sitzen, bis es draußen stockdunkel war. Dann trat sie ihren einsamen und gefährlichen Weg an, barfuß, mit einer gefundenen, viel zu großen deutschen Soldatenjacke, die sie täglich trug, und einem zusammengerollten leeren Kartoffelsack unter dem Arm. Handelte es sich um eine sternklare Nacht, so war es doppelt gefahrvoll, denn man wußte nicht, wo sich der Russe zur Bewachung versteckt hatte. Sicher aber so, daß er nicht gesehen werden konnte, selbst aber einen »Feind« sehr bald sichtete.

Von den Lebensmitteln, Kartoffeln, Karotten oder auch nur Rüben, die unter dem Bett gelagert wurden, kochte Tante Schubert täglich eine Wassersuppe, bis alles aufgebraucht war und es wieder Zeit wurde für meine Mutter zu gehen. Wenn ich während solcher

Klautouren wach und betend in der dunklen Dachkammer saß – Tante Schubert ermahnte mich immer, ins Bett zu gehen –, dann spielte mir mein Gehör durch die angespannten Nerven oft einen Streich. War da nicht eben ein Schuß zu hören gewesen? Oder Stimmen? Normalerweise sagten doch die Russen erst »Stoi« (stehenbleiben), bevor sie schossen. Aber auf solchen Entfernungen hätte ich ganz sicher kein Wort gehört. Es blieb mir nichts anderes übrig, als voller Angst weiter zu beten. Wenn dann meine Mutter schwer atmend, ganz leise – damit die anderen Deutschen nur nichts merkten – und total erschöpft die Dachkammer betrat, lösten sich Angst, Anspannung und Verkrampfung. Solche Nächte schadeten der Gesundheit meiner schwer herzkranken Mutter sehr. Daß sie ein krankes Herz hatte seit dem Typhus, darüber gab es keine Zweifel, denn sie hatte täglich Schmerzen in der Herzgegend.

Die Kocherei war eine sehr komplizierte Sache. Jeder wußte, daß es alle zehn Tage zur Lebensmittelausgabe nichts gab, was man hätte kochen können. So war offensichtlich, daß, wo gekocht wurde, nachts geklaut worden war. Die Mütter, die Kinder zu ernähren hatten, wußten voneinander und schwiegen. Es gab aber auch andere Deutsche, die zur Gegenseite tendierten, vor denen mußte man sich höllisch in acht nehmen. Solche Menschen waren bald erkannt. Sie nahmen bewußt Stellung gegen ihre Landsleute und für die Sieger.

Wir hatten ausgerechnet das Pech, mit Familie Tienert im gleichen Haus zu wohnen. Die hatten immer gutes Essen und brauchten nachts auch nicht klauen zu gehen. Uns war zum Kochen die große Küche des einstmals herrschaftlichen Bauernhauses angewiesen worden. Es klang fast wie Hohn. Womit sollten wir das wohl tun? Wir besaßen bei unserer Ankunft keinen Kochtopf oder sonst irgendein Küchengerät. Jeder hatte von Herrn Tienert eine Blechschüssel erhalten, die zum Essen und zum Trinken diente. Besteck gab es ebenfalls nicht. Im Wiehlerschen Haus befand sich die Küche unten links, gleich wenn man das Haus betrat. Sie war so groß, wie kein Wohnzimmer in heutigen Neubauten ist. An einer Wand befand sich ein großer gemauerter Herd mit vielen Kochstellen, die mit schwarzen Eisenringen zugedeckt waren, so wie es damals bei ländlichen Herden üblich war. Ein großes Fenster zeigte zum Hof, der Fußboden war, wie der Hausflur, weiß-schwarz gefliest. Am Ende der Küche führte eine Tür in einen kleinen Raum. Die breiten, braunen Regale an der linken Wand und das Fliegengitter vor dem kleinen Fenster deuteten auf eine ehemalige Speisekammer hin.

Oft stand ich in diesem leeren, stillen, verlassenen Raum, in dem es jetzt außer dem Herd nichts mehr gab. Nicht einmal eine Fliege summte herum. Was hätte sie auch hier gesucht? Es gab ja keinen Krümel. Ich stellte mir immer vor, was für ein Leben und Treiben es hier drin gegeben haben mußte, in dieser großen Küche, in der man hätte tanzen können. Die vielen Leute, die auf so einem großen Bauernhof beschäftigt gewesen waren, für die gekocht werden mußte und die in dieser Küche zu Tisch gegangen waren. Ich hatte den Bauernhof von Almenhausen, wo wir im Jahr zuvor evakuiert worden waren, noch gut in Erinnerung und wußte, wieviel Arbeit es ständig auf so einem Hof gab. Und dieser Hof war viel, viel größer. Beim Bauer Heinrich hatten über den ganzen Tag immer dampfende Töpfe auf dem Herd gestanden. Die Küche hier, im Wiehlerschen Haus, muß der Raum gewesen sein, in dem den ganzen Tag über am meisten Leben geherrscht haben mußte. Wenn ich diese Küche betrat, um die

Stille auf mich wirken zu lassen und an die Menschen zu denken, die ich nie gekannt hatte, dann ließ ich die Tür stets offen, weil so viel Ruhe beängstigend war und ich das Gefühl hatte, die Wände würden zu mir sprechen.

Als wir die Dachkammer zugewiesen bekommen hatten, wo es weder einen Ofen noch einen Herd gab, hatte meine Mutter sofort erkannt, daß durch diesen Raum der Schornstein führte und sie sagte: »Hier baue ich einen Herd.« Tante Schubert und ich sahen sie fragend an. Noch nie hatte ich meine Mutter einen Herd oder ähnliches bauen sehen. Konnte sie so etwas überhaupt, fragte ich mich. Doch das Schicksal geht manchmal seltsame Wege. In den ersten drei Jahren ihrer kinderlosen Ehe hatte meine Mutter sich manchmal, nur so aus Langeweile, Pläne angesehen, die auf dem Schreibtisch meines Vaters lagen. Pläne, wie ein Ofen gebaut werden mußte und der Abzug zu funktionieren hatte, nicht ahnend, daß ihr dieses zufällig angeeignete Wissen einmal von großem Nutzen sein sollte.

Nachdem wir die erste Nacht in unserem neuen Quartier ohne nächtliche Belästigung gut überstanden hatten, entschied meine Mutter, daß Tante Schubert mit meiner Schwester zu Hause bleiben sollte und sie mit mir in die umliegenden, leeren Dörfer auf die Suche nach einer Herdplatte gehen würde. Unterwegs aßen wir Himbeeren, Stachel- und Johannisbeeren aus den schönen, einsamen Gärten und konnten sogar noch einige in meinem blauen Leinenkleidchen mit nach Hause bringen. Nach stundenlangem Suchen fanden wir endlich, ich weiß heute nicht mehr, ob es in Schwesternhof oder Brasdorf war, in einem Haus einen kleinen Herd mit nur zwei Kochlöchern, so wie wir es brauchten, und natürlich auch das Ofenrohr. Beides riß meine Mutter heraus.

Ich trug das Rohr und sie die Eisenplatte mit den schweren Ringen, mit denen damals ein Kochloch vergrößert oder verkleinert werden konnte. In Blöcken angekommen, ging es sofort an die Arbeit.

Auf dem Nachbargehöft, dem von Rudolf Lange, das durch den Landweg, der nach Brasdorf führte, vom Wiehlerhof getrennt war, stand die einzige Kriegsruine des Dorfes. Es muß ein Stall gewesen sein, und zwar kein alter, denn die herumliegenden Ziegel waren recht neu. Meine Mutter ordnete an, daß Tante Schubert und ich Ziegel herantragen sollten, während sie den restlichen Lehm abklopfte, ihn mit Erde in einem Eimer mit Wasser verrührte und begann, ihren ersten Herd zu bauen. Die Herdöffnung mußte recht tief sein, damit der schwere, gußeiserne, schwarze Kochtopf, den wir auf einem Misthaufen gefunden hatten und der zur Hälfte im Feuer hängen mußte, im Feuerloch Platz hatte. Ein Türchen für das Feuerloch hatten wir nicht, doch war das auch nicht weiter schlimm, denn der Herd war gleichzeitig auch Ofen und die ausströmende Wärme war uns nur willkommen. Mutter legte Ziegel auf Ziegel, verschmierte sie mit Lehm und Erde, nahm Augenmaß an der Herdplatte und dann kam der wichtige Moment, wo das Ofenrohr richtig hineingearbeitet werden mußte. Mit Hilfe einer verbogenen Eisenstange als Meißel, die sie in der Stallruine gefunden hatte, und einem großen Stein als Hammer, schlug sie ein Loch in den Schornstein – für das Ofenrohr. Bis zum Abend stand der Herd. Das zweite Kochloch wurde mit den Eisenringen geschlossen, der schwere Topf unten im Hof mit Sand ausgescheuert und kochbereit gemacht, obwohl wir an diesem ersten Tag in Blöcken noch keine Lebensmittel besaßen, die wir hätten kochen können. Das Bauwerk konnte also in Ruhe trocknen.

Am zweiten Tag hat meine Mutter, wie schon berichtet, erstmals die Arbeit angetreten. An diesem erzwungenen Arbeitsdienst sollte sich für die nächsten drei Jahre auch nichts ändern. Tante Schubert wollte freiwillig über Land gehen und versuchen, russische Zivilisten zu finden, um von denen etwas Essen zu erbetteln. Ich mußte derweil Brennesseln sammeln gehen, unser »Gemüse« für die nächsten drei Jahre. Meine dreijährige Schwester mußte alleine bleiben. So fing für uns drei frühmorgens die Arbeit an. Wenn draußen die schwarze Nacht in ein Grau überging, verließen auch Tante Schubert und ich, mit getrennten Zielen, unsere Dachkammer. Ich fror, denn ich hatte ja nur mein einziges Sommerkleidchen an und war zudem barfuß.

Das größte Blechschüsselchen – es befindet sich noch heute als Andenken in unserem Besitz – nahm ich mit und bemühte mich, besagtes Unkraut zu finden. Ich mußte es mit den bloßen Händen pflücken. Unterdessen war der dritte Tag angebrochen, ohne daß wir etwas gegessen hatten. Bald merkte ich, daß es im ganzen Dorf Blöcken kaum eine Brennessel mehr gab. Die anderen Kinder mußten anscheinend schon geerntet haben, da dies die einzig vorhandenen Vitamine waren. Immer weiter mußte ich mich vom Dorf entfernen, wobei die Angst mehr und mehr wuchs. Angst, einem russischen Soldaten zu begegnen, obwohl sie uns längst nichts mehr taten, aber ich konnte mich einfach nicht an ihr Schießgewehr gewöhnen. Automatisch dachte ich dabei an den Tod.

Meine »Reviere« wurden Schwesternhof und Brasdorf. Auf dem Weg dorthin erlebte ich meistens den Sonnenaufgang. Das war der einzige Moment, an dem ich kurz stehen blieb. Der Aufgang der Sonne, das Größerwerden der roten Kugel am Horizont, faszinierte mich täglich neu. Aber die Sonne erfüllte auch bald einen anderen, sehr wichtigen Zweck: Sie wurde meine Uhr. Sehr schnell lernte ich meine Arbeit danach einzuteilen. Mit dem Erscheinen der Sonne begann für mich der Arbeitstag und die genaue Einhaltung der Arbeit und der Tageszeit. Von Stunden und Minuten wußte ich noch nichts, denn man hatte mir als Fünfjährige in Königsberg das Lesen der Uhr noch nicht beigebracht. So lernte ich die Uhrzeit wie die Menschen der Urzeit. Je schräger die Sonne auf mich schien, um so mehr Zeit hatte ich noch. Je steiler sie stand, um so weniger Zeit blieb mir, denn wenn sie senkrecht über mir im Zenit stand, dann war Mittagszeit und ich hatte zu Hause zu sein. So mußte ich mich rechtzeitig auf den Heimweg machen, solange sie noch schräg stand. Das hatte ich bald herausgefunden.

Mit meinen sechs Jahren hatte ich die veränderte Lebenssituation voll erfaßt. Es gab nur noch einen Gedanken: überleben. Es gab keine Gedanken mehr an Spiel, Spaß, Frohsinn, Lachen oder Freizeitgestaltung, all das, was bei den heutigen Kindern einen so großen Stellenwert einnimmt. Das war alles in mir ausgelöscht. Wie von der Hand eines bösen Zauberers, hatte mich das Leben von einem auf den anderen Tag aus dem Paradies gerissen, um mich direkt in die Hölle zu werfen. Ohne Übergang einer Entwicklungsstufe von der Kindheit zum Erwachsenensein mußte ich das Leben in seiner ganzen blutigen und gnadenlosen Grausamkeit erleben und durchleben. Ich litt still in mich hinein, ohne ein Wort des Schmerzes und der Klage. Wem hätte ich auch etwas vorweinen sollen? Die Tränen gehörten mir ganz allein. Zum Beispiel, wenn ich die Brennesseln mit bloßen Händen pflücken mußte und meine Hände voller Brandbeulen waren – und das jeden Tag. Oder wenn meine Füße von der harten, ausgetrockneten Erde aufgerissen waren, mein Rücken schmerzte und der Durst mich quälte. Das waren einige der vielen kleinen und großen Leiden, die ab jetzt zu meinem »normalen« Tagesablauf gehörten.

Nach unserem ersten Arbeitstag fanden wir uns alle gegen Abend zu Hause in Blöcken ein. Ich hatte mich tagsüber von Beeren ernährt. Tante Schubert dagegen hatte nicht einen Krümel Lebensmittel, obwohl auch sie den ganzen Tag unterwegs gewesen war. Sie erzählte, daß sie in einigen Dörfern vereinzelt russische Familien angetroffen hatte, die genauso arm waren wie wir. Sie saßen in leeren Häusern auf den blanken Dielen, waren traurig und weinten. Mit wenigen deutschen Worten und den Händen habe man versucht, ihr zu erklären, daß sie zu Hause alles hatten, Bett, Tisch, Stuhl und viel zu essen. Aber sie mußten schnell fort, alles stehenlassen und wurden zwangsumgesiedelt. In ihrer Heimat hatte man ihnen von einem reichen Land erzählt mit vollen Häusern, Ställen und Scheunen voller Getreide, daß sie sich an einen reich gedeckten Tisch setzen könnten. Das wäre noch nicht einmal gelogen gewesen, es entsprach der Wirklichkeit in Ostpreußen – bis zum Ende des Krieges. Anscheinend hatte es aber wieder einmal keine Absprache unter den kommandierenden Kräften gegeben. So wußte man in Moskau sicher nicht, daß in Ostpreußen ein ganz anderer Befehl ergangen war, nämlich alles zu räumen und zum Abtransport in die UdSSR bereitzustellen. So gingen Möbel, der gesamte Haushalt, landwirtschaftliche Maschinen, Vieh und Getreide nach Rußland, während russische Familien ohne irgend etwas nach Ostpreußen kamen.

Eine Frau hatte einen Kochtopf voll kaltem Kascha, man griff mit den bloßen Händen rein, um ihr eine Handvoll zu geben, die Tante Schubert verständlicherweise gleich aufaß, denn schließlich hatte auch sie drei Tage schon nichts mehr zu essen gehabt. Also ging meine Mutter nach ihrem ersten Arbeits- und dem dritten Hungertag, von dem sie todmüde heimgekommen war, nach Einbruch der Dunkelheit auf ihre erste lebensgefährliche Hamstertour. Noch in der gleichen Nacht kochte Tante Schubert einen großen Topf Pellkartoffeln, die es, noch warm, zum Frühstück gab. Erstmals wieder ein Frühstück seit der Zeit vor der Flucht in Königsberg. Nie mehr haben Pellkartoffeln so gut geschmeckt wie in dieser Nacht. Auch der Herd hatte funktioniert. Der Rauch kam nicht ins Zimmer, sondern hatte den richtigen Weg durch den Schornstein genommen. Eine Meisterleistung meiner Mutter, die nie zuvor etwas Ähnliches gebaut hatte.

Der kommende Tag verlief nicht viel anders. Im Morgengrauen machte Tante Schubert sich erneut auf den Weg zu unserem »Arbeitseinsatz«, mit dem Unterschied, daß wir an diesem Tag mittags zurück sein mußten, denn Tante Schubert wollte eine Kartoffelsuppe kochen und meine Brennesseln sollten zur Verfeinerung als Gemüseeinlage mit in den Topf. Bis meine Mutter zu ihrer ersten Mittagspause heimkam, mußte alles fertig sein. Vor Freude auf das zu erwartende erste Mittagessen beeilte ich mich mit dem Füllen meines Schüsselchens und spürte meine brennenden Hände und die wunden, schmerzenden Füße kaum. Ich mußte rechtzeitig, vor dem Eintreffen meiner Mutter, zu Hause sein, damit mein Gemüse noch in den Topf kam. Tante Schubert war schon tüchtig mit der Kocherei beschäftigt, wobei sie mit einem Stück Holz, welches ihr als Rührlöffel diente, die kochenden Kartoffeln im Topf bewegte, damit sie nicht ansetzten. Meine mitgebrachten Brennesseln wusch sie und fügte sie der Suppe bei.

Während des Essens erzählte Tante Schubert, daß sie abermals auf ihrer Betteltour nichts bekommen hatte.

Meine Mutter bestimmte, daß Tante Schubert nicht mehr betteln gehen sollte. Sie selbst ging ja arbeiten und würde weiterhin nachts Lebensmittel beschaffen. Tante Schubert sollte kochen und mir bei der Holzsuche behilflich sein. Von jeder Sammeltour mußte ich nämlich ein Stück Holz mitbringen, und das war eine schwierige Angelegenheit. Holz war damals Gold wert. Alles, was aus Holz war, wie Zäune, Türen, Dielen und Balken aus unbewohnten Häusern und Scheunen, hatten andere Wahlblöckener, meistens die etwas größeren Jungen, schon abmontiert und verheizt. Mir blieb darum nur, nach Bäumen Ausschau zu halten, von denen ich einen Ast abbrechen konnte. Holz mußte auf jeden Fall mitgebracht werden. Ohne Feuer gab es kein Essen.

Am Nachmittag war ich, wie ab jetzt immer, mit meinem Schüsselchen unterwegs, aber nun um Beeren zu suchen. Auch diese Wege mußte ich alleine gehen. Es wäre unmöglich gewesen, ein anderes Kind mitzunehmen, was zwar größeren Schutz bedeutet hätte, nicht aber ein volles Schüsselchen. Jedes einzelne Kind kämpfte um Obst, um Johannisbeer-, Stachelbeer- und Himbeersträucher. Jeder wollte und mußte der erste »Ernter« sein, und dazu mußte man eben alleine gehen und das auch noch möglichst in aller Frühe. So befand ich mich dauernd in einem Lern- und Arbeitsprozeß nach den Gesetzen der Steinzeitmenschen. Mein »Lernprogramm« umfaßte folgendes: Lernen der Uhrzeit nach dem Stand der Sonne, das Erklettern von Bäumen, um Früchte herunter zu holen, sowie die Bestimmung zusätzlicher »Gemüsekräuter« wie Melde und Sauerampfer, denn auch die mußten gesammelt werden. Zudem lernte ich, bei Geräuschen von Pferdehufen, die in dieser Ewigkeitsstille früher zu hören als zu sehen waren, mich sofort flach auf den Boden zu legen, denn es konnte sich nur um einen russischen Reiter handeln. Zu meinen schmerzenden, wunden Füßen kamen jetzt noch aufgerissene Schienbeine und Waden hinzu, die ich mir beim Erklettern von Bäumen holte. Das Finden von Beeren oder Baumfrüchten in Schwesternhof oder Brasdorf wurde immer schwieriger. An manchen Nachmittagen brachte ich nichts außer ein Stück Holz heim.

Einmal glaubte ich, das große Glück gefunden zu haben. In Brasdorf, mitten auf der Dorfstraße, lag ein Baumstamm ohne Äste und Wurzeln. Er mußte von einem Lastwagen, der Holz transportierte, heruntergefallen sein. Er war nicht dick, dafür aber sehr lang. Mein Herz schlug höher beim Anblick von so viel Holz. Ich war fest entschlossen, ihn mitzunehmen. Das eine Ende klemmte ich mir unter einen Arm und so zog ich ihn. Noch bevor ich Brasdorf verlassen hatte, merkte ich, wie die Kräfte mich verließen, und ich mußte den Stamm am Wegrand ablegen. Erst einmal setzte ich mich darauf und weinte, weinte vor Enttäuschung über meine fehlende Kraft. Doch als ich meinen Kummer ausgeweint hatte, setzte ich meinen Weg nach Blöcken fort.

In der Landwirtschaft kam die Erntezeit, und meine Mutter wurde, wie alle anderen Frauen auch, zur Getreideernte eingesetzt. Rings um Blöcken waren alle Felder erntereif. Goldgelbes Korn so weit man sehen konnte. Es war noch von deutschen Bauern gesät worden und hatte Halme, die so hoch waren wie meine Mutter, mit Ähren, so dick und schwer, daß sie abzubrechen drohten. Nie wieder danach haben wir irgendwo anders so hohe Getreidehalme gesehen. Auf meinen täglichen Sammlerwegen war ich durch das hohe Getreide fast eingerahmt und spürte das Brennen der Sonne doppelt so stark. Ich sah auch die vielen Korn- und Mohnblumen, die ich, wenn ich mich bei meinen Großeltern in Hindenburg aufgehalten hatte, immer gern gepflückt und einen schönen Strauß daraus gemacht hatte. Jetzt, in unserer Gefangenschaft, nahm ich nicht eine einzige Blume mit, wofür auch? Eine Vase oder ein ähnliches Gefäß besaß niemand, auch stand uns der Sinn nicht nach Blumen, nur nach Freiheit, nach Erlösung.

Auf den Feldern wurde so geerntet, daß eine Maschine, die die russische Armee noch nicht zum Abtransport in die UdSSR vorgemerkt hatte, das Korn schnitt, und die Frauen hinterhergingen und die Ähren zu Bündeln zusammenbanden. Zu jedem Arbeitseinsatz war ein Soldat, natürlich mit Gewehr, zur Bewachung der Frauen eingesetzt – wie bei Strafgefangenen. In diesem Fall war es schon kurios. Wer sollte hier flüchten? Auf diese Frauen warteten hungrige Kinder. Außerdem, wohin hätte man laufen sollen? Ganz Ostpreußen war für uns Deutsche ein einziges großes, unüberwindbares Gefängnis. Weg wollte man nur »ins Reich«, wie die Frauen immer zu sagen pflegten. Untereinander gab es nur zwei Themen: Ernährung und Rauskommen. Aber davon war von russischer Seite keine Rede. Der wachhabende Soldat erkannte diese sinnlose Aufsicht und legte sich an den Rand des Feldes, möglichst in den Schatten eines Baumes, um zu schlafen. Er ließ sich nur zu Beginn der Mittagspause oder zum Feierabend sehen. Während dieser Zeit war es den Frauen möglich, erfolgreich in eigener Sache zu ernten.

Frau Latzke hatte in ihren langen, weiten Rock, innen oberhalb des Saums, eine große Tasche genäht und die anderen Frauen machten es ihr nach. Schnell wurden Ähren in den Händen zerrieben oder mit den Füßen zertreten, die Schlauben weggeblasen und schon wanderte eine Handvoll Körner in irgendeine Tasche der Frauen. Es durfte nur nicht nach außen sichtbar werden, etwa in einer Beule. Diese mitgebrachten Körner brachten ein wenig Abwechslung auf unseren »Speisezettel«. Am nächsten Tag war Tante Schubert damit beschäftigt, diesen Weizen, Roggen oder Hafer weiterzuverarbeiten.

Wir waren unerwartet zu Reichtum gekommen, nämlich zu einer Axt. Woher wir sie hatten, weiß heute niemand mehr. Eine Axt zu besitzen war so viel wert wie ein Buschmesser im Urwald. Sie trug damals wesentlich zur Erhöhung der Überlebenschance bei. Mit einer Axt konnte man Äste von Bäumen abschlagen, wo die Kraft von Händen nicht ausreichte. Mit Holz hatte man Feuer und damit nicht nur Wärme, sondern die Möglichkeit, eine warme Suppe zu kochen, auch wenn sie nur aus Wasser und Kartoffeln bestand. Und auch jetzt kam die Axt zum nützlichen Einsatz, denn mit ihrer Hilfe wurden die Körner klein gestoßen.

Tante Schubert band dazu die Körner in ein Tuch, versteckte das Bündel irgendwo an ihrem Körper in der Kleidung, nahm die Axt und verließ Blöcken. Sie ging so weit, daß sie vom Dorf aus nicht mehr gesehen werden konnte. Schließlich wußte man nicht, wem man von den Alten, die nicht zur Arbeit antreten konnten, trauen durfte, wer zuverlässig war oder wer uns verraten hätte. Draußen in der Einsamkeit suchte sie nach einem Stein, auf den sie das Kornbündel legte. Dann schlug sie mit der stumpfen Seite der Axt darauf, um den Inhalt zu zerkleinern, zu spalten, um die Körner etwas mehlig zu machen. Eine Mühle, und sei es nur eine Kaffeemühle, gab es nicht. Man mußte sich der primitivsten Mittel bedienen. Wenn sie genügend zerquetscht waren, trat Tante Schubert ihren Heimweg an, um die Körner in unserer Dachkammerküche zu verarbeiten. Ich war wie immer und bei jedem Wetter nach Brennesseln und Melde unterwegs.

Je nach Körnermenge wurde der »Küchenzettel« aufgestellt. War es eine kleine Menge, wurde daraus – nur mit Wasser und ohne Salz – eine Suppe gekocht, genannt Schlunz. Gab es noch einen kleinen Überschuß, dann vermengte Tante Schubert die zerquetschten Körner mit Wasser und meinen zuvor abgekochten Brennnesseln, formte flache, runde Küchlein wie die heutigen »Hamburger« und legte diese zum Garen auf die heiße Herdplatte, solange die Suppe, unter ständigem Rühren mit dem Holzstück, gekocht wurde. Diese Dinger hießen Plietschke und trugen zur besseren Sättigung bei. Diese Mehlspeise, so einfach sie sich anhört, war damals so etwas wie eine Delikatesse, auch wenn das für den heutigen Geschmack unmöglich erscheint. Man muß bedenken, daß wir schon Hochsommer 1945 hatten und seit Januar fast nur Hunger kannten. Mehrere Tage hintereinander ohne Nahrungsaufnahme ließen uns immer wieder zum Skelett abmagern. Die Wassersuppe, einmal täglich, aus Kartoffeln, Rüben, Melde oder Brennesseln, war kein Kraftessen, sondern füllte nur den Bauch mit Flüssigkeit und nahm das Hungergefühl. Da waren diese Mehlspeisen schon etwas besonders Gutes. Nur wenn die Suppe aus Hafer gekocht werden mußte, weil meine Mutter gerade bei der Haferernte war, gab es einige Schwierigkeiten beim Verzehr. Plietschkes gab es davon keine, nur Suppe, und die war schon nicht ganz einfach zu essen. Die spickigen Haferumhüllungen stachen im Mund, man hatte immer das Gefühl, auf Stroh zu kauen. Aber reklamiert wurde nicht. Jeder von uns aß oder trank still sein Schüsselchen leer und spuckte die Schlauben in die linke Hand, um sie nach dem Essen ins

Herzhäuschen zu werfen. Anschließend wurden die Hände im Brunnenwasser gewaschen.

Ich wünsche es keinem, so viel Hunger und Elend durchmachen zu müssen, wie es mir einmal beschert war. Politik kann umschlagen wie das Wetter. An meiner Wiege hatte man mir auch einmal ein anderes Leben gesungen. Ein Leben eingebettet in Wohlstand, in dem es immer genug zu essen gab und natürlich auch warme Kleidung. Trotzdem waren wir vom Schicksal mit einem Los bedacht worden, für das uns jegliches Verständnis fehlte. Unser Leben war nur noch ein Vegetieren am Rande des Grabes. Solange das Herz, wenn auch langsam, schlug und das Blut durch den verhungerten Körper gepumpt wurde, war man noch mit dem Leben wie durch einen Seidenfaden verbunden. Geist und Seele aber waren abgestumpft und eigentlich mehr tot als lebendig.

Zurück nach Blöcken. Immer häufiger starben in diesem ersten Sommer die Menschen: zuerst die beiden Lehrerinnen, die immer über ihren Landkarten saßen; dann die junge Mutter mit dem kleinen Jungen und der schönen Strickjacke (in der sie auch begraben wurde); und schließlich der stille, alte weißhaarige Förster aus unserer Nachbardachkammer. Er war eigentlich der einzige, den die Russen immer schikaniert hatten, obwohl er nie etwas Verkehrtes tat. Schweigsam und in Gedanken versunken saß er ständig draußen auf einem Stein oder ging ein paar Schritte auf und ab. Aber sie quälten und demütigten ihn unentwegt. Zu guter Letzt sperrten sie den alten Mann einen ganzen Tag und eine Nacht in das Transformatorenhäuschen ein, das auf freier Strecke zwischen Blöcken und Brasdorf stand. Das war sicher über seine körperlichen und seelischen Kräfte gegangen, denn wenige Tage später hieß es, er habe morgens neben seiner Frau tot im Bett gelegen.

Beerdigt wurden die Toten damals unverzüglich, und zwar von den deutschen Frauen. Zu diesem Zweck bekam man sogar eine Schaufel von Herrn Tienert ausgeliehen. In irgendeinem Blumengarten eines anderen Dorfes, wohin man den Toten mit einer geborgten Karre hinfuhr, wurde ein Loch gegraben, nur so tief, daß der Tote Platz darin hatte. Ein kleiner Hügel – ohne Kreuz – deutete darauf hin, daß hier eine Grabstätte war, die aber bald, wie der übrige Garten, von Gras und Unkraut überwuchert wurde. Blumen und Grabpflege, das waren Worte, die keine Bedeutung mehr hatten. Jeder kämpfte täglich neu um ein mögliches Weiterleben für sich und die Kinder, denn auch die Kindersterblichkeit war hoch. Diese vier Menschen, die gestorben waren, hatten nachts nie Lebensmittel beschafft, das war bekannt. Sie wußten anscheinend nichts davon, lebten nur von den äußerst mageren offiziellen Zuteilungen, wodurch ihr Tod schon vorprogrammiert gewesen war.

Dieses plötzliche Sterben der Menschen in Blöcken, die ich am Tag zuvor noch hatte herumlaufen sehen und von denen es am nächsten Morgen hieß, sie seien in der Nacht verstorben, beschäftigte meine Gedanken noch Jahre danach und bewegte mich tief. Daß Menschen gestorben waren durch Bomben, Kugeln, Feuer und Bajonette, das hatte ich begriffen, wenn auch nicht verstanden. Aber die Menschen aus unserer Dorf- und Leidensgemeinschaft, die ich vom täglichen Sehen kannte, von denen es plötzlich hieß: »… nicht mehr aufgewacht«, ein derartiges Sterben begriff ich nicht. Ich war noch zu klein, zu unfertig, um verstehen zu können, daß ein Herz als Folge von Hunger, körperlicher Schwerstarbeit, seelischer Belastung, totaler Erschöpfung, ganz einfach aufhören konnte zu schlagen. Gleichzeitig erwachte in mir die Erkenntnis, daß an jedem neuen Tag auch einer von uns »dran sein könnte«. Von einem Augenblick zum anderen, so schnell wie man einen Faden durchschneidet, konnte man vom Leben abgeschnitten werden.

Auf meinen langen, einsamen Wegen, auf denen ich immer Angst hatte, kam mir der Gedanke, das menschliche Leben mit Pusteblumen zu vergleichen. Sie bedecken erst kräftig, voll und gelb, wie ein Teppich aus Samt, die Wiesen, dann sind sie auf einmal an einem Tag empfindliche, durchsichtige Pusteblumen geworden, die beim leisesten Windstoß vergehen. Genauso kam mir das Leben vor. An die vielen schrecklich zugerichteten Toten, die ich in Königsberg hatte sehen müssen, mußte ich wieder denken, aber nicht mehr voller Mitleid, nein, ich fand, daß es denen, obwohl tot, doch eigentlich besser ergangen war. Wir Überlebenden hatten es doch sehr viel schwerer mit unserem täglichen Kampf um ein bißchen warme Wassersuppe, ohne die Gewißheit, jemals wieder die ersehne Freiheit zu erlangen.

Wenn es wieder einmal einen Menschen weniger gab in Blöcken, mußte das der Kommandantur nicht gemeldet werden. Schließlich waren wir ja nicht registriert, sondern nur Arbeitssklaven, mehr nicht. Keine Dienststelle, keine Behörde interessierte es, wer lebte oder wer starb. Wir waren ja »nur« Deutsche. Heute noch eine gelbe Butterblume, morgen vielleicht schon eine Pusteblume, hinweggetragen vom Wind – vom Tod. Wer so gute Kleidungsstücke als Hinterlassenschaft hatte wie die Tochter des Försters Stein, der besaß zumindest etwas, das er gegen Lebensmittel bei russischen Familien eintauschen konnte. Fräulein Stein konnte aber nicht über Land gehen, sondern mußte täglich zur Arbeit erscheinen, um sich und ihre Mutter durchzubringen. Aber das Glück kam auf ganz andere Weise zu ihr.

Am anderen Ende des Dorfes wohnte in einem der Bauernhäuser auf der linken Seite eine Frau Mayer mit ihren zwei großen Kindern, so um die achtzehn bis zwanzig Jahre alt. Sie war eine ganz Liebe, Gütige, Hilfsbereite und so waren auch ihre Buben. Diese zwei Jungen waren aus russischer Sicht Facharbeiter, und dies war auch berechtigt, denn sie waren die einzigen Männer des Dorfes, die mit Pferd und Wagen und mit jeder Landmaschine umzugehen verstanden. Was hätten die Russen wohl ohne sie gemacht? Die paar Frauen waren allenfalls ungelernte Hilfskräfte, mit denen allein hätte keine Ernte eingebracht werden können. So waren diese zwei Jungen Gold wert. Abwechselnd mußte immer einer in der Nacht im Pferdestall schlafen, um bei den fünf Pferden Wache zu halten. So war es von der Kommandantur angeordnet worden. Weil man auf diese beiden Arbeitskräfte nicht verzichten konnte, erhielten sie die besten Lebensmittel und die so reichhaltig, daß alle drei davon gut leben konnten, ohne daß Frau Mayer zur Feldarbeit herangezogen wurde. Sie war aber bei den anderen Deutschen trotzdem beliebt, weil sie nicht falsch war.

Nach dem Tod von Förster Stein hörte meine Mutter eines Nachts, wie jemand ganz leise die Treppe herauf kam. Es war ja eine Holztreppe, die einen nächtlichen Besucher schon durch ihr gelegentliches Knarren verriet. Aber die Schritte führten in die Kammer nebenan, zu Fräulein Stein. Da man sich drinnen in normaler Lautstärke unterhielt, wurde meine Mutter ganz unfreiwillig Zuhörerin des Gesprächs. Es war einer der Söhne von Frau Mayer, der gerade Stallwache hatte und Hafer von den Pferden bei Fräulein Stein gegen ein Kleidungsstück ihres toten Vaters eintauschte. Meine Mutter konnte ganz deutlich das Wort »Hafer« verstehen und hören, wie die Körner ausgeschüttet wurden. Es folgten einige solcher nächtlichen Transaktionen, bis es einmal hieß: »Jetzt hab' ich nur noch die Schlipse.« Auch die wechselten gegen Hafer den Besitzer. Aus dieser letzten Nacht hätte der Teufel uns fast einen Strick gedreht.

Am nächsten Morgen nämlich mußten sich die Frauen wie immer versammeln und frierend auf dem Hof auf Befehle warten. Da es noch dunkel war, als meine Mutter die Treppe herunterging, übersah sie die Fußangel, die das Schicksal gelegt hatte. Während die Frauen warteten, kam auf einmal große Unruhe auf, die aus dem Stall nach draußen drang. Herr Tienert hatte festgestellt, daß in der Nacht Hafer gestohlen worden war und ging zusammen mit Helmut Pleb, dem »Dolmetscher«, zur Kommandantur, um das Geschehene zu melden. Ja, auch so konnten Deutsche sein.

Bald erschien der Natschalnik, laut schimpfend, natürlich auf russisch. Unmutig über die so frühe Belästigung, überquerte er den Hof. Die breite Haferspur wurde ihm gezeigt. Langsam ging er ihr nach. Sie führte direkt ins Wiehlersche Haus, die Treppe hoch, wo sich die beiden Dachkammern, unsere und die von Steins, befanden. Sofort fiel der Verdacht auf meine Mutter. Nur sie, die zwei Kinder und die Babuschka (Großmutter), als solche wurde Tante Schubert angesehen, zu ernähren hatte, konnte es gewesen sein. Fräulein Stein verdächtigte keiner. Diese junge Frau mit ihrem versteinerten Gesichtsausdruck, die sich nie an einem Gespräch mit anderen Frauen beteiligte, die kühl und unnahbar in ihrer eigenen Welt lebte, weder kalt noch warm war, von der niemand wußte, was sie fühlte oder dachte, ob sie überhaupt dachte, ging garantiert in der Nacht nicht stehlen und schon gar nicht in den bewachten Pferdestall. Ja, man konnte sich bei Fräulein Stein nicht einmal vorstellen, ob sie überhaupt wußte, daß Pferde Hafer fraßen, geschweige denn, daß man ihr zugetraut hätte zu wissen, wo sich Hafer befand! Nein, darin waren sich alle einig, sie konnte der Dieb in der Nacht nicht gewesen sein. Und doch waren die Körner in ihrer Kammer, aber dies wußte nur meine Mutter und die schwieg. Auch dann noch, als der Offizier, Herr über Leben und Tod in Blöcken, von den Deutschen wie von den russischen Soldaten gefürchtet, auf sie zukam und jeder ein drohendes Gericht erwartete. Er, der fest von der Schuld meiner Mutter überzeugt war, hätte nur der Spur in den Dachstock folgen müssen, wo er zwar in unserer Kammer keinen Hafer, dafür aber Kartoffeln und Karotten unter dem Bett gefunden hätte, und das wäre genauso schlimm gewesen und hätte eine schwere Bestrafung nach sich gezogen. Er sah meine Mutter aus seinen eiskalten Augen an, sprach verächtlich den Namen »Lena« aus, den die Russen ihr statt Helene gegeben hatten, schlug mit der Reitpeitsche durch die Luft und auf seine Stiefel als Vorgeschmack auf das, was gleich kommen würde – und dann geschah nichts. Er wandte sich um und ging zu den Pferden.

Meine Mutter hatte gewonnen. Obwohl sie wußte, wie das mit dem Hafer gelaufen war, hatte sie geschwiegen und wäre dabei fast ins Messer gelaufen. Bald sollte das Schicksal ihr diese Tat lohnen. Helmut Pleb und Herr Tienert waren sicher enttäuscht, sich kein Sternchen verdient zu haben.

Nachdem der Natschalnik sich von meiner Mutter abgewandt hatte und der Sturm ohne Strafe vorübergegangen war, sollte sie dennoch eine Demütigung erfahren. Als sie sich bückte, um die Körner von der Erde in ihre Hand zu sammeln, kam der Natschalnik noch einmal zurück, nahm ihr die Handvoll Hafer weg und warf sie den Pferden vor.

Es kam die Zeit, da die Garben eingeholt werden mußten. Von den zwei Erntewagen wurde immer einer beladen, während der volle gerade unterwegs zum Wiehler Hof war, wo alles abgeladen wurde und sich zu einem beträchtlichen Berg türmte. Es waren immer viele Kilometer zurückzulegen bis Blöcken, und da es nur zwei Wagen gab, dauerte alles entsprechend lange. Darum mußten die Frauen in dieser Zeit von Sonnenaufgang bis Mitternacht arbeiten, mit nur einer Stunde Unterbrechung, in der sie noch nicht einmal heim konnten, weil es zu weit weg war. Nach so einem Arbeitstag von 18-20 Stunden hieß es dann auch noch, zu Fuß den Heimweg anzutreten. Tante Schubert, die schon längst mit ihrer gütigen, liebevollen, ausgeglichenen Art unsere Ersatzmutter geworden war, wurde es in dieser Zeit noch mehr, da wir unsere Mutter kaum noch sahen. Sie kochte nach wie vor für uns alle, wusch meine Schwester (ich tat das ja schon alleine) mit klarem Brunnenwasser, ohne Seife, und sorgte für Ordnung.

Als endlich alles Korn auf dem Hof lag, trat eine kleine Änderung im Tagesrhythmus ein, nicht jedoch in der Zahl der Arbeitsstunden. Nach Sonnenuntergang durften die Frauen plötzlich den Weg nach Blöcken antreten. Die Freude war groß. Doch diese Freude war von kurzer Dauer. Als sie in Blöcken nach harter Arbeit unter brennender Sonne, erschöpft, hungrig und schmutzig angekommen waren, lautete die Parole »Antreten zum Dreschen!«, ohne daß sie noch schnell etwas hätten essen dürfen.

Die Mütter waren dem Zusammenbruch nahe. Wir Kinder waren froh, daß die Mütter wieder früher als mitten in der Nacht zu Hause waren und brachten ihnen einen Eimer Wasser, für jede einen. Das Wasser mußte aus dem Brunnen ohne Seilwinde mit den bloßen Händen und einem langen Seil hochgeholt werden. Das war so schwer, daß ich immer Angst hatte, der volle Eimer würde mich hinunterziehen. Schließlich war er schon leer schwer genug, denn er war aus Zink. Voll riß er mir beinahe die Arme raus. Tante Schubert und ich wechselten uns ab im Wasserholen. Jetzt, als die Mütter auf dem Hof standen, machte ich es. Der Durst vom ganzen Tag mußte gestillt werden, danach wurden Gesicht und Arme gekühlt. Jedes der Kinder brachte der Mutter, soweit vorhanden, ein Stück trockenes Brot, das sie bei der Arbeit essen konnten. Schließlich hatten sie den ganzen Tag nichts gehabt, und von der Kommandantur gab es außerhalb der 10-Tage-Zuteilung selbst dann nichts, wenn doppelt so viel gearbeitet werden mußte wie jetzt.

Beim Licht einer Wachskerze wurde bis Mitternacht gedroschen. Die beiden Mayer-Kinder konnten und mußten die Dreschmaschine bedienen, und die Frauen wurden zum Zustaken und zum Abfüllen in Säcke eingeteilt, welche sie dann auf den Wagen hieven mußten. Wenn der Wagen endlich voll war, was meistens erst um Mitternacht geschah, wurde alles noch in der gleichen Stunde zu einer Sammelstelle nach Kaimen gefahren. Begleitet wurde der Wagen von zwei Russen mit Gewehren, damit unterwegs keine Säcke verschwanden, und zwei Frauen, die den Wagen entladen mußten. Diese Frauen brauchten am nächsten Tag nicht zur Arbeit anzutreten, denn wenn sie zurückkamen, war die Nacht schon herum. Erst wenn also der Wagen vom Hof fuhr, war der Arbeitstag von ca. 20 Stunden beendet, und die Frauen fielen förmlich ins Bett.

Eines Tages wurde meiner Mutter und allen anderen

Frauen Hilfe zuteil. Entgegen den bisherigen Gepflogenheiten wurden in einer Nacht für den Transport nach Kaimen nur eine Frau und nur ein Russe, und zwar der gutmütige Schmied, eingeteilt. Er sollte zusammen mit der Frau entladen. Nun lag aber noch ein großer Berg gedroschener Körner mitten auf dem Hof. Man hatte keine Säcke mehr und so sollte das Korn bis zum nächsten Tag liegen bleiben. Nicht auszudenken, wenn es in der Nacht geregnet hätte. Alle durften sich zur Nachtruhe zurückziehen, auch die Russen gingen in ihr Quartier.

Die »Mitfahrkolonne« war stets geheim und wurde erst in letzter Minute bekannt gegeben. Gerade als meine Mutter den Hof verlassen wollte – alle anderen Frauen waren schon weg –, flüsterte die junge Frau, deren Namen meine Mutter nicht mehr weiß, ihr zu, daß sie sich doch von dem gedroschenen Roggen holen solle, wenn sie weg seien. Meine Mutter flüsterte ein »Danke« und verschwand in unserer Dachkammer. Sie legte sich aber nicht schlafen, sondern wartete, bis sie das Rattern des Fuhrwerks nicht mehr hörte. Dann schlich sie die Treppe wieder hinunter. Vor dem Haus ein prüfender Blick nach rechts zur Kommandantur, aber da war alles dunkel, die Russen schliefen also. Sie schlich ins Dorf, klopfte leise an Fenster und Türen der anderen Frauen – denen man vertrauen konnte – und brachte ihnen die Botschaft, daß sie sich mit Roggen versorgen könnten. Die Frauen, die eben noch zum Umfallen müde gewesen waren, die mit bleiernen Füßen kaum noch den Weg bis in ihre Häuser geschafft hatten, waren plötzlich von einer Lebendigkeit erfüllt, als hätten sie Müdigkeit noch nie erfahren. Schnell und leise huschten sie wie Ameisen durch die Nacht und füllten ihre Röcke immer wieder mit Korn.

Meine Mutter hatte in dieser Nacht ungefähr einen Zentner Roggen gehamstert, und viel weniger hatten die anderen Frauen auch nicht, denn man war die ganze Nacht unterwegs. Es war ein Wunder, daß die Russen am nächsten Tag keine Häuserkontrolle durchführten. Auf diese Weise hatte das Schicksal meine Mutter dafür belohnt, daß sie unschuldig des Haferdiebstahls verdächtigt worden war und über den wirklichen Täter geschwiegen hatte. Jetzt waren wir für lange Zeit versorgt und hatten täglich nicht nur unsere Roggensuppe, sondern auch noch Plietschkes, unsere Kornküchlein.

Wie die Urwaldbewohner, so lebten auch wir total abgeschnitten von der Außenwelt. Niemand von den Deutschen wußte, wann Ostern oder Pfingsten war, welches Datum und welchen Wochentag wir hatten, schließlich wurde ja jeden Tag gearbeitet. Nur die Natur zeigte uns die Jahreszeit an, in der wir gerade lebten. An einem der letzten Dreschtage verkündete Helmut Pleb allen Frauen, daß am nächsten Tag ausnahmsweise arbeitsfrei sei. Darüber freute sich natürlich jeder, war es doch der erste freie Tag, seit wir nach Blöcken gekommen waren. Wie es den anderen Frauen am nächsten Tag, dem sogenannten freien Tag ergangen war, weiß ich nicht. Ich kann nur berichten, was sich bei uns abspielte.

Es war schon Vormittag und ein schöner Sonnentag. Tante Schubert war gerade nicht anwesend, da hörten wir die Stimme des Herrn. Natschalnik, der Gefürchtete, kam laut schimpfend und mit seinen Armeestiefeln noch lauter als gewöhnlich die Treppe zu uns heraufgepoltert. Das war ein schlechtes Zeichen, wenn der Herr zum Sklaven kam. So war es dann auch. Meine Mutter ahnte Fürchterliches und kroch schnell unter das Bett, wobei sie die Pferdedecke, unsere Zudecke, bis auf den

Fußboden zog, als ob das etwas genützt hätte, wenn der Teufel im Anzug ist. Vorweg muß ich noch erwähnen, daß gegenüber unserer Kammer in etwa 45 Metern Entfernung eine Holztreppe direkt auf den eigentlichen Boden führte. Es war ein schöner, großer, heller Boden, ohne jegliches Gerümpel. Nur einmal, ganz am Anfang, hatte ich hinaufgeschaut und dann nie mehr. Jetzt, da der Offizier sich uns näherte, stand ich in der geöffneten Kammertür, und meine Mutter befand sich in ihrem sinnlosen Versteck. Er fuhr mich mit eiskalter Miene und messerscharfen Worten an, und ich verstand sogar seine Sprache: »Gd je Mama?« (Wo ist die Mama?) Ich konnte damals noch nicht auf russisch antworten und zuckte mit den Achseln, um mein »Ich weiß nicht« auszudrücken. Er ging an mir vorbei, direkt auf das verhangene Bett zu. In diesem Moment zuckte ein Blitzgedanke durch meinen Kopf, der mir sagte: Lauf nach oben! Sich nach unten zu retten, wäre der kürzere, schnellere Fluchtweg gewesen, aber unten hätte er mich sicher gefunden oder jemand hätte mich verraten, und dann hätte er mich in seinem Zorn totgeschlagen. Ich aber rannte, barfuß und auf Zehenspitzen, mit großen Schritten die 45 Meter bis zur Treppe und nach oben, obwohl er nur etwa drei Meter bis zu dem Bett meiner Mutter hatte. Oben stellte ich mich hinter den Schornstein, bebte und zitterte, weil ich den Natschalnik schimpfen und schreien hörte: »Gdje ona«? (Wo ist sie?) Damit war natürlich ich gemeint.

Noch eine ganze Weile hörte ich ihn unten auf dem Hof herumbrüllen, und ich wagte es lange nicht, aus meinem Versteck zu kommen. Während ich mich noch im Versteck befand, hörte ich, wie meine Schwester zu weinen begann, aber ich konnte erst hinunter zu ihr, als draußen alles still war. Am Abend erzählte meine Mutter Tante Schubert und mir, daß er sie geschlagen hatte, während er sie die Treppe hinunterjagte. Aber sie konnte sich auf russisch doch nicht rechtfertigen und ihm erklären, daß Helmut Pleb diesen Tag als arbeitsfrei angesetzt hatte. So nahm der Natschalnik an, daß sie sich hatte vor der Arbeit drücken wollen.

In Blöcken herrschten Ordnung, Disziplin und Gehorsam. Das war ganz sicher dem obersten Offizier Staschina, dem Natschalnik, zu verdanken. Ihm waren alle unterstellt, die Deutschen, die anderen russischen Soldaten und natürlich die Landwirtschaft, von der er als Berufssoldat keine Ahnung haben konnte. Das machte ihn sicherlich oft nervös, denn ihm war von höherer Stelle auferlegt worden, eine gute Ernte einzubringen. Darin war sicher der Grund für seinen scharfen Ton zu suchen, in dem er vor allen Dingen seine Soldaten anherrschte. Wir konnten zwar nicht verstehen, was er brüllte, aber an seiner Gestik und Mimik war zu erkennen, daß es keine Freundlichkeiten waren. Im Normalton hatte ihn nie jemand sprechen hören.

Natürlich war es ihm nicht entgangen, daß alle Frauen stehlen gingen. Von den offiziellen Zuteilungen, das wußte auch er, konnte kein Mensch existieren, andererseits waren die Löcher in den Feldern trotz der Bewachung nicht zu übersehen. Zudem war der gedroschene Kornberg am anderen Morgen sichtlich geschrumpft. Beweise gab es genügend, man durfte sich nur nicht erwischen lassen. Die Russen sahen all das und schwiegen. Hätten sie einmal eine Kontrolle in sämtlichen Häusern durchgeführt, hätten sie bei jeder Frau einen zusammengestohlenen Lebensmittelvorrat gefunden. Dann hätte man entweder alle zusammenschlagen oder alle erschießen können, was ihnen jedoch nicht weitergeholfen hätte, denn schließlich brauchte man dieses

Häufchen deutscher Menschen für die Feldarbeit. Die Russen waren auf die Deutschen angewiesen, und so drückten sie beide Augen zu. Aber wie gesagt, erwischen lassen durfte man sich nicht, denn dann mußten sie Richter spielen, schon um ihr Ansehen als Sieger nicht zu verlieren und vor ihren eigenen Leuten gut dazustehen.

Russische Offiziere waren ohnehin eine andere Sorte Menschen. Viele sprachen etwas Deutsch, waren sehr diszipliniert, mehr oder weniger streng, aber auch mit Gerechtigkeitssinn ausgestattet. Sie beteiligten sich beispielsweise nicht an den Vergewaltigungen, vielleicht aber auch nur aus Angst vor Ansteckung. Sie erwählten sich eine feste Freundin/Geliebte, an der kein anderer es wagen durfte, sich zu vergehen. Ihr waren sie treu und das gleiche erwarteten sie auch von der Frau. Eine solche Beziehung wurde von allen anderen Kameraden respektiert.

So einer Frau ging es recht gut, sie hatte immer genug zu essen, auch ihre Kinder. Eines Tages wurde meine Mutter in die Kommandantur bestellt. Der Natschalnik fragte meine Mutter ganz normal und freundlich, was außerhalb dieses Hauses nie einer erlebt hatte, ob sie kochen könne. Natürlich konnte sie das. Welche deutsche Frau konnte das nicht? Also wurde sie angestellt, für ihn und die anderen Soldaten täglich zu kochen. Da wäre es ihr und auch uns gut gegangen, hätte sie nicht einen Fehler gemacht. Es gab nämlich in dem Haus, in dem die Russen wohnten, noch ein Lebewesen: den Hund des Staschina. Eine Dogge, und wie man erzählte, ein abgerichteter Bluthund. Wegen seiner Gefährlichkeit war das Tier ausschließlich im Haus und wenn es doch mal herauskam, dann nur in Begleitung seines Herrn. Selbst dann fletschte das Tier gegen jeden, egal ob Russe oder Deutscher, die Zähne, legte die Ohren an, knurrte gefährlich und zog die Oberlippe nach oben, bereit, auf Befehl seines Herrn einen jeden zu zerreißen.

Wenn der Natschalnik mit seiner Dogge zu sehen war, nahm jeder Reißaus. Als nun meine Mutter ihren Dienst in der Küche angetreten hatte, stand diese Bestie in der Kücheneingangstür (sie sollte immer offenstehen), knurrte und fletschte dauernd die Zähne. Meine Mutter konnte unmöglich in Ruhe kochen mit der Angst im Nacken, daß das Biest über sie herfallen und sie zerreißen würde. Der Natschalnik war nicht einmal im Haus und hätte also nicht helfen können, wenn sie um Hilfe geschrien hätte. So ging es zwei bis drei Tage. Nach wie vor wurde sie als Feind und Fremde angesehen. Da versuchte sie, die offene Tür zur Küche zu schließen, aber der Hund öffnete sie immer wieder, knurrte und fletschte die Zähne. Das erzählte sie einer Frau, und das war ihr Fehler. Diese Frau petzte, und was sie dabei sonst noch an Unwahrheiten hinzugedichtet hat, war nicht bekannt. Auf jeden Fall wurde meine Mutter am nächsten Tag entlassen und diese Frau eingestellt mit der Begründung des Natschalnik, meine Mutter habe seinen Sabatka (Hund) beleidigt. So schnell konnte es gehen. Diese Frau wurde dann auch seine Geliebte, und über sie erfuhr man bald auch, hinter vorgehaltener Hand, etwas mehr über den grausamen Offizier. Zum Beispiel, daß er seine Eltern nie gekannt hatte und in einem Waisenhaus aufgewachsen war, in dem Prügel und Strafen an der Tagesordnung waren. Weiter erfuhren die Frauen, daß Stalin Zuchthäusler aus dem ganzen großen russischen Reich in Uniformen gesteckt und in die ersten Frontlinien geschickt hatte mit dem Versprechen des Straferlasses für die, die den Krieg überlebten. Außerdem dürften sie die ersten drei Tage nach der Kapitulation mit den deutschen Frauen machen, was sie wollten. Jetzt wußte man auch, warum sich dieser erste Räubertrupp so bestialisch benommen hatte und warum sich andere, einfache Russen so ganz anders verhielten.

Anscheinend hatten wir Glück gehabt, daß in Blöcken normale Soldaten stationiert waren. Zwei von ihnen waren außerhalb der Kommandantur untergebracht. Zwischen Blöcken und Brasdorf, auf der Hälfte der Strecke, ich schätze fünf Kilometer in jede Richtung, stand direkt an der Straße ein einsames, noch nicht sehr altes Siedlungshaus. Hinter dem Haus befand sich ein großer Gemüsegarten mit Johannisbeersträuchern, aber ohne Obstbäume und ohne Stall, es gab also auch keinen Platz für Pferd und Wagen. Dort wohnte, einsam und allein, der gutmütige Schmied. Ausgerechnet er, wo er doch gehbehindert war und so viel Heimweh hatte, mußte diesen leeren Landstrich bewachen. Das bedeutete, daß er täglich den langen Weg zu Fuß in den Ort humpeln mußte, um sich bei der Kommandantur zu melden und dann wieder in seine Einsamkeit zurückzukehren. Wie furchtbar muß es auch ihm ums Herz gewesen sein. Er, der gerne lächelte und ein freundliches Wort an einen jeden richtete, auch wenn es sich um einen Deutschen handelte. Er, der wieder gerne Schmied in seiner Heimat gewesen wäre, er durfte das Gewehr und die schweren Stiefel, die ihn sichtlich plagten, nicht ablegen, sondern mußte täglich bei brennender Hitze, Regen oder Schnee den einsamen Marsch auf der langen Landstraße zurücklegen, um allein in einem leeren Haus, in einem fremden Land zu »wohnen«. Auch das war wie ein Gefängnis. Im Grunde ging es ihm nicht besser als uns. Wenn ich auf meiner Sammeltour, auf dem Weg nach Brasdorf, an diesem Haus vorbei mußte, schaute er immer traurig und ängstlich zugleich aus einem der Fenster. Russen haben immer große Angst – alle! Ich machte mir jedoch stets Gedanken, wer wohl in diesem Haus gewohnt haben konnte. Gehörte es noch zu Blöcken oder zu Brasdorf? Und warum war es so weit weg von jedem Dorf? Wie sind sie wohl ins Dorf gekommen, zu Fuß?

Der zweite ausquartierte Soldat, noch ein sehr junger, bewohnte ein Dachzimmer in der Schule. Eines Tages, ich war gerade draußen, um Wasser zu holen, winkte er mir zu, mit ihm mitzugehen. O Gott, hatte ich eine Angst! Mein Herz schlug so heftig, als wolle es zerspringen. Unterwegs überlegte ich, was ich falsch gemacht haben konnte, daß er mich mitnahm. Mir fiel beim besten Willen nichts ein. Bin ich doch immer nur in meiner einsamen Sammleraktion unterwegs gewesen. Er ging mit mir in die Schule, in sein Zimmer – und ich bekam noch mehr Angst! Ich dachte, ich müsse sterben. Links an der Wand stand sein Bett. Weiß bezogen und so ordentlich gemacht, wie ich seitdem nie mehr ein Bett gesehen habe; es wirkte wie gegossen oder aus Stein gehauen. Rechts stand ein Holztisch, ein Stuhl und in der Ecke ein Eimer mit Lappen. Er gab mir zu verstehen, daß ich den Fußboden seiner Stube wischen sollte und verschwand. Gott sei Dank war es nur das. Mir fiel nicht nur ein Stein, sondern ein ganzes Felsengebirge vom Herzen. Schnell rannte ich hinunter, um Wasser aus dem Brunnen zu holen. Ich rutschte auf Knien, kroch auf dem Bauch unters Bett, um auch ja jede Ecke zu wischen, damit er keinen Grund haben konnte, mich noch einmal zu holen. Es waren schöne, braunrote, blanke Dielen, die sich gut aufwischen ließen. Erst sollte ich alles ganz naß und dann trocken wischen, so hatte er es mir erklärt. Ich war froh, als ich fertig war. Während meiner Arbeit kam der Soldat nicht zurück.

Zu unserer russischen Besatzung gehörte auch ab und zu eine Frau, eine Soldatin, die aus Kaimen kam. Alle zehn Tage wurden sie und die zu verteilenden Lebensmittel mit einem Fuhrwerk herübergefahren. Da die Mütter alle auf den Feldern waren, mußten wir Kinder die Lebensmittel in Empfang nehmen. Zu der Zeit, zu der wir uns vor der Kommandantur einfinden sollten, war die Tür stets verschlossen. Man ließ uns bewußt sehr lange draußen in brennender Sonne oder bei Regen und Schnee warten. Meist saßen wir mit dem leeren Schüsselchen auf den Stufen, die zum Hauseingang führten. Wenn man das Haus dann endlich betreten durfte, führte der Weg für uns »Bettelkinder« rechts in ein großes Zimmer. Es muß wohl einmal ein Wohnzimmer gewesen sein, denn es war groß, hell und hatte an jeder Wand Fenster. Nach ca. zwei Schritten wurde dem Eintretenden Halt geboten durch einen Tisch, der quer zur Tür stand und als Theke diente. Seitlich, so daß es ein L ergab, befand sich ein zweiter Tisch, auf dem eine Waage stand.

Während der Zeit, in der wir Kinder schlangestehend auf unsere Zuteilung warteten, lief uns das Wasser im Mund zusammen. So viel Brote, Zucker, Bohnen und Schmalz in Büchsen hatten wir schon lange nicht mehr gesehen. Dann trat die Russin, die einen Offiziersrang bekleidete, in Erscheinung. Sie war klein mit einem – und das fiel mir in meinem jungen Alter schon auf – übergroßen und vollen Busen, der durch die eng anliegende Uniform besonders betont wurde. Sie war eine, wie man heute sagen würde, etwas spinnige Person. Über ihrer strengen Militärkleidung hingen die verschiedensten »privaten« Ketten – Schmuck von deutschen Frauen. Und an jedem ihrer kurzen, dicken Wurstfinger prangte ein Ring, der den Finger bis zur Hälfte einnahm und sie in ihren Hantierungen einschränkte. Das sah schon irgendwie kurios aus: die Uniform und dazu der zivile Schmuck.

Alle Lebensmittel wurden auf der Waage genau abgewogen: ein Eßlöffel Bohnen, ein Eßlöffel Schmalz, ein Eßlöffel Zucker und ein Viertel Brot. Die Bohnen gab sie zusammen mit dem Schmalz und dem Zucker vorsichtig auf den Boden des ihr gereichten Schüsselchens, wobei ihre ungelenken, beringten Finger sie erheblich behinderten. Die geringe Menge verlor sich fast im Gefäß. Das bißchen Brot konnte man gut in der Hand tragen.

Am Abend, wenn meine Mutter von der Arbeit gekommen war, gab es für meine Schwester und mich je eine Scheibe angefeuchtetes Brot mit Zucker bestreut, meine Mutter und Tante Schubert aßen je eine trockene Scheibe Brot. Und dann hieß es wieder zehn Tage warten. Wenn ich mich nach solch einem »genüßlichen Abendbrot« und nach dem Abendgebet auf mein Strohlager legte, träumte ich vor dem Einschlafen immer nur einen Traum: Wenn wir hier heraus kommen sollten und wieder ein normales Leben führen dürfen, dann möchte ich ein ganzes Brot, einen Sack Zucker und einen ganzen Klumpen Butter haben, um mich an Zuckerbrot mit Butter darunter satt essen zu können.

Mit dem Schlafen war es auch eine besondere Sache. Mangels Bettzeug mußte man sich mit den Kleidern hinlegen, die man auch tagsüber anhatte. Da ich aber in der Königsberger Zeit ein sehr sauberes und eitles Mädchen gewesen war, das darauf bedacht war, kein schmutziges oder zerknülltes Röckchen zu tragen, zog ich auch in dieser erbarmungswürdigen Zeit mein blaues Leinenkleidchen aus, legte es schön zusammen und benutzte es als Kopfkissen. So glaubte ich es nachts zu glätten, und gleichzeitig schützte es mich vor den Strohhalmen, die mir immer ins Gesicht stachen und mich aufweckten. Viel Platz zum Schlafen gab es in dem schmalen Eisenbett nicht für uns drei, man mußte schon ganz ruhig liegen bleiben.

Da meine Mutter uns zur Flucht alles doppelt angezogen hatte, waren wir in der glücklichen Lage, Wechselwäsche zu besitzen. Allerdings konnten wir uns nur alle sieben Tage einmal mit Kernseife waschen, an den übrigen Tagen dagegen nur mit klarem Wasser, damit die Seife reichte. Tante Schubert achtete genau auf die Einhaltung dieses 7-Tage-Waschrhythmus. Bevor sie unsere wenige Wäsche auskochte und wusch, zeigte sie uns, wie wir die schmutzigen Stücke nach Kleiderläusen abzusuchen hatten.

Eines Tages kam die ungewöhnliche russische Soldatin außer der Reihe nach Blöcken zu Besuch. In der Aufmachung, mit der sie ihre Figur betonte, fiel sie abermals völlig aus dem Rahmen. Auf einem großen, leeren Leiterwagen sitzend, den ein Deutscher kutschierte, trug sie über einem bunten Sommerkleid einen Pelzmantel und wieder die vielen Ketten. Statt Schuhen trug sie nur dicke, gestrickte Männersocken, in denen sie auch noch stolz umherlief. Vielleicht glaubte sie, daß das deutsche Stiefelchen waren. Was sie in Blöcken wollte, wußte keiner; sie lief nur herum und zeigte sich.

Mittlerweile war ich eine kundige Sammlerin geworden. Zwischen Blöcken und Brasdorf gab es Wiesen, auf denen Kamille oder Kümmel in großen Mengen wuchsen. Das habe ich später in der Bundesrepublik nie gesehen, so etwas gab es anscheinend nur in Ostpreußen. Wenn ich heute in der Apotheke Kamille kaufe, heißt es: »Die kommt aus Ägypten, in Deutschland gibt es keine mehr.« Dann denke ich an Ostpreußen, wo es sie sicher heute noch gibt – genauso wie damals. Tante Schubert hatte mir diese Kräuter gezeigt, und nun ging ich an jedem Nachmittag auf die Wiesen, einmal um mein Schüsselchen mit Kamille, das andere Mal, um es mit Kümmel zu füllen, unserem einzigen Gewürz.

Den ganzen Sommer hindurch standen die Mütter von frühmorgens bis abends in härtestem Ernteeinsatz und mußten dann noch bis Mitternacht dreschen. Schließlich galt es, die Ernte aus den weiten, den für hiesige Begriffe unvorstellbar großen Feldern, die sich um Blöcken herum erstreckten, einzubringen. Deutsche Bauern hatten hier noch im Jahr zuvor gesät und gepflanzt, und das mußte jetzt von den wenigen Frauen eingebracht werden.

Als alles Korn gedroschen war, beschloß meine Mutter, noch einmal nach Hindenburg, ihrem Heimatort, zu gehen, um herauszufinden, ob ihre Eltern zurückgekommen waren oder aber ob ihnen die Flucht geglückt war. Bei einem Arbeitseinsatz in Kaimen hatte sie gehört, daß angeblich viele Deutsche wieder zurückgekommen waren. Sie besprach alles mit Tante Schubert und legt ihr insbesondere nahe, daß sie unsere Dachkammer mit den Lebensmittelvorräten gut bewachen sollte. So verließen wir eines Tages Blöcken, nein eigentlich war es noch Nacht, denn wir mußten weg sein, bevor Herr Tienert zur Arbeit trommelte.

Von irgendwo hatte meine Mutter sich ein kleines, vierrädriges Handwägelchen besorgt, darin setzte sie meine kleine dreijährige Schwester, und ich tippelte wie gewohnt neben ihr her – barfuß in meinem blauen Leinenkleidchen. Weil es noch so früh war, fror ich. Meine Mutter trug ebenfalls keine Schuhe und nur ein altes zerrissenes Sommerkleid, das sie auch irgendwo gefunden und nun schon über die ganzen Sommermonate hinweg täglich auf dem Feld getragen hatte. Es war ihr einziges Kleid. So zogen wir wieder durch das menschenleere, weite, stille und vom Tod beherrschte Land, wie die ärmsten Bettler dieser Welt. Oder auch wie Freiwild, schutz- und rechtlos allen bösen Mächten dieser Erde ausgeliefert.

Der ostpreußische Sommer war allerdings zuverlässig. Jeder Tag war garantiert trocken und warm, und so brauchten wir an einen eventuellen Regenschauer weder zu denken noch ihn im Hinblick auf unsere dürftige Bekleidung zu fürchten. Unterwegs kamen wir an einem großen, herrschaftlichen Haus vorbei. Ein breiter Fahrweg, beidseitig gesäumt von hohen alten Bäumen, führte von der Straße, auf der wir uns befanden, direkt zu diesem Haus, das in seiner langgestreckten, großzügigen Bauweise und mit der einladenden Freitreppe am Hauseingang einem Märchenschloß ähnelte. Die vielen Fenster im Erdgeschoß und dem ersten Stock, die ohne Gardinen dunkel wirkten, sahen jetzt, da alles so öd und verlassen war, irgendwie gespenstisch aus. Im Straßengraben lag ein toter Storch, durch den die Totenstimmung dieser Landschaft und des prächtigen, leerstehenden Hauses nur noch mehr unterstrichen wurde. Meine Mutter sprach leise, so als wolle sie niemanden aufwecken: »Das ist ein Gutshaus.« Noch eine ganze Weile verharrten wir so im Schweigen und Betrachten des Hauses, weil es so selten schön und so verlassen war.

Um die Mittagsstunde, die Sonne stand fast senkrecht über uns, erreichten wir eine Stadt, in der es zwar Straßen und unzerstörte Häuser gab, in der aber keine Menschenseele zu sehen war. Wir sahen weder Deutsche noch Russen. In dieser Stille und Leere hörte sich das Poltern unseres Wägelchens doppelt laut an. Meine Mutter meinte, es sei Labiau. Wir suchten Häuser auf, deren Besitzer sie von früher kannte. Da war beispielsweise das Haus ihres Onkels Herrman Ballnus, der im Parterre einen Kolonialwarenladen betrieben hatte. Dort war der Dachstuhl ausgebrannt. Plötzlich blieb sie erschrocken vor einem leeren Platz stehen und sagte fassungslos: »Hier stand doch unsere Kirche, in der ich konfirmiert worden bin, und jetzt liegt nicht einmal mehr ein Stein da!« Und so war es auch. An der Stelle deutete nichts mehr darauf hin, daß hier einmal ein Gebäude gestanden hatte, der Platz war wie gefegt.

Wir gingen weiter, Straße um Straße, und alles war so unheimlich still. Als wir gerade um eine Ecke gebogen waren, erschraken wir so sehr, daß ich wieder zu zittern anfing. Auf einer gepflegten Rasenfläche, in deren Mitte sich ein Denkmal befand – meine Mutter erklärte mir später, daß es der Große Kurfürst war –, lagen überall russische Soldaten und schliefen in der Mittagssonne, denn sie waren total betrunken. Gerade als wir umkehren wollten, hatten sie uns entdeckt und winkten uns zu sich. Normalerweise waren betrunkene Russen unberechenbar, aber es war unser Glück, daß auch Offiziere darunter waren. Alle hatten ihre Mütze schief oder verdreht auf dem Kopf – und das bei der Hitze! Vielleicht gehörte das zu ihrer militärischen Ordnung, daß sie nur zum Schlafen ihre Kopfbedeckung abzunehmen hatten. Jedenfalls blieben wir wie angewurzelt stehen und rührten uns nicht vom Fleck. Einer der Offiziere winkte uns, eine Schnapsflasche in der Luft schwenkend, immer wieder lachend zu. Daraufhin lachten alle anderen wie im Chor und riefen uns Worte zu, die wir nicht verstanden. Meine Mutter schüttelte zu der Aufforderung, Schnaps zu trinken, nur schweigend den Kopf. Da erhob sich der Offizier, torkelte auf uns zu und hielt meiner Mutter die Flaschenöffnung an den Mund. Sie nippte etwas daran, drückte ein gequältes Lächeln hervor und gab die Flasche schnell wieder zurück. Durch die Anwesenheit der Offiziere belästigte keiner der anderen Soldaten meine Mutter. Trotzdem sahen wir zu, daß wir diesen Platz schnell wieder verließen.

Hunger, Durst und Müdigkeit machten uns immer mehr zu schaffen. Wenige Straßen weiter befanden wir uns abermals, urplötzlich, in einer Schrecksituation. Jetzt wußten wir, warum die Stadt so leergefegt und kein einziger Soldat in den Straßen zu sehen war: Hier auf diesem Platz hatten sie sich alle versammelt. Unzählige Russen in Uniform, darunter auch Frauen, standen still und reglos wie Zinnsoldaten auf einer Tribüne aufgereiht, währenddessen ein Fotograf mit Kamera und Stativ bemüht war, ein Siegerfoto zu machen. Ob sich später darauf jeder wiedergefunden hat? Es waren so unsagbar viele und in den Uniformen sahen doch sowieso alle gleich aus.

Meine Mutter blieb sofort ehrfurchtsvoll stehen, um die Stille mit unserem klappernden Wägelchen nicht zu stören und die Prozedur nicht zu unterbrechen. Sie befahl auch uns, leise zu sein. Nachdem der Fotograf seine Arbeit beendet hatte, erschallten von einem Offizier laute Kommandorufe, die mit ebenso lautstarken Antworten und dem Hochreißen des rechten Armes mit geballter Faust von der gesamten Kompanie erwidert wurden. Natürlich hatten wir nichts verstanden, aber meine Mutter hatte die Situation erkannt und sagte, wir sollen auch die rechte Hand hochreißen, wenn die Russen es täten. Und so machten wir es auch. Danach löste sich die Gruppe schnell auf, und alle Soldaten verschwanden in den umliegenden Häusern.

Langsam setzten auch wir unseren Weg fort, als plötzlich ein großer, schlanker russischer Offizier mit einer ganzen Schüssel Brotrinden und -enden auf uns zukam und sie uns gab. So viel Brot hatten wir schon lange nicht mehr gesehen, geschweige denn gegessen. Wie gut trockenes Brot doch schmeckt! Später machten wir die Erfahrung, daß alle einfachen russischen Soldaten, auch die ganz jungen, ein schlechtes Gebiß hatten und gleich die Brotrinde abschnitten, weil sie sie nicht beißen konnten. Darum hatten wir jetzt so viel Brot erhalten. Bis Hindenburg aßen wir davon.

Wieder kamen wir an einem weißen Haus vorbei, bei dem das Dach kaputt war. Es soll der Familie Wohlgemuth gehört haben. Im Erdgeschoß konnte meine Mutter ins Schlafzimmer von Familie Daniel schauen, die hier eine Wohnung gemietet hatte. Die weiß bezogenen Betten, einschließlich des Bettgestells, gab es hier tatsächlich noch. Sicher nur deshalb, weil durch das zerstörte Dach Steine und Geröll in die Betten gefallen waren. Die Sonne brannte immer unerträglicher auf unsere Rücken, und wir waren froh, endlich in Hindenburg zu sein, wo es durch die Häuser ab und zu etwas Schatten gab.

Die Drehbrücke über den Großfriedrichsgraben, der mitten durch das Dorf führte und es in zwei Hälften teilte, war – so erfuhren wir – noch von deutschen Soldaten gesprengt worden. So standen wir etwas ratlos an der einen Uferseite und wußten nicht, wie wir hinüberkommen sollten, denn drüben lag der Hof meiner Großeltern. Auf einmal sahen wir, wie aus dem Haus gegenüber, dem ehemaligen Gasthaus der Familie Schütz, ein ganz junger russischer Soldat kam, in ein Boot stieg und zu uns ruderte, um uns auf die andere Seite zu holen. Das war wirklich eine äußerst großzügige Geste, denn schließlich lud er nicht nur uns drei, sondern auch noch unser Wägelchen ein. Meine Mutter bedankte sich sehr herzlich, und dann gingen wir weiter.

In jedes der Häuser, die an der Straße standen und deren Besitzer oder Bewohner sie gekannt hatte, schaute sie hinein, aber alle waren leer, verlassen, ausgeräumt. In einem der Insthäuser war der Kellerraum, der sich unter dem Fußboden befand, vollgefüllt mit den schönsten und größten Kartoffeln, aber obendrauf lag ein dicker, gut gekleideter deutscher Mann – tot. Die Arme und Beine hatte er weit von sich gestreckt. Es war jedoch weder Blut noch sonst irgendeine Verletzung zu sehen. Er lag da, ganz friedlich aussehend, als würde er schlafen und gleich aufwachen können.

Vor der Tür saß, sichtlich gelangweilt, ein russischer Soldat, als bewache er eine heilige Grabstätte. Sicherlich paßte er auf, daß kein Deutscher die vielen schönen Kartoffeln wegtrug. Aus Angst vor dem Toten nahmen wir tatsächlich nicht eine einzige Kartoffel mit, und dies obwohl wir unterwegs einen alten Kochtopf gefunden hatten. Den hatten wir außen an unser Wägelchen gehängt, und er wäre für das Kochen von Kartoffeln nützlich gewesen. Was den merkwürdigen Toten betraf, fragte meine Mutter sich, ob er sich vielleicht selbst vergiftet und aus Mißgunst gegen andere Überlebende auf die Kartoffeln gelegt hatte. Denn wie sollte er sonst dort hingekommen sein? Wenn die Russen einen umbrachten, würden sie den nicht ins Haus schleppen, um ihn dann auch noch ordentlich auf Lebensmittel zu legen, die sie selbst gerne gegessen hätten. Ich sehe es heute noch vor meinem geistigen Auge: Eine Kartoffel so groß und gleichmäßig geformt wie die andere, fast wie künstlich hergestellt, unwirklich schön, zum Greifen nahe und dann der Tote darauf, der in uns die Angst hervorrief und den Hunger unterdrückte. Noch heute sagen wir uns, wenn wir eine Lebenschance ungenutzt verstreichen ließen: »Denk an den Toten auf den Kartoffeln.«

Wir gingen weiter durch den Ort, den ich stets voller Leben gekannt hatte, in dem jetzt aber die Stille schon fast brüllte. So erschien es uns wie ein Wunder, als wir plötzlich vor einem Haus standen, in dem noch Menschen wohnten. Die Leute kannte meine Mutter nur zu gut. Es waren Herr und Frau Mikard und der Bauer Nimse, dessen Hof, ebenso wie die anderen Höfe, nicht zerstört, sondern total ausgeräumt war. So hatte er sich dem Ehepaar Mikard angeschlossen, die anscheinend gar nicht erst geflüchtet waren, denn sie wohnten nach wie vor in dem Insthaus von Bauer Daudert, und ihre zwei Zimmer und die Wohnküche waren vollständig möbliert. Sie hatten sogar noch ihre dicken, weiß bezogenen Betten, und auch am Essen schien es nicht zu mangeln, denn Frau Mikard schnitt uns von einem großen runden Landbrot eine Scheibe ab. Zudem gab sie uns einen geräucherten Fisch. Lange konnten wir uns hier in der gemütlichen Stube mit ihrer wohligen Atmosphäre, die uns inzwischen fremd war, nicht aufhalten, schließlich hatten wir ja ein Ziel.

Wir verabschiedeten uns und gingen noch ein Stück auf der Dorfstraße, die am Fluß entlangführte, bis wir in einen schmaleren Landweg einbogen, der von der Straße abzweigte und direkt zu dem Hof meiner Großeltern und dem von Dauderts führte. Es war eine Art Privatweg für diese beiden Gehöfte. Gerade als wir eingebogen waren, kam uns eine deutsche Frau entgegen, die einen Backtrog wegschleppte. Meine Mutter schimpfte und sagte, daß dies der Trog ihrer Eltern sei, sie solle ihn wieder zurückbringen. Die Frau sprach kein Wort, sondern sah uns nur verständnislos und befremdet an, ging weiter und drehte sich im Gehen noch einmal nach uns um. Meine Mutter hatte wohl die Unsinnigkeit ihrer Worte begriffen. Kaum daß die Frau verschwunden war, tauchte ganz plötzlich, wie aus dem Nichts, ein russischer Offizier mit einem Fahrrad auf. Er kam auf uns zu und begleitete uns ein Stück des Weges. Er sprach fließend Deutsch, sagte, daß er Jude sei und zeigte viel Verständnis für unsere Situation. Er deutete auf ein Versteck in einem Baum hin, in das er morgen ganz früh Brot für uns legen würde, verabschiedete sich freundlich und verschwand so schnell wieder, wie er zuvor aufgetaucht war.

Jetzt, als wir drei wieder alleine waren, richtete meine Mutter ihren Blick auf die Häuser, lehnte sich an einen Baum und weinte. Sie glaubte ihren Augen nicht zu trauen, aber das Wohnhaus vom Nachbarn Bauer Albert Daudert war nicht mehr – absolut weg. Dieses Haus hatte zu ihrer Kinder- und Jugendzeit gehört wie das eigentliche Elternhaus. Unzählige viele, schöne, ja eigentlich nur positive Erinnerungen hatte sie an dieses Haus gehabt, und nun war es ganz einfach nicht mehr da.

Langsam näherten wir uns dem Gehöft, und es war deutlich zu sehen, daß es abgebrannt war. Alles war weg, nur ein paar verkohlte Balken lagen noch herum. Fassungslos und immer wieder kopfschüttelnd stand meine Mutter eine ganze Weile da, bis wir leise und schon fast ehrfurchtsvoll zum Hof meiner Großeltern hinübergingen. Wie verändert war doch alles, so totenstill, einsam und verlassen, wie eine heilige Grabstätte in der Wüste, die seit Jahrhunderten von keinem Menschen aufgesucht worden war. Dabei waren erst einige Monate vergangen, seit es hier Menschen und Tiere gab und reges Treiben herrschte.

Wie anders war es immer gewesen, wenn wir früher auf den Hof kamen. Auf dem Dach wohnte ein Storchenpaar, das oft das typische Geklapper veranstaltete.

Der Hofhund bellte, und im gleichen Moment war das Geschrei von Gänsen von irgendwoher zu hören. Dann schaute meine Großmutter aus einem der Fenster mit den weißen Baumwollspitzen-Gardinen. Wenn man das Haus betrat, stand immer, gleich links am Eingang, eine große Blumenvase mit grünen Zweigen, die höher waren, als ich damals groß war. Im Haus, in allen Stuben, waren die Vasen mit frischen Gartenblumen gefüllt. In dieser harmonischen, anheimelnden Umgebung hatte ich mich stets wohl gefühlt, war glücklich gewesen. Das, was ich jetzt sah, erfüllte mich mit tiefer Traurigkeit. Im Storchennest schienen keine Vögel mehr zu wohnen, die Hundehütte war leer. Wo mag das liebe Hundchen sein Grab gefunden haben? Auch die Katze fehlte. Stall und Scheunentür standen weit offen. Alles war leer.

Kurz vor der Flucht hatten sich meine Großeltern über meine Mutter aus Königsberg neue Eßzimmerstühle gekauft. Sie hatten hohe Lehnen und waren mit schwarzem Leder mit gelben Messingköpfen bezogen. Einer dieser Stühle stand aufgeschlitzt in der Scheune. Dann betraten wir das Wohnhaus. Vom Flur führte eine helle Holztreppe nach oben. Meine Mutter trat näher, schaute hoch und weinte wieder. Leise sagte sie: »Da oben an dem Haken hing, so lange ich denken kann, das blanke Sonntagsgeschirr der Pferde, auf das mein Vater so stolz war. Jetzt ist der Haken zum ersten Mal leer.« Danach betraten wir die Zimmer, eines nach dem anderen, doch alle waren leer.

Mein Blick blieb an dem Fenster hängen, an dem ich im Januar hinter den weißen Gardinen gestanden und aus der warmen Stube hinausgeträumt hatte, bis der Mann mit der Aufforderung zur Flucht gekommen war und die Welt verändert hatte. Hier hatte meine Kindheit geendet und der Weg in die Hölle begonnen. Die Gardinen waren verschwunden, auch alle schönen Möbel. Der braune, blanke, mit Schnörkeln reich verzierte Schrank da hinten rechts war weg. Auch die Betten aus massiver Eiche und der eingeschnitzten Rose am Kopfende gab es nicht mehr, nicht einmal ein Stuhl oder ein Hocker war noch da. Man hatte so gründlich ausgeräumt, wie in allen Häusern, die wir bis jetzt gesehen hatten. Doch etwas gab es in der einstigen guten Stube: einen großen Berg Stroh, mitten im Zimmer, mit einem großen Haufen Kot daneben. Mit diesem Eindruck der Zerstörung und Ausrottung sämtlichen Lebens verließen wir das Haus.

In meiner Seele waren großer Schmerz und Traurigkeit. Vom Hof sahen wir in den Blumengarten hinüber; dort stand das Unkraut so hoch wie die Blumen, und ein Grab war zu sehen. Wie wir etwas später von Frauen in Hindenburg erfuhren, lag dort ein alter Mann begraben, der aus dem Osten kommend die weitere Flucht nicht mehr geschafft hatte. Die Blumen im einstmals schönen Garten, die die Vasen immer gefüllt hatten, wirkten jetzt traurig und unterdrückt inmitten des Unkrauts, das die Vorherrschaft übernommen hatte. Der Sommerwind, der ihre Köpfe leicht bewegte, gab ihnen einen Hauch von Wehmut. Bleibt hier, ihr letzten Menschen, schienen sie uns nachzurufen. Ein schmerzliches Lebewohl, ein Abschied von der Zeit, von Frieden, Glück und Geborgenheit. Dreh dich nicht um, wenn du weitergehen mußt! Ein letzter Blick zurück voller Tränen.

Wir mußten vorwärts gehen in eine ungewisse Zukunft, in der das Unkraut überwog. Der Stand der Sonne sagte uns, daß es spät am Nachmittag war und wir nach einer Übernachtungsmöglichkeit Ausschau halten mußten. Nach längerem Suchen entdeckten wir am anderen Ende des Dorfes ein Haus, das noch bewohnt aussah. Vorsichtig näherten wir uns dem Häuschen, weil wir nicht wußten, ob Russen oder Deutsche darin lebten. Wir hatten Glück, es war eine Frau, die meine Mutter kannte, nämlich die Hebamme des Dorfes, Frau Sprung. Sie sagte, sie sei wegen ihrer kranken Schwester gar nicht erst geflüchtet. Auch hier fanden wir noch alles möbliert und sogar schön eingerichtet vor. Meine Mutter fragte, ob wir bei ihr nur eine Nacht schlafen dürften. Doch sie wollte es nicht erlauben und sagte wörtlich: »Sie sind eine junge, schöne Frau, und dann kommen mir die Russen ins Haus und bringen viel Unruhe mit.« Aber nach inständigem Bitten meiner Mutter im Hinblick darauf, daß wir doch unmöglich heute noch den Weg nach Blöcken zurückgehen könnten, sondern gleich morgen in aller Frühe aufbrechen würden, erlaubte sie uns diese eine Übernachtung und bot uns sogar ein Bett an, in dem es Matratzen gab. Aber es war ja warmer Sommer und wir waren froh, unseren müden Körper irgendwo hinlegen zu dürfen, und wenn es nur die nackte Erde gewesen wäre. Wir wollten nur ausruhen und endlich schlafen dürfen.

Bevor wir uns hinlegten, erzählte Frau Sprung noch eine traurige, tragische Geschichte aus Hindenburg. Bauer Nimse, der jetzt bei den ehemaligen Instleuten, Herrn und Frau Mikard, wie ein armer Schlucker leben mußte, war als einziger Hindenburger Bauer zurückgekommen, weil ihm die Flucht nicht geglückt war. Die Flucht hätte er mit seiner Geliebten angetreten, während er seine Frau und seine einzige Tochter zurückgelassen hatte. Unterwegs verlor er nicht nur seinen Wagen, seine Pferde und alle mitgenommene Habe, auch die Freundin setzte sich ab und versuchte, alleine durchzukommen. Nun, da er einsam und verlassen war, erinnerte er sich anscheinend wieder seiner Familie, die er dem Schicksal überlassen hatte, und schlug sich nach Hindenburg durch. Zu Hause erfuhr er von der Tragödie, an der er nicht ganz unschuldig war. Als die ersten Russen seine Tochter vergewaltigen wollten und die Mutter versucht hatte, dies zu verhindern, wurden beide erschlagen. Nun saß er da als ärmster Mensch, seine Seele schwer beladen. Das Schicksal hatte ihm alles genommen.

Endlich legten wir uns schlafen. Kaum aber, daß es Nacht geworden war, erfüllte sich Frau Sprungs Vorahnung und zwei junge Russen – mit Gewehr – drangen ins Haus ein und sagten zu meiner Mutter: »Frau, komm!« Im gleichen Moment fing ich mit meinem steinerweichenden Geschrei an. Meine Mutter zeigte auf ihre Brust und sagte: »Bolnoi, bolnoi« (krank). Schließlich ließen sie von ihr ab und verschwanden wieder. Hier wurden Frauen also tatsächlich noch immer vergewaltigt. Am nächsten Morgen verabschiedeten wir uns schon sehr früh von Frau Sprung. Beim Abschied sagte sie noch: »Sehen Sie, ich habe doch gesagt, die Russen kommen jede Nacht!« Sofort gingen wir erst einmal zu dem Versteck im Baum, in das uns der nette Offizier vom gestrigen Tag Brot legen wollte. Tatsächlich fanden wir ein großes Papierbündel, in dem viel Brot eingewickelt war. Nun traten wir unseren Rückweg nach Blöcken an.

Zunächst mußten wir am Gasthaus Schütz vorbei, in dem die Kommandantur untergebracht war. Gott sei Dank saßen zu dieser frühen Morgenstunde die Russen noch nicht draußen vor dem Haus. Wir mußten aber wieder über den Fluß, um nach Labiau zurückzukommen. Da erinnerte sich meine Mutter, daß sie gestern ganz aus der Ferne einen alten Mann gesehen hatte, der, wenn es Herr Kotzer war, wie meine Mutter vermutete, am äußersten Ende des Dorfes wohnte und in früheren

Zeiten einen Kahn besaß. Die lange Dorfstraße wollte fast nicht enden, aber unsere Mühe sollte sich gelohnt haben, denn es war tatsächlich Herr Kotzer. Er ging sehr traurig umher, wohnte ganz alleine und freute sich, uns Deutsche zu sehen. Er war ein sehr gutmütiger Mann. Bevor er uns in seinem Kahn übersetzte, gab er uns noch eine große Scheibe von einem runden Landbrot.

Nachdem wir Labiau hinter uns gelassen hatten, marschierten wir wieder unter der Glut der unerbittlich brennenden Sonne, auf endlos langen Straßen, ohne daß uns ein Mensch begegnete. In einem Straßengraben fanden wir einen sehr großen Männerstiefel aus Gummi, aber leider nur einen und doch nahmen wir ihn mit – man konnte ja nie wissen! Wir hatten gelernt, an nichts achtlos vorüberzugehen. Ein wenig später fanden wir in einem anderen Straßengraben einen toten Hund. Es sah aus, als ob er schlafen würde – wie der tote, dicke Mann auf den Kartoffeln. Meine Mutter besah ihn sich ganz genau. Er konnte noch nicht lange tot sein, denn er sah noch ganz frisch aus. Auch hatte er keine Zeichen äußerer Verletzungen, die als Todesursache hätten angesehen werden können. Auf jeden Fall nahm ihn meine Mutter mit.

Tante Schubert freute sich sehr, als wir mit der untergehenden Sonne wieder bei ihr eintrafen, noch dazu mit »Beute« – einem zweiten Kochtopf, einem Gummistiefel und einem toten Hund. Am nächsten Tag trat sie ganz groß in Aktion. Auf dem gefliesten Fußboden in der großen Küche machte sie sich daran, dem Tier das Fell abzuziehen. Das war das einzige Mal, daß sie dort unten kochte. Sie nutzte die große Herdöffnung, um das Fell und alles, was man sonst nicht essen konnte, zu verbrennen, während sie das Fleisch, das sie zuvor mehrmals im Brunnenwasser gewaschen hatte, gleich kochte. Als alles fertig war, bekam ich von meiner Mutter die erste Schelte, und zwar tüchtig, denn ich aß nichts von dem Fleisch. Verstorbene Menschen oder ein toter Hund, darin sah ich keinen Unterschied. Mir kamen die vielen Toten in den Sinn, die ich hatte sehen müssen, und nun sollte ich einen toten Hund essen, der auch einmal gelebt hatte? Dabei waren Pferde und Hunde meine liebsten Tiere, nein, ich bekam keinen Bissen runter. Ich verstand nicht, daß man das essen mußte, um zu überleben.

Es kam der Herbst und damit die Kartoffelernte. Die vielen Felder, die es abzuernten galt, konnten nicht von den wenigen Blöckener Frauen geschafft werden, also wurden Kinder ab acht Jahren zum Ernteeinsatz herangezogen. Ein russischer Soldat ging, nachdem die Frauen das Dorf zur Arbeit verlassen hatten, durch jedes Haus und bestimmte nach Augenmaß, wen er für acht hielt. Ich war zwar erst sechs, aber schon sehr groß, und so wurde ich zur Arbeit eingeteilt. Wie hätte ich auch erklären sollen, daß ich erst sechs war?

In einer Kinderkolonne, voran ein russischer Soldat – mit Gewehr – ging es weit hinaus zu einem Feld. Ich trug immer noch, wie schon den ganzen Sommer hindurch, mein blaues Leinenkleidchen und war barfuß. Ich fror sehr, denn es war ja schon Herbst, und die kalte, nasse Erde verursachte einen so furchtbaren Schmerz an meinen Füßen, daß ich glaubte, auf Eis zu gehen. Ich erlebte erstmals, doch nicht zum letzten Mal, wie sehr Kälte schmerzt. Noch heute kann ich diesen Kälteschmerz nachempfinden.

Als wir das Feld endlich erreicht hatten, wurden wir zur Arbeit eingeteilt, zwei Kinder für je einen der großen Kartoffelkörbe. Schnell, wie im Akkord, mußten die Körbe gefüllt werden. Mit jedem Schritt wurde der Korb schwerer, und in der nassen, klumpigen Erde knickte ich immer wieder um und lag auf den Knien. Kaum daß ich wieder aufrecht stand, erging es dem anderen Mädchen ähnlich; eine von uns beiden lag immer im Dreck. Dabei hieß es: »Dawai, Dawai« (schnell, los). Es war ein Schleppen, Zerren, Stolpern und Hinfallen, daß wir fast keine Luft bekamen. War der Korb gefüllt, mußten wir ihn zum Wagen schleppen, der am Rande des Feldes stand und dann mit unseren winzigen Kinderkräften die Last hochheben, um alles auf dem Wagen auszuschütten. Dabei fielen die meisten Kartoffeln aus dem Korb, denn unsere Arme waren zu kurz, um den vollen Korb hochzuheben und dann auch noch auszuschütten. Ganz, ganz schnell mußten alle aufgelesen und dann zurück zu unserer Furche gerannt werden, denn der Russe paßte auf, daß das Arbeitstempo nicht unterbrochen wurde.

So ging es den ganzen Tag. Als es endlich hieß: »Idutch damoi« (nach Hause gehen), durften wir sechs Kinder nicht mit dem Fuhrwerk mitfahren, obwohl noch Platz gewesen wäre. Statt dessen mußten wir unter Bewachung des Soldaten den langen Heimweg zu Fuß antreten. Der Rücken, die Handgelenke und die Füße taten mir so weh, daß mir während des ganzen Weges Tränen über die Wangen liefen. Tränen, die niemand beachtete, die niemand trocknete – nur der Wind, der auch den Seelenschmerz mitnahm. Dieser Tagesrhythmus setzte sich so lange fort, bis das Feld von uns sechs Kindern abgeerntet war.

Kaum daß die Kartoffeln geerntet waren, wurde das Wetter von Tag zu Tag schlechter. Tagelange Regengüsse verwandelten die Straßen und Landwege in Morast. Wenn ich den Weg, der uns vom nachbarlichen Gehöft trennte, überqueren wollte, versank ich bis zur Hälfte der Waden im aufgeweichten Erdreich. Dabei mußte ich aufpassen, nicht umzufallen, weil sich die knetige, feuchte Masse wie Pudding fest um meine Beine schloß. Einerseits wackelte alles um die Beine herum, andererseits klebte man an dem Modder wie an einem Kaugummi, der die Füße beim Bemühen, einen Schritt zu machen, nach unten zog. Das Überqueren einer solchen Straße war also eine abenteuerliche Angelegenheit. Stets lautete die Frage: Komm ich rüber oder lande ich im Dreck?

Der erste ostpreußische Winter in Gefangenschaft brach mit all seiner gewohnten Kraft und Stärke herein und brachte damit für uns neue Überlebensprobleme. Über die Sommer- und Herbstmonate hatte meine Mutter mal hier, mal dort, wenn sie in anderen Dörfern zur Arbeit eingesetzt war, einiges an Bekleidung gefunden, was zwar so miserabel war, daß man es heute auf den Müll werfen würde, damals aber wertvoll wie Gold war.

Wie schon berichtet, besaßen wir seit unserem Ausflug nach Labiau einen einzigen, riesengroßen, linken Männergummistiefel. Etwas später fanden wir noch einmal einen, allerdings auch einen linken. Nun hatte meine Mutter wenigstens ein Paar Stiefel, wenn es auch zwei für den linken Fuß waren. Die Schäfte waren so hoch, daß meine Mutter mit den Knien darin versank, also kürzte sie sie, indem sie die Schäfte einfach abschnitt. Dann wurden sie so ordentlich mit Stroh ausgestopft, daß das meiste davon oben noch etwas herausschaute. Lappen wurden um Füße und Beine gewickelt, die die fehlenden Strümpfe ersetzten, und so hatte sie, wenn auch nicht warme, so doch trockene Füße. Über ihrem einzigen Kleid trug sie eine gefundene, knallrote Schürze, die aus der sowjetischen Fahne hätte genäht sein können und die kaputten Stellen im Kleid etwas verdeckte. Als Allwetterbekleidung folgte sodann die schon erwähnte, viel zu große ehemalige deutsche Soldatenjacke, in der sie fast versank. Man hätte fragen können, wo die Jacke mit der Frau hinwollte, oder sie als »Jacke auf Beinen« bezeichnen können, denn meine Mutter war, wie wir alle, sehr abgemagert. Keine Kopfbedeckung, keine Handschuhe schützten sie vor schneidender Kälte und Schneesturm. Eine zerrissene Jacke aus ehemaligem Kaninchenfell, in der anscheinend schon die Mäuse drin waren, gab sie Tante Schubert, denn auch sie brauchte etwas Wärmendes.

Zur Nacht durfte man sich auf keinen Fall ausziehen, weil man sonst auf dem Strohlager mit nur einer Pferdedecke erfroren wäre. Die Fenster waren mit Eisblumen zugefroren, in die wir am Tag ein Guckloch hauchten. Wenn nachts der Sturm ums Haus heulte, hatte ich Angst und kuschelte mich noch näher an die Füße meiner Mutter heran, denn mit dem Kopf lag sie am anderen Ende des Bettes, zusammen mit meiner Schwester. Nur so war ein Liegen zu dritt in einem Bett möglich. Meine Winterbekleidung war ähnlich unzureichend. Ich besaß ja auch nur das, was ich auf der Flucht angehabt hatte, und das war mittlerweile überall zu kurz und zu eng, ebenso wie meine hohen Winterschuhe. Über Kleid und Strickjacke kam der Trainingsanzug. So mußte ich während der ganzen Wintermonate angezogen bleiben, nur die Wäsche wurde alle sieben Tage gewechselt.

Ein besonderes Problem bildete die Beleuchtung. Schon im Herbst hatte meine Mutter eine leere Konservendose und etwas Petroleum organisiert, ein Loch durch den Dosendeckel gebohrt, ein Stück Lappen durchgezogen, so daß das eine Ende herausschaute und das andere Ende im Petroleum hing. Dieses Licht war sehr wertvoll, darum wurde es nur selten angezündet. So lange es ging, wurde im Dunkeln hantiert. Wenn die Roggenwassersuppe fertig war, saßen wir im Schein des

Lichtes, das vom Feuer aus der Herdöffnung drang, ganz eng um den Herd herum und wärmten uns an dem warmen Suppenschüsselchen. Danach gingen wir sofort ins Bett. Wie spät es war, wußte keiner.

Irgendwann in der Nacht stand unsere gute Tante Schubert immer auf, um für meine Mutter die Roggen- oder Hafersuppe zu kochen, von der wir später auch alle aßen. Meine Mutter war ihre große Sorge. Sie, die alle ernährte, sollte etwas Warmes im Bauch haben, wenn sie in dieser kalten Jahreszeit zur Arbeit gehen mußte. Während der Kocherei war ihr das Feuer im Herd – wir hatten ja kein Herdtürchen – die einzige Lichtquelle in unserer gemeinsamen Schlafkammer. Da sie kein festes Schuhzeug hatte, mußte sie im Haus bleiben, und meine Mutter und ich sorgten für Brennholz. Nach wie vor war ich täglich unterwegs, jetzt vornehmlich, um Holz zu sammeln. Ohne Holz durfte ich nie heimkommen, denn dann hätten wir nichts zu essen bekommen und wären verhungert.

Hatten mich im Sommer die brennenden Sonnenstrahlen und der Durst gequält, so brachte der Winter andere, nicht weniger schwere Strapazen mit sich. Jetzt trug ich zwar kein Schüsselchen, weil es nichts zu sammeln gab, dafür hatte ich die große Männeraxt, die wie ein Eisengewicht an mir hing. Manchmal benutzte ich sie, um mich auf sie zu stützen, zum Beispiel wenn ich hohe Schneeverwehungen überqueren mußte. Schuhe und Trainingshosen waren bald naß, aber Holz mußte gefunden werden. Doch es wurde immer schwieriger, etwas zu finden, da die anderen Kinder schon sämtliche Lattenzäune abmontiert hatten.

Ich weiß noch, daß ich einmal vor einer Weidekoppel stand, deren Umgrenzungspfähle zur Hälfte aus dem tiefen Schnee herausragten. Herrlich viel Holz, dachte ich und fing gleich an, daran herumzuhacken. Aber sie waren aus Eiche, das war Holz wie Beton und so bekam ich nicht einen einzigen Span ab. Darum standen sie auch noch, weil andere Kinder auch schon erfolglos ihr Glück versucht hatten. Ich konnte nur nach Bäumen Ausschau halten, an denen sich von der Last des Schnees die Zweige neigten, so daß ich sie erreichen und abbrechen oder abhacken konnte.

Die Blöckener Frauen wurden auch in dieser Jahreszeit, in der es keine Feldarbeit zu verrichten gab, von Herrn Tienert aus den Häusern getrommelt. Im Eiswind und bei klirrender Kälte standen sie zwei bis drei Stunden auf dem Hof, bis die Russen ausgeschlafen hatten und einer erschien, um sie zur Arbeit einzuteilen. Meistens mußten sie in einer kalten Scheune in Blöcken Säcke flicken. Aber es kamen auch Befehle, nach denen sie, ungeachtet der Wetterverhältnisse und ihrer mangelnden Bekleidung, durch tief verschneite Wege zehn Kilometer nach Kaimen zu marschieren hatten, um dort in einem Speicher Getreide umzuschaufeln. Dann band meine Mutter sich ihre große, rote Schürze ab, wickelte sie um den Kopf, kam schnell noch mal zu uns bzw. zu Tante Schubert herauf, und borgte sich die zerrissene Felljacke, die sie unter ihrer übergroßen Soldatenjacke anzog, um so einigermaßen gegen die große Kälte und die Schneestürme geschützt zu sein. Tante Schubert, die ja sowieso in der Dachkammer bleiben mußte, zog solange den guten schwarzen Wintermantel an, den meine Mutter auf der Flucht getragen hatte.

Die Frauen wußten natürlich, wo sie im Herbst, weit draußen, Mieten mit Rüben anlegen mußten, und diese wurden jetzt, da Kartoffeln und Korn aufgegessen waren, in nächtlichen Diebestouren angebrochen. Diese Mieten wurden wegen der kalten Jahreszeit nicht mehr bewacht. Außerdem gehörten Rüben nicht zu den Lebensmitteln, die die Russen gegessen hätten, also warum sollten sie sie bewachen? So gab es für alle Frauen und Kinder während der ganzen Wintermonate nur Rübenwassersuppe.

Die Frauen mußten jeden Tag arbeiten. Es gab keinen freien Sonntag, und so wußten wir auch nicht, welcher Wochentag war und schon gar nicht, was wir für ein Datum hatten. Wir lebten einfach zeitlos. Natürlich wußten wir auch nicht, wann Weihnachten war. Nur die Natur zeigte uns an, in welcher Jahreszeit wir lebten.

Nach weniger anstrengenden Tagen, an denen nur Säcke geflickt werden mußten, erzählte meine Mutter am Abend beim Schein eines kleinen Flämmchens aus der Konservendose Geschichten aus ihrer glücklichen Kindheit. Allerdings wegen des wenigen Petroleums, das wir besaßen, nie lange. Solche Abende, an denen wir die Mutter einmal für uns hatten, waren wie Weihnachten. Dann hörten wir von ihrer glücklichen Kinder- und Jugendzeit in Hindenburg bei Labiau auf dem Hof ihrer Eltern und von den guten Nachbarn Dauderts, deren Gehöft auch ich noch gekannt hatte.

Angesichts dessen, was wir im Moment durchlitten, hörten sich ihre Erinnerungen unwirklich an, wie Märchen. Mutters liebste Freizeitbeschäftigung im Winter war Schlittschuhlaufen gewesen. Das war die Sportart in Ostpreußen, die fast jedes Kind beherrschte. Sie war in ihrem dicken grünen Wollmantel mit gelber Mütze und gelbem Schal, der mehrmals um den Hals gewickelt wurde und an den Enden lange Troddel hatte, mit den anderen Kindern des Dorfes auf dem Großen Friedrichsgraben um die Wette gelaufen, zur Abkühlung immer mit offenem Mund, was ihr so manche Halsentzündung eingebracht hatte. Halsweh galt indes nicht als Krankheit; wenn man nicht gerade hohes Fieber hatte, ging man trotzdem in die Schule. Nach solchen »Wettkämpfen« saß sie abends erschöpft, aber glücklich in der warmen elterlichen Bauernstube bei Klunkersuppe und Bratkartoffeln und wäre am liebsten gleich am Tisch eingeschlafen, so müde war sie. Aber schön war es, und darum wurde es am nächsten Tag gleich nach den Hausaufgaben wiederholt. Ja, das waren nicht nur gesunde Kinder gewesen, sondern auch gesunde Zeiten.

Oder sie erzählte von Schmackostern. Zu Ostern wurde das ganze Haus mit dem frischen Grün der Birken geschmückt, das von den Kindern als Symbol für neues Leben nach dem langen, kalten Winter aus dem nahegelegenen Wald geholt wurde. Am Ostersonntag wurde ganz früh aufgestanden, um bei den Nachbarn, in diesem Fall Dauderts, zu schmackostern. Da man wie im Paradies lebte, wurde ja keine Haustüre abgeschlossen. So konnten sich die Kinder ganz leise in das Haus schleichen, in die Schlafzimmer gehen, die Federbetten am Fußende hochheben, um mit frischem Grün mehr oder weniger stark auf die Füße der Schlafenden zu schlagen. Dabei wurde auch der uralte Herr Daudert, genannt Oschpapa, der im Altenteil wohnte, nicht verschont. Sicher schlug man bei ihm aber etwas gnädiger. Dabei sagte man: »Schmackoster, Schmackoster, viel Eier, Stück Speck da go ick glick wech.« Erst wenn die Kinder etwas bekommen hatten, hörte die Rutenwirtschaft auf, und man wünschte sich »Frohe Ostern«. Dies war ein altostpreußischer Brauch, der auf dem Land unter den Kindern und Jugendlichen sehr beliebt war. In den Nestern, die im Garten gesucht werden mußten, lagen nur hartgekochte, buntbemalte Hühnereier. Süßigkeiten gab es nicht.

Nach dem Frühstück fuhr man zur Kirche, natürlich in der Sonntagskutsche mit den Verzierungen, Schnörkeln und Goldbemalungen, die meine Großmutter unter anderem von ihrem Vater, dem Gutsherrn von Gut Neuhof bei Labiau, 1910 als Hochzeitsgeschenk bekommen hatte. Diese Kutsche kannte sogar ich noch. Auch die Pferde erhielten ihr »Sonntagskleid«, das blanke Geschirr, das aussah wie Gold. Auch wenn die ganze Familie nicht anwesend war, wurde nichts abgeschlossen oder zugesperrt. Das Haus war für jeden offen, doch trat nie ein Fremder ein. Oschpapa Daudert hielt regelmäßig zu Hause für sich alleine Andacht ab, so wie er es seit seiner Kindheit im letzten Jahrhundert gewohnt war, als noch nicht jedes Dorf eine Kirche hatte. Schließlich muß man nicht Theologie studiert haben, um in der Bibel zu lesen, Kirchenlieder zu singen oder Gott zu preisen. So tat es dann auch Herr Daudert. Er las lange in der Bibel und stimmte anschließend einen Lobgesang an, indem er mehrere Kirchenlieder bei weit geöffnetem Fenster sang.

Am Nachmittag kam Verwandtenbesuch. Dann erhielten die Kinder, weil Feiertag war, heißen Kakao anstatt Milch, und den weißgedeckten Tisch zierten Streuselkuchen, Rosinenstriezel und Schokoladenkuchen. Einmal, so erinnerte sich meine Mutter, kam ihre Patentante zum Nachmittagskaffee und brachte als große Besonderheit jedem der Kinder ein Schokoladenei mit. Von diesem Luxus wurde noch lange gesprochen, denn es gab ihn nie wieder.

Am Ostermontag gingen die Großeltern mit den Kindern zu ihren Feldern, um zu sehen, wie die Saat stand. Alles war umhüllt von Liebe, Frieden, Harmonie und Geborgenheit. Was für eine schöne Welt muß das gewesen sein. Nicht zu vergessen die gute Gesundheit, über die jeder ostpreußische Mensch verfügte. Weder meine Mutter noch ihre Geschwister oder ihre Eltern waren jemals krank. Aber so war es auch in anderen Familien, das war ganz einfach normal.

Meine Mutter erzählte auch von den Silvesterabenden, die immer mit viel Spaß, Spiel, Besinnlichkeit und Nachdenken über das Vergangene gefeiert wurden. Es war irgendwie zur Gewohnheit geworden, daß der Übergang zum neuen Jahr bei Dauderts begangen wurde. Das lag sicher daran, daß Frau Daudert schon rechtzeitig regelrecht darauf bestand, daß die fünf Junkeitkinder, von denen meine Mutter die älteste war, herüberkommen sollten, um mit den vier Daudertkindern Anna, Gertrud, Hertha und Albert, die alle etwas älter waren, fröhlich den Abend zu verbringen. In der großen, warmen, gemütlichen Bauernstube mit der Holzbalkendecke, an die ich mich auch noch erinnern kann, spendierte Frau Daudert Waffeln und heiße Getränke. Dazu veranstaltete man Gesellschaftsspiele, in die manchmal auch Herr und Frau Daudert einbezogen wurden, beispielsweise wenn es galt, mit verbundenen Augen und in jeder Hand einen Eßlöffel eine Person zu betasten und dabei herauszufinden, wer es war. Nur das »Mehlspiel« mußten die Kinder alleine spielen, dazu ließen sich die Erwachsenen nie überreden. Auf dem abgedeckten Tisch wurde in der Mitte eine etwa 20 Zentimeter hohe Mehlpyramide errichtet und festgeklopft. In die Spitze wurde Frau Dauderts Ehering gesteckt, der bis zur Hälfte im Mehl versank. Nun mußte jedes Kind mit einem Messer ein Stück Mehl abschneiden – sehr vorsichtig natürlich. So wurde die Pyramide immer schmaler, und derjenige, bei dem der Ring umkippte, mußte ihn mit dem Mund aus dem Mehl herausholen, wobei das ganze Gesicht weiß wurde und die anderen ihren Spaß daran hatten. Oder das Spiel »Armer schwarzer Kater«. Ein Mitspieler mußte sich vor einen anderen hinknien, wobei der Sitzende dem Knienden grimassenschneidend übers Haar strich und sagte: »Armer schwarzer Kater.« Der Kniende mußte dabei ganz ernst bleiben, während der andere bemüht war, ihn mit komischen Grimassen zum Lachen zu bringen. Es wurde auf die Uhr geschaut und wer am längsten ernst bleiben konnte, hatte gewonnen. Je später es wurde, um so schwieriger war es, ernst zu bleiben, denn man hatte sich dann schon so richtig eingelacht.

Kurz vor Mitternacht kamen auch meine Großeltern zu Dauderts herüber, um ein gutes, neues Jahr zu wünschen und ihre Kinderschar heimzuholen. Wenn es Zeit war, ins eigene Haus zu gehen und man aus Dauderts warmer Stube in die frostige, klare Winternacht trat, verstummte schnell alles Gekicher, denn obwohl der Weg kurz war, mußte man sich bei minus 20 Grad wärmen und vor allen Dingen den Mund geschlossen halten. Im Elternhaus zogen sich dann die Kinder im warmen Wohnzimmer aus, wärmten die Nachtsachen am Ofen an und darauf ging es – eins, zwei, drei – im Gänsemarsch ins kalte Schlafzimmer und mit einem mutigen Sprung ins kalte, dicke Federbett. Die Schlafräume waren damals alle unbeheizt. Solche Silversternächte wurden auch noch beibehalten, als die Verehrer und zukünftigen Ehemänner zu Dauderts Töchtern kamen.

Einmal erzählte meine Mutter eine Geschichte ganz anderer Art. Unter den Frauen gab es verständlicherweise immer nur ein Gesprächsthema: Kommen wir hier raus? Wissen Sie was? Haben Sie etwas gehört? Aber niemand wußte etwas. Eines Tages kamen sie beim Getreideumschaufeln in Kaimen wieder einmal mit anderen Frauen zusammen. Bei denen versuchte man sich weiter zu informieren, aber auch ihnen war nichts bekannt. Hoffnungslosigkeit, Verzweiflung, Resignation nahmen wieder ihren Platz ein. Eine Frau jedoch wußte zu berichten, daß das Schloßgut Preil, der Besitz der Grafen von Lehndorf, abgebrannt war. Dies berührte meine Mutter tief. Zu diesem herrlichen Besitz erzählte sie folgende Geschichte: Als sie 18 oder auch 20 Jahre alt gewesen war, erhielt sie eine Einladung auf dieses Schloß, anläßlich der sie ihr Samtkleid anzog. Sie erzählte von der kostbaren Einrichtung der Zimmer und wie sehr sie erschrak, als die Tür zur Ahnengalerie geöffnet wurde und die Vorfahren dieses Hauses sie aus lebensgroßen Ölgemälden ansahen. Als sehr erfrischend empfand sie die Kahnfahrt auf dem See vor dem Schloß. Zum Abschluß dieses unvergessenen Besuches wurde sie vom Chauffeur in einem weißen Cabriolet mit roten Lederpolstern und heruntergeklapptem Verdeck zum Bahnhof gefahren, von wo der Zug sie wieder zurück nach Königsberg brachte. Noch lange habe sie von diesem schönen, eindrucksvollen Tag geträumt. Einer der Grafenneffen war später Arzt in Königsberg gewesen und er soll, mit Rücksicht auf sein volles Krankenhaus und auf die vielen Menschen, die seine Hilfe brauchten, freiwillig auf eine Flucht, die man ihm angeboten hatte, verzichtet haben. Über 60 Jahre nach diesem Besuch auf Schloßgut Preil sah meine Mutter im Schaufenster eines Geschäftes genau so ein Auto, in dem sie damals zur Bahn chauffiert worden war – in Miniatur ca. 30 Zentimeter lang. Ich kaufte es ihr, und es steht heute in ihrem Wohnzimmer als liebes Erinnerungsstück an eine glückliche Zeit.

Auch Tante Schubert hörte schweigend zu, wenn meine Mutter erzählte. Was mag sie gedacht und gefühlt haben? Sie lächelte nur ab und zu in ihrer liebenswerten Art oder nickte mit dem Kopf. Wenn wir nach solchen

Abenden der inneren Besinnung das winzige Flämmchen des Petroleumlichts löschten, um uns in unser Strohlager zu begeben, war ich doppelt traurig über unser Schicksal. Warum hatte es Krieg gegeben? Warum brachten die Menschen sich gegenseitig um? Ich dachte an unser einstiges schönes Zuhause mit den blanken Möbeln, in denen ich mich immer gespiegelt hatte und auf denen meine Mutter die Fingerabdrücke von mir wegpolieren mußte, dachte an die warmen Räume, meine nicht nur schöne, sondern auch wärmende Kleidung und die vielen Schuhe, in denen ich nie nasse oder kalte Füße bekommen hatte.

Der Krieg hatte Armut, Hunger und Tod gebracht. Die wärmende Kleidung fehlte, und die Kälte war furchtbar zu ertragen; sie ging nicht nur bis auf die Knochen, sondern schmerzte. Die Füße waren nur noch kalt und naß, und die Seidenschleifen waren überflüssig geworden, da nach der Glatze langsam erst die ersten kurzen Haarstoppeln wuchsen. Jeden Tag mußte man jetzt hinausgehen, auch wenn eisiger Wind und Schneetreiben einem fast den Atem raubten. Mit bloßen Händen, die von der Kälte schnell steif und abgestorben waren, mußte die schwere Axt getragen und dann auch noch Holz geschlagen werden. Dann kamen mir erneut die Gedanken, daß Sterben doch eigentlich leichter sein müsse als Überleben, und wieder fing ich an, die vielen Toten zu beneiden, die ich gesehen hatte. Für sie gab es diese Strapazen nicht mehr.

Wenn ich erschöpft, schwach und hungrig von den einsamen, langen Märschen auf der Suche nach Holz gerne etwas ausgeruht hätte, fielen mir die mahnenden Worte von Tante Schubert ein, mich nie in den Schnee zu setzen oder gar zu legen. Ich würde einschlafen und nie mehr aufwachen. Außerdem wußte kein Mensch, wo man mich hätte suchen sollen. Den Gedanken, einzuschlafen und nie mehr aufzuwachen in dieser neuen, anderen Welt, nie mehr frieren und hungern zu müssen, fand ich indes gar nicht so schlecht. Aber damit hätte ich großes Leid über meine Mutter gebracht und das wollte ich nicht. So ergab ich mich in mein Schicksal und ging weiter täglich Holz sammeln bei eisiger Kälte, Schnee und Sturm, mit halberfrorenen Händen, mit einer viel zu schweren Axt in einer winterlichen Steppenlandschaft – denn das war mein geliebtes Ostpreußen geworden.

Ein Pferd war gestorben. Morgens hatte man es tot im Stall gefunden. Arbeitseinsatzänderung! Alle Frauen bekamen einen Spaten, und ein russischer Soldat mit umgehängtem Gewehr führte sie hinaus auf ein verschneites Feld zwischen Blöcken und Brasdorf, wo sie eine Grube ausheben mußten. Wegen der hartgefrorenen Erde war es eine Arbeit wie im Steinbruch, erzählte meine Mutter. Den ganzen Tag waren die Frauen mit dem Ausheben der Grube beschäftigt. Das tote Tier wurde, unter Bewachung durch einen Soldaten, von zwei Pferden dorthin gezogen und die ganze Strecke zur Grube geschleift. Das war nicht weiter schlimm, weil der Hof und alle Fahrwege unter einer dicken, festgefrorenen Schneedecke lagen. Bevor die Grube zugeschaufelt werden durfte, mußte Chlor über den Kadaver gestreut werden.

Bei Einbruch der Dunkelheit traten alle Frauen vollkommen erschöpft und scheinbar unbewegt den Heimweg an, jedoch mit einem einzigen Gedanken im Kopf: In der Nacht das Pferd wieder auszugraben!

So kam es dann auch. Jede Frau mußte ihren Weg allein zum Pferdegrab gehen. In einer Gruppe konnte man nicht stehlen gehen, schon gar nicht ein Pferd.

Meine Mutter nahm mich mit, damit ich ihr beim Tragen des Fleisches helfen konnte. Ich war das einzige Kind in dieser nächtlichen Runde. Nun stand ausgerechnet in dieser Nacht der Vollmond wie eine große Lampe am Himmel, der die weite Schneelandschaft taghell erscheinen und jeden Mensch schon aus der Ferne als dunklen Punkt leicht erkennen ließ. Der Schnee auf der Straße war festgefahren und gefroren, so daß jeder unserer Schritte knirschte. Wir wußten, daß wir nicht lange auf diesem Weg gehen konnten, denn er führte direkt an dem Haus zwischen Blöcken und Brasdorf vorbei, in dem der russische Soldat, der Schmied, wohnte. Er war zwar immer gütig und freundlich gewesen, aber wie würde er reagieren, wenn er nachts zwei unbekannte Gestalten auf sein Haus zukommen sehen würde? Eben das wußte niemand, darum mußten wir, noch ein gutes Stück entfernt vom Haus, die Straße verlassen und über die tiefverschneiten Felder weitergehen. Für mich war das sehr anstrengend, es war mehr ein Kriechen auf allen vieren. Da der Schnee so hoch war, daß ich mit den Beinen bis zum Knie und noch tiefer versank, war es unmöglich, einen normalen Schritt zu machen. Nach einer abermals langen Wegstrecke sahen wir den Erdhügel, der sich im Schnee mit Vollmondbestrahlung gut sichtbar abhob. Zum Ausgraben des Loches hatten die Frauen Schaufeln gehabt, jetzt mußte mit den bloßen Händen und auf Knien die Erde abgetragen werden. Ich half natürlich mit, auch wenn ich das einzige Kind war. Meine Hände spürte ich durch die frostige Erde bald nicht mehr, aber keine Klage kam über meine Lippen.

Nach und nach kamen immer mehr Frauen, jede für sich auf einem anderen Schleichweg über die Felder. Es schien ewig zu dauern, bis das Tier freigelegt war, und dann ging die eigentliche Knochenarbeit erst los. Man muß sich vorstellen, daß damals kein Deutscher über ein Messer verfügte. Alle hatten lediglich irgendein »Knuschelchen«, was indes alles andere als ein Messer war: eine Nagelfeile, die man gefunden hatte, oder die Spitze einer ehemaligen Sense. Das waren die Werkzeuge, mit denen wir nun bemüht waren, ein gefrorenes Pferd zu zerschneiden. Zuerst versuchten wir, den Chlor mit Schnee zu beseitigen. Es war wiederum eine Arbeit wie im Steinbruch, mit halb erfrorenen, steifen, gefühllosen Fingern. Jeder zerrte und riß und mühte sich ab, ein Stück Fleisch loszubekommen. Gesprochen wurde kaum, nur ab und zu geflüstert, um sich gegenseitig Hinweise zu geben, wo am besten noch ein Stück wegzuzerren, zu schneiden oder zu reißen war. Fast die ganze Nacht mußte dieser Fleischzuteilung geopfert werden.

Jeder hatte einen Sack dabei, der mit Fleisch gefüllt wurde, auch meine Mutter. Tragen ließ er sich aber nicht. Man mußte, was man hatte, im Schnee hinter sich herziehen. Meine Mutter schaffte es nicht mehr; unterwegs nahm sie ein großes Stück aus dem Sack und gab es mir. Ich sollte nur dieses eine Stück hinter mir herziehen, was ich auch tat. Das war jedoch leichter gesagt als getan. Hatte ich auf dem Hinweg schon Schwierigkeiten gehabt, mit meinem eigenen Körper den hohen Schnee zu überwinden, so war es jetzt, wo ich einen großen, schweren Batzen Fleisch hinter mir herzog, fast unmöglich für mich, im Schnee weiterzukommen. Am schlimmsten war es, als wir im tiefen Schnee, abseits der Straße, am Haus des Schmiedes vorbei mußten. Ich weiß noch, daß mir das Herz bis zum Hals schlug und ich keine Luft mehr bekam, denn jetzt kam zu der Schwerstarbeit noch die Angst hinzu. Immer nach links zum Haus schauend, mit der rechten Hand das Fleisch festhaltend, sackte ich tief im Schnee ein. Ich kam kaum noch hoch durch die Last, die mich immer wieder herunterzog. Um überhaupt weiterzukommen, begann ich zu kraulen, was mich aber nur um Zentimeter voranbrachte, denn dann lag ich schon wieder auf dem Bauch. Immer wieder versank ich mit den ganzen Beinen, bis zu den Lenden, im Schnee, mit der rechten Hand das gefrorene Fleisch unentwegt festhaltend. Mit Hilfe der linken Hand, die wie die rechte gefühllos und abgefroren schien, versuchte ich mich freizuschaufeln, fiel aber immer wieder hin. Ich war mit meiner Kraft am Ende. Ein neuer Versuch, aber es ging nicht mehr. Mein Herz raste, ich bekam keine Luft mehr, meine Kräfte waren weg. Ich blieb im Schnee liegen, es ging einfach nicht mehr. Meine Mutter, die mit wesentlich mehr Fleisch ähnlich zu kämpfen hatte, sah das, kam zu mir, zog mich hoch und wir setzten uns erst einmal auf den Sack, um etwas auszuruhen. Nicht lange, das wäre zu gefährlich gewesen, denn meine ganze Kleidung war naß. Dann setzten wir unseren Überlebenskampf fort, ganz langsam, Zentimeter um Zentimeter, bis wir in Blöcken waren.

Die Strecke vom toten Pferd bis zu unserem Zuhause betrug ungefähr anderthalb bis zwei Kilometer. In Blöcken angekommen – jede Frau hatte wieder ihren eigenen Weg im Alleingang zurückgelegt –, mußte man aus Angst vor möglichen Verrätern, wie bei uns in Gestalt des Herrn Tienert, zusehen, daß der Weg in die Kammer so leise wie möglich zurückgelegt wurde. Meine total durchnäßte Kleidung trocknete Tante Schubert am nächsten Tag, und ich mußte solange unbekleidet im Strohbett unter der Pferdedecke liegen. Die Nacht war sowieso vorbei. Aber jetzt hatten wir wenigstens für die nächste Zeit etwas Fleisch in unserer Rübenwassersuppe. Einen Kühlschrank brauchten wir nicht. Das Fleisch wurde oben auf dem Boden gelagert, wo es fast so kalt war wie draußen.

Dieser Winter schien nicht enden zu wollen. Jedenfalls empfanden wir ihn als ewig lang. Vielleicht kam es uns nur deshalb so vor, weil er gänzlich anders verlaufen war als alle Winter, die wir zuvor hatten erleben dürfen. Oder aber weil die Frauen jeden Tag arbeiten mußten, ohne einen Tag der Unterbrechung. Das waren ungewohnte Lebensbedingungen.

Und doch wurde es irgendwann wieder milder und wärmer. Der Schnee schmolz, blieb weg, und so zeigte uns die Natur, daß es Frühling werden sollte. Damit war mir klar, daß ich ein Jahr älter geworden war, denn zu meinen Geburtstagen in Königsberg war es immer Winter gewesen. Auch mußte in den vergangenen Wintermonaten irgendwann Weihnachten und Neujahr gewesen sein. Das normale, schöne Leben von einst war nur noch Traum und Erinnerung. Die neue Zeit, die neuen Menschen und der Wind hatten alles hinweggefegt. Der deutsche Mensch war nur noch eine Pusteblume.

Ich war zwar nur ein Jahr älter geworden, aber gleich um mehrere Jahre reifer. Äußerlich noch ein kleines Kind, war der innere Mensch, für Außenstehende unsichtbar, zu einem sehr selbständigen Riesen herangewachsen, der sich dessen bewußt war, dass er das Leben selbst in die Hand nehmen mußte und dass es keinen Sinn hatte zu betteln oder um Hilfe zu bitten. Ich hatte gelernt, daß es besser war, keinem zu trauen, von keinem etwas Gutes zu erwarten, um alles, was ich brauchte, selbst zu kämpfen und nie zu klagen, zu jammern oder zu weinen. Es half ja doch nichts und niemand, man mußte durch alles selbst und alleine durch. Das war eine harte und schmerzliche Erfahrung, die ich in nur einem Jahr machte und die mich lehrte, ums Überleben zu kämpfen. Und es waren Erkenntnisse, zu denen manche Menschen erst im Laufe eines langen Lebens gelangen.

Seit dem Ende des Krieges, mit seinen grauenvollen Erlebnissen, die ja erst ein Jahr zurücklagen, drehte sich in meinen Träumen alles um den Wunsch nach einem besseren Leben, nach genügend zu essen, warmer Bekleidung und trockenen und warmen Füßen. Doch mein innigster Wunsch war, in die Schule gehen zu dürfen. Darauf hatte ich mich schon in Königsberg so sehr gefreut. An Puppen und anderes Spielzeug dachte ich überhaupt nicht mehr, lernen wollte ich, lernen zu schreiben und zu lesen. Das waren meine Wünsche und Träume, aber sie schienen unerfüllbar.

Bei den Frauen schlug die Verzweiflung in Stumpfsinnigkeit um. Sie gingen nur noch still und mit gesenkten Köpfen umher. Auch die russischen Soldaten gingen nicht etwa in Siegerpose umher, nein, auch sie hatten ihren Blick tief nach unten gerichtet, irgendwie gedankenverloren, traurig, aber immer noch mit umgehängtem Gewehr. Sicher hatten auch sie Sehnsucht nach ihrer Heimat, nach ihren Familien. Schließlich war der Krieg schon ein Jahr vorbei und sie mußten eine Handvoll »Feinde« bewachen, von denen sie längst gemerkt hatten, daß die Frauen und Kinder sich ihnen gegenüber nicht feindlich verhielten, sondern nur Hunger hatten.

Sobald das erste Grün aus der Erde kam, begann für mich wieder die Zeit der Brennesselsuche, und ich war froh über jedes junge Pflänzchen, das ich fand. In all den späteren Jahren mußte ich, wann immer ich frische Brennesseln im Frühjahr sah, daran denken, wie glücklich ich damals war, wenn ich eine gute Stelle gefunden hatte. Das war nämlich selten und daher ein richtiger

Glücksfall. Von den anderen Kindern hatte ich gelernt, auch Knospen von Grünhecken zu sammeln. Sie waren in diesem Wachstumsstadium, wo noch kein Blatt gebildet ist, mehlig und wohlschmeckend.

Mit Beginn des Sommers hatte mich eine böse, langsam schleichende Krankheit ergriffen, die mich aufzufressen drohte. Meine Beine waren mit Geschwüren übersät. Sie juckten zwar nicht und waren mit Schorf bedeckt, aber sie schmerzten und wurden immer größer. Wenn der Schorf einmal abfiel, konnte man sehen, wie tief die Löcher schon waren, richtige Krater. Und es wurden mehr und mehr. Ich war das einzige Kind in Blöcken, das solche Geschwüre hatte, und es gab keinerlei ärztliche Hilfe, keine Krankenschwester, keine Medikamente, einfach nichts. Hilf dir selbst oder stirb.

Eigentlich gab es uns ja gar nicht. Von unserer Existenz wußte niemand etwas, schon gar nicht das Rote Kreuz. Wie wir später erfuhren, galten wir als verschollen. Den deutschen Kriegsgefangenen in den umzäunten Lagern ging es wesentlich besser als uns. Zwar mußten sie genauso schwer arbeiten, von Sonnenauf- bis Sonnenuntergang, bekamen aber Lagerverpflegung und hatten eine Krankenbaracke, in der sie mehr oder weniger ärztlich versorgt und betreut wurden. Gemäß dem Abkommen von Helsinki waren sie registriert und ihre Namen dem Roten Kreuz bekannt. Sie hatten sogar brieflichen Kontakt mit ihren Angehörigen in der Heimat, was eine sehr wichtige Stütze war, die half, in dieser schweren Zeit durchzuhalten. Der seelische Zustand spielte eine ungeheuer wichtige Rolle. Später durften sie sogar Pakete erhalten. All das gab es für uns Blöckener nicht. Wir waren uns selbst überlassen, im Leben wie im Sterben.

Die anderen Frauen rieten mir, Breitwegerich aufzulegen und zeigten mir dieses Kraut, das an jedem Wegrand wuchs. Ich befolgte den Rat, legte fleißig auf, aber es stellte sich nicht die geringste Veränderung ein. Alles blieb so, wie es war. Jahrzehnte später las ich in einem Kräuterbuch, wie Breitwegerich bei Geschwüren anzuwenden ist. Man muß die Blätter ganz klein hacken, damit der heilende Saft in die Wunde dringen kann. Da ging mir ein Licht auf, warum ich damals keinen Heilerfolg haben konnte.

Nachdem ich mich den ganzen Sommer 1946 mit meinen schlimmen Beinen abgeplagt hatte, stand eines Tages, an einem Spätnachmittag – ich war gerade von einem meiner Sammlergänge zurückgekehrt –, eine fremde, sehr alte Frau auf dem Wiehlerhof, umringt von den Blöckener Kindern. Die Frau trug eine seltsame Bekleidung, die ich noch nie zuvor gesehen hatte: ein großes, blaues Gewand, das bis zu den Füßen reichte, dazu ein weißes Rüschenhäubchen auf dem Kopf. Man sagte mir, daß das eine sehr fromme Schwester sei, eine Diakonisse. Langsam näherte auch ich mich ihr, gebührenden Abstand zu den Kindern haltend, aus Angst, verlacht zu werden, denn meine Beine sahen schon ekelerregend aus. Ich blieb im Hintergrund, als die Schwester den Kindern erklärte, sie habe eine Dose Puder gerettet (es war Penicillinpuder), mit dem sie Geschwüre heilen könne. Sie könne aber wegen der geringen Menge nur die allerschwersten Fälle behandeln, ob es jemanden in diesem Dorf gäbe, der Geschwüre habe. Da drehten sich alle Kinder stumm zu mir um.

Langsam kam die Schwester auf mich zu, besah mich, drehte sich zu den Kindern und fragte: »Kann ich hier irgendwo übernachten?« Man sagte ihr, daß das Haus zwischen Blöcken und Brasdorf leerstehen würde, denn der Russe, der darin gewohnt hatte, war im Frühjahr abkommandiert worden. Zu mir sagte sie: »Du kommst morgen im Laufe des Vormittags zu mir«, drehte sich um und ging nach Brasdorf. Am nächsten Tag wusch ich mir, wie immer, die Füße im eiskalten Brunnenwasser, obwohl das wenig nützte, denn der Weg war lang und staubig. Aber Fußwaschungen und Zähneputzen gehörten seit jeher zu mir wie die Wolken zum Himmel. In Blöcken gab es jedoch keine Zahnbürste und so mußte ich mich mit Mundspülungen begnügen.

Als ich das Häuschen, in dem bis vor kurzem der gutmütige Schmied gewohnt hatte, erreichte, ging ich um das Haus herum, denn der Hauseingang lag zum Hof. Ich öffnete im Flur die erste Türe rechts, aber dort war niemand; es war eine große Wohnküche. Dann klopfte ich vorsichtig an die Tür am Ende des Flures und hörte ein »Herein«. Es war ein schönes, helles Zimmer mit neuen, frisch lackierten Fußbodendielen. Vor dem Fenster saß die gütige Schwester wie ein Engel. Ihre rundliche Figur war gänzlich von dem weiten Gewand umhüllt, und ihre Haare waren so weiß wie die Haube, die sie trug. Sie muß zwischen sechzig und siebzig Jahre alt gewesen sein. Und ausgerechnet sie hatte es auf sich genommen, zu Fuß über Land zu gehen, die Verlorenen, Vergessenen, Entrechteten, Geknechteten aufzusuchen, um hier und dort vielleicht ein kleines Menschenflämmchen am Leben zu erhalten.

Auf einem Stuhl ihr gegenüber mußte ich Platz nehmen und die Beine auf ihre Knie legen. Dann riß sie mit einer Pinzette von jedem Geschwür erst einmal die Schorfplacke ab, was entsetzlich weh tat. Aber ich gab keinen einzigen Ton von mir, hatte ich doch schon gelernt, Leiden ohne Klagen zu ertragen. Auf die großen, kraterähnlichen Löcher streute sie behutsam, als handele es sich um Goldstaub, diesen wertvollen Puder. Danach umwickelte sie die Beine von oben bis unten, sogar unter den Füßen herum, mit weißen Binden, die sie mitgebracht hatte, und sagte, ich solle am nächsten Tag wiederkommen. Wie ein Storch, der rote Füße hat, ging ich mit total weißen Beinen heim. Als sie diese Verbände am Tag darauf abnahm, war ich erstaunt zu sehen, daß tatsächlich eine Heilung eingesetzt hatte. Sie bepuderte nochmals jede Stelle und umwickelte alles mit neuen Binden, und am folgenden Tag erschien ich abermals, ein letztes Mal, bei ihr. Wie durch ein Wunder – ich glaubte meinen Augen nicht zu trauen – hatten sich alle Löcher geschlossen. Sie erklärte mir, daß ich sie nun nicht mehr brauchte, meine Beine würden allein weiter heilen. So urplötzlich, wie sie gekommen war, um mir zu helfen und mich gesund zu pflegen, so still und unauffällig verschwand sie wieder. Meine Beine heilten tatsächlich. Dort, wo die Geschwüre gesessen hatten, bildete sich neue Haut, doch noch zehn Jahre später sah man die weißen Flecken. Die Schwester hatte mir das Leben gerettet, selbstlos und unentgeltlich.

Kurz nach meiner Heilung bekam meine vierjährige Schwester eine juckende Kopfflechte. Sie kratzte, bis Blut kam, was besonders schlimm aussah in ihrem dünnen, blonden Haar, das gerade spärlich nachgewachsen war. Die Frauen rieten meiner Mutter, ihr für die Nacht die Hände ans Bett zu binden. Aber das half nichts. Am nächsten Morgen war die Schnur durchgebissen und der Kopf wieder zerkratzt. So ging es wochenlang. Gott sei Dank heilte das aber von alleine. So wie es gekommen war, verschwand es auch wieder. Irgendwann hatte meine Mutter ein Kindertöpfchen gefunden, das sie zur Benutzung für meine Schwester mitgebracht hatte, weil wir immer fürchteten, sie würde in die große Öffnung des Herzhäuschens fallen. Auf dem Töpfchen konnte sie stundenlang sitzen, und wir brauchten uns um sie keine Sorgen zu machen. Da saß sie, nuckelte an ihrem Daumen oder spielte Schule. Steinchen hatte sie vor sich aufgestellt, die Kinder darstellten, mit denen sie schimpfte. Nun waren wir anderen immer sehr beschäftigt. Wenn meine Mutter am Abend heimgekommen war, und im Sommer war es ja noch lange hell, dann sägte sie mit Tante Schubert Äste mit einer Säge durch, die von Herrn Tienert ausgeliehen werden konnte. Die zersägten Stücke mußte ich mit der Axt auf einem Holzklotz weiter zerkleinern, so daß es kleine, schmale Scheite gab, die in unsere Herdöffnung paßten.

Jeden Abend waren wir mit dieser Aktion beschäftigt. Meine Schwester saß wie immer auf dem Töpfchen, und wir konnten uns wirklich nicht um sie kümmern. Außerdem war sie ja friedlich und saß gern dort. Um so mehr erschraken wir drei, als plötzlich von oben aus unserer Dachkammer ihr Geweine und Geschrei zu hören war. Alle stürzten wir nach oben. Im Töpfchen war nichts, aber der Darm hatte sich nach außen gestülpt und hing aus dem Po. Schnell wusch sich meine Mutter die Hände und wollte alles wieder reindrücken, aber bei der geringsten Berührung fing meine Schwester fürchterlich an zu schreien. Wir wußten nicht, ob sie wirklich Schmerzen hatte oder ob sie nur wegen des ungewohnt fremden Gefühls schrie. Auf jeden Fall erreichte meine Mutter nichts. Fräulein Stein aus der Dachkammer nebenan, die, wie sie selbst einmal gesagt hatte, Krankenschwester war, wußte auch keinen Rat.

Aus Verzweiflung riß meine Mutter das Fenster auf und hielt hilfesuchend nach einem Menschen Ausschau. Das war eigentlich Unsinn, denn um diese späte Abendstunde waren alle Mütter in den Häusern mit ihren Kindern beschäftigt. Grundsätzlich war zu dieser Tageszeit niemand draußen, weder Deutsche noch Russen, das Dorf war am Abend wie ausgestorben, still wie die weite Natur ringsum und die langsam heranziehende Nacht. Trotzdem schaute meine Mutter, doch sie schaute ins Leere. Da auf einmal, lief da nicht jemand? Ja, natürlich, eine Gestalt kam ganz schnell, mit großen hastigen Schritten die Dorfstraße entlang, überquerte diese und kam direkt auf unser Haus zu. Jetzt erkannte meine Mutter Frau Domnik, die am anderen Ende des Dorfes wohnte. Sie hatte drei oder vier Kinder und war stets gütig, verständnisvoll und hilfsbereit. Meine Mutter rief und winkte ihr zu, sie möge doch bitte heraufkommen. Beim Betreten unserer Stube ging sie sofort wortlos auf meine Schwester zu, die immer noch weinend auf dem Strohbett lag. Mit einem Kennerblick, als sei sie Arzt und habe täglich damit zu tun, packte sie meine Schwester an den Füßen, riß sie hoch in die Luft, so daß der Kopf nach unten hing und kaum daß wir richtig begriffen hatten, was geschehen war, machte es plumps und der Darm war auf diese Weise von selbst wieder nach innen gerutscht.

Als alles behoben war, schaute Frau Domnik nachdenklich und gedankenverloren zum Fußboden und sagte immer wieder: »Komisch, was wollte ich eigentlich, wozu bin ich ins Dorf gelaufen?« Dieses wiederholte sie mehrmals und schüttelte dabei den Kopf. Es wollte ihr einfach nicht einfallen, und so ging sie, immer noch überlegend, langsam zurück zu ihren Kindern. War sie einer inneren Eingebung gefolgt? War es eine Wegweisung gewesen, zu uns ans andere Ende des Dorfes zu kommen, um Hilfe zu leisten, Hilfe, nach der meine Mutter in Gedanken gerufen hatte? Es gibt so viel zwischen Himmel und Erde, was zu begreifen unser menschliches Gehirn nicht imstande ist.

Noch einmal muß ich etwas ausführlicher auf die Landwirtschaft zurückkommen. Im Sommer 1945 gab es kein Feld, keinen Acker, kein Stückchen Erde, auf dem nicht irgend etwas wuchs. Alles blühte und gedieh prächtig, so wie ich es von den vielen Besuchen bei meinen Großeltern gewohnt war. Das Getreide stand hoch, mit vollen schweren Ähren. Die Karotten, die meine Mutter von den nächtlichen »Organisationstouren« heimbrachte, waren so lang und dick wie mein Unterarm, und die Kartoffeln waren fast gleichmäßig groß, rund und schön. Man konnte denken, sie seien künstlich hergestellt. In der einzigartigen Erde, schwarz und locker wie Mohn, auf der man schon seit Generationen ertragreiche Ernten erzielt hatte, wuchs auch in diesem letzten Jahr alles wie zuvor, weil deutsche Bauern noch gesät und gepflanzt hatten. Mit einem einzigen Unterschied: Die Menschen fehlten. Diese Situation war äußerst widersprüchlich und hatte etwas Absurdes. Ein erntereifes Land voller Früchte wie im Paradies und menschenleere Dörfer. Die Frauen mußten daher Tag und Nacht arbeiten, um die vielen Felder abzuernten. Danach aber wurde nicht ein einziger Acker umgepflügt, geeggt und damit auch nichts gesät oder gepflanzt. Alles blieb brach liegen.

In Rußland war man auf Kolchosenarbeit eingestellt, die in Ostpreußen allerdings nicht anwendbar war. Wo für eine Interessengemeinschaft gearbeitet werden soll, egal ob in der Landwirtschaft, Industrie, Handel, größerem oder kleinerem Gewerbe, ohne daß der Produzierende einen Nutzen davon hat, da bleibt der gewünschte Erfolg aus. Eine gesunde Wirtschaft zum Wohle aller bedarf der Konkurrenz. Das hat nichts mit Kapitalismus zu tun, denn wo es keinen Fleiß gibt, gibt es keine Ware und wo es keine Ware gibt, hungert das Volk. In Ostpreußen fehlten ganz einfach die deutschen Bauern und ihre Helfer mit der jahrhundertealten Erfahrung, wie man dem Boden das Beste entlockt. So standen die wertvollen Felder 1946 nicht nur leer, sondern Unkraut und Disteln wuchsen kräftig darauf. Die Äcker waren wie die Menschen: verachtet, verstoßen, geschändet. Niemand wollte mehr etwas von ihnen wissen.

Gleich zu Beginn des Jahres, als es mit der Feldarbeit wieder losging, wurden die Blöckener Frauen nach Louisenfelde eingeteilt, um dort auf einer errichteten Kolchose Tomaten zu pflanzen. Die Mütter mußten natürlich den langen Weg von Blöcken zu Fuß zurücklegen. Gleich am Ortsanfang von Louisenfelde soll eine große Scheune gestanden haben und neben der Scheune ein großer, langer Hügel, ein Massengrab. Die Frauen von Louisenfelde erzählten eine grauenvolle Geschichte. In diese Scheune hatte man deutsche Kriegsgefangene gesperrt, so dicht, daß keiner hätte umfallen können. Sie waren dort zusammengepfercht worden, um zu verhungern. Aber erst mußten sie neben der Scheune das große Grab ausheben, in das jeden Morgen die Toten gelegt und mit Chlor überstreut wurden, bis es voll war. Während man arbeitsstarke Männer verhungern ließ, spannte man, aus Mangel an Pferden, Frauen vor den Pflug – immer fünf Frauen –, um so die Felder umzupflügen. An dieser Scheune mit dem Massengrab mußten die Blöckener Frauen jeden Morgen und Abend vorbei. Im Sommer wurden dann die Frauen auf einem unendlich langen Rübenfeld eingesetzt, wo sie von morgens bis abends auf den Knien Unkraut zupfen und Rübenpflänzchen verlesen mußten. Sie kamen mit blutigen Beinen und Fingern heim.

Im Spätjahr geschah etwas, das mich fast mein Leben gekostet hätte. Ich weiß noch, daß es ein schöner Sommertag war, als ein Junge von den anderen Blöckener Kindern, sie waren alle drei bis vier Jahre älter als ich, fragte, ob ich mitgehen wolle, Kartoffeln stehlen. Er wüßte, wo es noch ein Feld gebe, von dem er glaube, daß es tagsüber ohne Bewachung sei. Gutgläubig und ahnungslos schloß ich mich den Kindern an, die frohgelaunt scherzten, lachten und plapperten, als ginge es zu einem Rummelplatz. Mit meinen sieben Jahren war ich zwar die Jüngste, aber nicht die Kleinste. Wir mußten schon eine schöne Strecke zurücklegen, bis wir an dem besagten Feld, das an einem sonnigen Hügel lag, angelangt waren. Tante Schubert hatte ich nichts von meinem neuen Unternehmen erzählt, nicht etwa, um ihr bewußt etwas zu verheimlichen, sondern weil ich es einfach gewohnt war, meine Wege alleine zu gehen. In diesem Fall hätte ich sie aber besser unterrichten sollen; sicher hätte sie mich nicht gehen lassen. Nicht im geringsten an eine Gefahr denkend, fing jedes Kind laut sprechend und lachend damit an, Kartoffeln mit den Händen auszubuddeln. Plötzlich hörten wir in unmittelbarer Nähe ein donnerndes Wort, das uns nur allzu gut bekannt war und unser Blut fast zum Gerinnen und das Herz beinahe zum Stillstand brachte: »Stoi«.

Wir sahen einen Soldaten, der sein Gewehr geradewegs auf uns gerichtet hielt. Wie vom Blitz getroffen, ließen wir alles aus den Händen fallen und rannten, als sei der Teufel hinter uns her. Wir wußten nicht, daß der Soldat einen Jungen von uns geschnappt hatte, der ihn anschließend, als wir im Dorf waren, zu allen Kindern führen mußte. Ich war noch nicht lange in unserer Dachkammer, als ich ein unabwendbares Gericht auf mich zukommen sah. Der russische Soldat kam laut schimpfend und polternd, den Jungen voran, die Treppe herauf und stieß mit dem Stiefel die Tür zu unserer Kammer auf. Hatte ich schon immer Angst gehabt beim bloßen Anblick der Soldaten mit ihrem umgehängten Gewehr, so erreichte die Angst in diesem Moment, da der Soldat mit seinem haßerfüllten Blick vor mir stand und den Lauf des Gewehres direkt auf mich gerichtet hielt, seinen Höhepunkt, und der Darmschließmuskel öffnete sich von selbst. Wer schon einmal in ähnlicher Situation war, weiß, was Todesangst bedeutet. Mit voller Hose wurde ich, wie ein Schwerverbrecher, weinend vor dem Soldaten hergetrieben, wobei ich den Lauf des Gewehres ständig in meinem Rücken spürte. Stehlen und ertappt zu werden, darauf stand Erschießung. Das wußten wir, aber diese Erkenntnis kam zu spät.

Mit den anderen Kindern wurde ich in ein kleines Häuschen, das neben der Blöckener Dorfschule stand und eine Garage gewesen sein könnte, eingesperrt. Da standen wir nun alle aufgereiht an der Wand, zitternd und frierend und voller Angst. Dann wurde die große Doppeltür fest verschlossen. Dies geschah am Vormittag und es vergingen Stunden, bis sich Schritte näherten und die Türe wieder geöffnet wurde. Alle in Blöcken stationierten Russen kamen herein, gingen vor uns auf und ab und sprachen Russisch zu uns, was wir natürlich nicht verstanden. Sie gaben uns mit Handbewegungen – aber unmißverständlich – zu verstehen, daß wir erschossen würden. Was hatten wir schon getan? Nicht eine einzige Kartoffel hatten wir mitgenommen, aber die Tatsache, daß wir es gewollt hatten, reichte aus, um uns nach russischer Art gehörig zu bestrafen, und das begann zunächst einmal mit Psychoterror. Man ergötzte sich regelrecht daran, uns zittern zu sehen. Dann gingen sie wieder. Nach einer Weile kamen drei Soldaten zurück, und jeder bestrafte uns auf seine Art. Der eine gab jedem von uns links und rechts eine Ohrfeige, daß der Kopf nur so hin- und herflog. Der zweite verteilte Schläge mit einer Peitsche, und der dritte nahm jedes Kind wie einen Stein und warf es an die gegenüberliegende Wand. Es kann nur als ein Wunder bezeichnet werden, daß keiner etwas gebrochen hatte. Anscheinend waren die Russen jetzt zufrieden, denn sie verschwanden wieder. Ich fing an, ganz leise zu beten, der liebe Gott möge mich doch sterben lassen, damit das Leiden und diese Quälereien endlich aufhörten. Das Überleben war doch wirklich schwerer als das Sterben.

Es dunkelte schon draußen, als die Russen nochmals erschienen. Einer hielt das Gewehr auf uns gerichtet, und ein anderer sagte, daß wir jetzt erschossen würden. Leise begannen wir zu weinen. Ich dachte noch einmal an meine Mutter, die an diesem Tag in Kaimen Weißkohl einstampfen mußte und von der Arbeit sicher noch nicht zurück war. Wie leid mir das tat, daß ich ihr diesen Kummer bereiten würde, wenn sie mich tot auffand. Meine Nerven waren zum Zerreißen gespannt. Durch den Tränenschleier sah ich den Soldaten mit dem Gewehr vor mir nur verschwommen und erwartete in jedem Moment den Tod. Sie unterhielten sich untereinander und gingen dabei vor uns auf und ab, so als berat-schlagten sie, mit welchem Kind sie anfangen wollten. Auf einmal schienen sie es sich anders überlegt zu haben und gingen. Es war schon dunkel, als die Tür abermals aufgeschlossen wurde und nur ich alleine mitgehen mußte, obwohl ich in der Reihe die letzte war. Hatte der liebe Gott also doch meine Gebete erhört, dachte ich, und ließ mich vor den anderen Kindern sterben, damit ich das Knallen der Schüsse beim Töten der anderen nicht hören mußte?

Zitternd ging ich neben dem Russen her, der seltsamerweise jetzt kein Gewehr trug. Er führte mich in die Schule, in das erste Zimmer links, das man zum Vernehmungsraum umgewandelt hatte. Links über Eck stand ein Tisch, hinter dem der Natschalnik saß, ihm zu Füßen seine bissige gelbe Dogge. Die anderen Soldaten befanden sich, wie Zuschauer, etwas abseits vom Richtertisch im Dunkel des Raumes, ordentlich in Stuhlreihen sitzend. Schließlich brauchte man auch Publikum für diese Verhandlung! Das alles konnte ich beim Betreten des ehemaligen Klassenzimmers deutlich erkennen. Dann wurde eine Lampe, die direkt neben dem Kopf des Natschalniks hing oder stand, eine starke Birne hatte und wie ein Scheinwerfer wirkte, auf mich gerichtet, so daß ich geblendet war. Jetzt konnte ich den Offizier nicht mehr sehen, nur noch hören. Plötzlich sprach er erstaunlich gut Deutsch. Da stand ich nun, den Mächten des Schicksals ausgeliefert, etwa zwei Schritte entfernt vom Tisch des Natschalniks und seinem blutrünstigen Hund, der auf ein Wort seines Herrn über mich herfallen und mich zerfleischen würde. Ich war umgeben von Dunkelheit, Verlassenheit und einer Leere, in der es für eine Deutsche keine hilfreiche, schützende Hand gab.

Den ganzen Tag hatten wir barfuß auf dem Steinfußboden der Garage gestanden, gehungert, gefroren und vor Todesangst gezittert. Jetzt, im grellen Licht dieser Lampe, wurde dieser körperliche Zustand nur noch schlimmer. Die Stimme des Natschalniks verlor sich weiter und immer weiter; geblendet durch das konzentrierte Licht sah ich ihn sowieso nicht, aber ich hatte plötzlich das Gefühl, er spräche aus dem All. Leider weiß ich nicht mehr, was er mich gefragt hat, auch kann ich mich nicht erinnern, etwas geantwortet zu haben. Daß etwas Warmes, Feuchtes an meinen Beinen herunter lief, merkte ich noch und hörte die Stimme immer weiter entschwinden, als ich auf einmal ganz fest am Arm gepackt und aus dem Zimmer geführt wurde. Ich muß wohl kurz vor dem Umkippen gewesen sein. Auf dem Hof waren schon alle Mütter versammelt, die von der Inhaftierung ihrer Kinder erfahren hatten. Ich durfte zu meiner Mutter gehen, die mich – erstmals seit der Zeit in Königsberg – in die Arme nahm, und wir durften nach Hause gehen. Ich war frei!

Wie die Verhandlung bei den anderen Kindern ausgegangen ist, weiß ich nicht, habe niemals einen danach befragt oder mich wieder mit ihnen zusammengetan. Erschossen hatte man sie jedenfalls nicht. Zwar war ich erst sieben Jahre alt, hatte aber für mein ganzes Leben eine wichtige Erfahrung gemacht: Verlaß dich nie auf andere, was du erreichen willst, mußt du alleine tun. Auf meinen täglichen langen Wegen zu den einsamen Dörfern, die ich alleine zurücklegte, war mir nie etwas Böses zugestoßen. Als ich mich nur einmal einer Gruppe anschloß, hätte es mich fast das Leben gekostet. Ich hatte erkannt, daß, wenn man etwas will, man es nur alleine schaffen kann. Die Masse wird einem nicht helfen, sondern am eigenen Fortkommen eher hindern oder einen sogar ins Verderben führen. Diese frühe Erkenntnis hat mich durch mein ganzes späteres Leben begleitet. Obwohl ich ein geselliger, kontaktfreudiger, lebensbejahender Mensch bin, weiß ich in entscheidenden Lebensabschnitten: Hier kann mir keiner helfen, ab hier muß ich alleine weitergehen und meinen Weg durch den Dschungel dieses Lebens finden. Auch da, wo ich ihn vielleicht gar nicht gewollt hätte, diesen Alleingang, hatte das Schicksal schon die Wegzeichen gesetzt: Ich mußte, ob ich wollte oder nicht, allein gehen, wie zu meinem ersten Schultag, meiner Konfirmation, meiner

Ausbildung oder dem ersten Hausbau. Aber ich muß sagen, daß ich mich nach fast fünfzig Jahren Training gut an diesen Zustand gewöhnt habe.

Ich vergaß zu erwähnen, daß die Frauen die Tomaten, die sie im Frühjahr auf einem großen Feld gepflanzt hatten, das zu einem ehemaligen Gut und jetzt zu einer Kolchose gehörte, im Sommer grün ernten mußten. Die Russen legten dann diese grünen Früchte in Fässer mit Salz- und Essigwasser ein. Im Herbst mußten sie auf der gleichen Kolchose in Louisenfelde Kohl (Kapusta) mit den Füßen einstampfen. Meine Mutter hat oft erzählt, daß es eine unsagbar schwere Arbeit gewesen war, den ganzen Tag auf Kohl herumzutreten.

Es kam der Herbst 1946, und die Wege hatten sich, wie schon im Jahr zuvor, in Morast und Matsch verwandelt und waren kaum zu überqueren. Tante Schubert trug plötzlich einen Wickel oberhalb des Fußknöchels. Sie sagte, da sei ihr Bein etwas offen. Wie viel oder wie wenig haben wir nie gesehen, auch klagte sie nie über Schmerzen oder irgendwelche Beschwerden. Sie war ein wirklicher Engel: anwesend, hilfsbereit, still und lieb. Der Lappen, den sie um ihren Knöchel gewickelt hatte, war grau und deutete gar nicht auf eine Krankheit hin.

Der Winter kam bald und schien uns noch kälter und härter als im Jahr zuvor. Die Eisblumen am Fenster wollten auch tagsüber nicht verschwinden. Das Feuerchen in unserem kleinen Herd, für das das Holz zum Kochen der Rübensuppe sparsam eingeteilt wurde, reichte nicht aus, um unsere Dachstube zu erwärmen. Wieder mußte ich die Wintersachen anziehen, die ich schon vor zwei Jahren auf der Flucht getragen hatte. Die graue Kaninchenpelzmütze bedeckte knapp die Ohrläppchen, die Trainingshose reichte nur bis zur Hälfte der Waden und in den Schuhen krümmten sich die Zehen. Ohne Rücksicht auf meine mangelnde Bekleidung, die mich nicht mehr wärmte, mußte ich jetzt noch dringender nach draußen, um Brennholz zu finden, weil wir sonst in der Stube erfroren wären.

Wenn ich die endlos langen Wege und Straßen von Dorf zu Dorf, nur mit meiner Axt bewaffnet, zurücklegte und das weite, menschenleere Land wie mit einer weißen Daunendecke zugedeckt erschien, und wenn dann auch noch im Schein der Sonne diese weiße Pracht funkelte, als habe sich der Himmel mit seiner Sternenvielfalt auf die Erde gelegt, dann war das Bild von einst wieder da, alles das, was ich einmal so geliebt hatte an dieser Landschaft und dem ich jetzt in dieser Zeit der Trauer und der Tränen nicht einen einzigen freudigen Gedanken widmen konnte. Die Natur lügt, dachte ich. Mit all ihrer Schönheit will sie nur die vielen Toten, das vergossene Blut, das Elend und das Leid, das über meine Heimat gekommen ist, zudecken. Vergessen aber kann es niemals werden von jemandem, der es so erlebt hat wie ich.

Besonders schlimm empfand ich jetzt den Sturm. Früher, bei meinen Großeltern, wenn der Wind durch die großen Tannen wehte, die hinter dem Haus standen, klang er immer wie Musik in meinen Ohren. Ich sagte dann: »Die Tannen singen wieder« und lief hinaus zu ihnen. Wenn ich dann die Augen schloß, hörte es sich an wie das Rauschen des Meeres, abenteuerlich, geheimnisvoll. Wenn ich doch wüßte, was der Wind mir erzählen möchte, woher er kommt, was er gesehen hat. Er sprach aber nur mit den Tannen. Doch ich liebte diese Stimmung, diesen Zauber. Draußen Sturm, Kälte, Eis und Schnee, und im Haus die wohlig warme Stube. Wie schmerzlich hatte sich das geändert?

An Tagen, an denen der Himmel von grauen Schneewolken verhangen war, der Eiswind mir messerscharf ins Gesicht schnitt, mir das Atmen erschwerte, wenn der Wind mit großer Geschwindigkeit über verschneite Felder und Dörfer jagte, war mir seine Sprache unheimlich geworden. Diesen Sturm, der sich wie mit Eisnägeln durch meinen Körper bohrte, dessen schneidende Kälte durch die Knochen ging, diesen Wind mit seiner weh tuenden, todbringenden Macht begann ich zu hassen. Wenn er mich, das einzige Lebewesen in dieser einsamen Landschaft, mit seinem wehmütigen Heulen einhüllte, klang es wie die Klagerufe gestorbener, gequälter Seelen, die mahnend und klagend an das Leid erinnern wollten, das ihnen widerfahren war. Ich hatte Angst, daß auch ich jetzt geholt werden sollte. Es klang wie Schreie von Menschen, die hier einmal glücklich gelebt hatten. Sehnsucht nach Heimat, Heimweh. Vor diesem Klagen und Heulen fürchtete ich mich. Es erweckte in mir Gedanken an einen möglichen Tod hier draußen in Schnee, Eis und unauffindbarer Einsamkeit. Ein Hinausgehen in solch einer Zeit war mit höchsten Gefahren verbunden. Damals bei meinen Großeltern wollte ich immer die Sprache von Wind und Sturm verstehen. Jetzt glaubte ich, sie verstanden zu haben.

Nach solchen Stürmen, unter einem unheimlich wirkenden Himmel mit grauen, tiefhängenden Wolken, von denen man glauben konnte, daß sie einen fast erdrücken wollten, setzte meistens Schneetreiben ein, bei dem das Weitergehen nur unter größter Mühe möglich war. Mit der Axt in der einen, einem Ast in der anderen und blau gefrorenen Händchen, kämpfte ich mühsam gegen so viel Naturgewalt an, und mein Weinen und die Tränen wurden vom Schneesturm verschluckt. Niemand konnte mich hier hören oder mir helfen. Alleine mußte ich den weiten, verschneiten Weg durch die endlose Einsamkeit der Dörfer zurück nach Blöcken finden. Dieses neue Leben war unerbittlich hart und grausam und es kannte kein Erbarmen.

Was dann plötzlich auf uns zukam, erfüllt mich heute noch genauso tief mit Schmerz wie damals. Der Tod, dem wir alle bis jetzt getrotzt hatten, riß ein Loch in unsere kleine Familiengemeinschaft und bescherte mir das härteste Jahr meines Lebens. Da wir ohne Datum lebten, weiß ich den Tag nicht, sondern nur, daß es im Winter 1946/47 war. Eines Nachts wachten wir von einem hellen Feuerschein in unserer Dachkammer auf. Meine Mutter sprang sofort aus dem Bett und ging zu Tante Schubert, die am Herd stand und dabei war, das ganze wertvolle Holz zu verfeuern. Die Flammen schlugen aus der kleinen Herdöffnung ziemlich hoch hinaus, und die Herdplatte glühte schon. Meine Mutter, die, wie auch wir Kinder, ein sehr herzliches Verhältnis zu Tante Schubert hatte, ging zu ihr und Tante Schubert sagte zu ihr: »Lenchen, ich muß dir doch was zu essen kochen.«

Zwar hatte Tante Schubert immer mitten in der Nacht eine Suppe für meine Mutter gekocht, damit sie nicht mit leerem Magen gehen mußte. Diese Kocherei war aber immer so leise vor sich gegangen, daß wir nie davon aufgewacht waren. Jetzt war alles ganz anders. Sie redete viel und unverständlich. Meine Mutter sprach gütig und besänftigend auf sie ein, daß sie sich wieder hinlegen solle, was sie auch tat. An dem, was sie sprach, war zu merken, daß ihr Geist sich verwirrt hatte. Sie redete ununterbrochen, wollte uns immer etwas mitteilen, was wir jedoch nicht verstanden. Meine Mutter blieb die ganze Nacht an ihrem Bett sitzen, streichelte ihre Hände und sprach beruhigend auf sie ein. Am frühen Morgen sagte meine Mutter leise zu mir: »Tante Schubert wird sterben.«

Am liebsten hätte ich laut losgeschrien: Nein, nein, sie darf nicht gehen! Meine Mutter fragte Tante Schubert, ob sie noch einen Wunsch hätte. Erstaunlicherweise antwortete Tante Schubert ganz normal: »Ja, ein Glas Milch.« Vielleicht hätte gerade diese Milch, die wir nicht hatten, ihr das Leben gerettet. Doch in Blöcken und Umgebung gab es nicht eine einzige Kuh. Aber meine Mutter lief hin zur Höhle des Löwen, zur Kommandantur, und bat um etwas Milch. Aber die Russen schüttelten nur den Kopf und sagten: »No Moloko«, was der Wahrheit entsprach. Meine Mutter sagte dies Tante Schubert, und seltsamerweise hat sie auch das mit vollem Bewußtsein aufgenommen.

Ich glaubte immer noch, daß sie nur krank sei und bald wieder gesund werden würde. Still stand ich an ihrem Bett, wo mich etwas anderes nachhaltig beschäftigte: Aus ihrer Kleidung krochen am Hals und an den Ärmeln die Läuse in Scharen hervor. Es war wie eine große Läusewanderung. Noch nie hatte ich so viele von diesen kleinen Tierchen gesehen. An diesem Tag ging meine Mutter nicht zur Arbeit, sie blieb ununterbrochen bei Tante Schubert. Es war, als schneide mir jemand mitten ins Herz, als sie auf einmal sagte: »Tante Schubert ist tot.« Ich wollte und konnte es nicht begreifen. Sie, unsere zweite Mutti, die uns liebevoll umsorgt hatte, als unsere Mutter an Typhus erkrankt war, die uns kleine Mädchen vor dem sicheren Hungertod bewahrt hatte, die für uns gekocht hatte und mit der wir alles geteilt hatten, sogar unsere mageren Lebensmittelrationen. Sie, die im eiskalten Winter nicht nach draußen konnte, weil sie keine festen Schuhe hatte und die immer behütet in unserer Dachkammer geblieben war wie meine Schwester, ausgerechnet sie mußte sterben. Vergewaltigungen hatte sie nie über sich ergehen lassen müssen. Ihre hochgesteckten, weißen Haare hatten ihr etwas Edles, Vornehmes verliehen.

Meine Mutter hatte oft gesagt, daß sie sie nie hergeben würde, sie müsse immer bei uns bleiben. Dann antwortete sie leise, um meine Mutter nicht zu verletzen: »Aber Lenchen, ich muß doch meinen Sohn suchen, der wird vielleicht Kinder haben, die mich brauchen.« Wir drei aber waren uns einig, daß wir Tante Schubert nie mehr hergeben würden. Und jetzt, von einem Tag auf den anderen, hatte der Tod sie von uns genommen. Sie konnte nichts mehr sagen, meine Fragen nicht mehr beantworten, mir keine Ratschläge mehr erteilen. Sie war ganz einfach nicht mehr da. Ein unbeschreiblicher Schock und Schmerz war das für mich, den ich nie ganz überwunden habe, denn viel Leid, das danach kam, wäre mir erspart geblieben, hätte Tante Schubert noch gelebt. Noch schmerzlicher, tragischer war es, als wir nachträglich hören mußten, Tante Schubert habe durch Nachlässigkeit ihren Tod selbst verschuldet. Der graue Lappen, mit dem sie ihr offenes Bein ständig umwickelt gehalten hatte, hätte ihr die Blutvergiftung gebracht. Die Läuse, die, als sie noch lebte, von ihrem Körper flüchteten, weil sie ihr Blut, von dem sie sich ernährten, nicht mehr wollten, zeigten an, daß es vergiftet war, so sagten es die Frauen. Weil sie jedoch ihr krankes Bein niemals gezeigt oder gar von Beschwerden oder Schmerzen gesprochen hatte, konnte meine Mutter nicht ahnen, wie schlimm es eigentlich um sie stand. Dann hätte meine Mutter ihr doch dringend geraten, den Lappen keimfrei zu machen, ihn in dem zweiten großen Kochtopf auszukochen, den wir von unserem Ausflug nach Hindenburg mitgebracht hatten und der ungenutzt herumstand. Es wäre ihre Rettung gewesen, das Bein tagsüber verbunden zu lassen. Sie mußte doch nicht nach draußen, hielt sich den ganzen Tag in der Stube auf, also wäre es gegangen. Warum Tante Schubert, die sonst so klug und weise war, ausgerechnet im Fall ihrer Gesundheit so unvernünftig gehandelt hat, wird uns immer unerklärlich bleiben. Sie hätte überleben können, leichter als jeder andere damals in Blöcken.

Von den Mayer-Jungen erbettelte meine Mutter ein Stück Zeltplane, die die Kinder wiederum aus dem Stall stehlen mußten, um Tante Schubert darin einzuwickeln. Sie brachte es nicht übers Herz, Tante Schubert ohne Sarg der Erde zu übergeben. Von Herrn Tienert bekam sie eine Schaufel, einen Eispickel und einen vierrädrigen Karren geliehen, an dessen Deichsel meine Mutter alleine zog. Die anderen Frauen wußten, daß an einer ganz bestimmten Stelle am Rande des Dorfes Wachsnieken eine Art Friedhof entstanden war. Auf einem ehemaligen Feld waren Gräber angelegt worden. Also fuhr meine Mutter dorthin, schaufelte und hackte mit großer Anstrengung ein Grab für unsere geliebte Tante Schubert. Anschließend schüttete sie einen Hügel auf, so daß jeder sehen konnte, daß hier ein Mensch begraben lag – ohne Kreuz, ohne Namen – nur ein Mensch.

Kann man da noch sagen, der Tod sei ein gerechter Mann? Nein, das glaube ich seitdem nicht mehr. Tante Schubert hatte immer gesagt, ihr bester Sohn sei im Krieg gefallen. Warum mußte ausgerechnet er sterben? Und warum mußte sie, ein wahrhaftiger Engel, so unwürdig sterben, ohne Kreuz auf dem Grab, ohne Pfarrer, ohne eine Blume, ohne ein letztes Glockengeläut? Sie hatte wirklich ein besseres Ende ihres Lebens verdient, vor allen Dingen aber die Freiheit. Tausend Fragen drehten sich um das Warum und werden unbeantwortet bleiben, bis wir ihr hoffentlich in einer anderen Welt begegnen dürfen.

Von nun an wurde mein Leben unerträglich schwer, denn jetzt mußte ich Tante Schuberts Platz einnehmen und auch noch kochen. Vielleicht ist darin der Grund zu suchen, daß ich die Kocherei als einzige Arbeit nicht nur ablehne, sondern geradezu hasse. Ich drücke mich vor keiner Arbeit im Haus, im Garten oder am Schreibtisch. Ja, ich kann sogar kleine Reparaturen am Haus selbst vornehmen, weil ich den Handwerkern aufmerksam auf die Finger geschaut habe, aber Kochen! Da würde ich am liebsten weglaufen. Zu früh wurde ich mit dieser Tätigkeit, und noch dazu unter den widerwärtigsten Umständen, konfrontiert, so daß mich schon allein das Wort »Küche« in die Flucht schlägt.

Tante Schubert war in den Wintermonaten gestorben, und da die Frauen in dieser Jahreszeit wegen der kurzen Tage früher nach Hause kamen, kochte meine Mutter nun am Abend vor, aß am nächsten Morgen, vor ihrem Arbeitsantritt, schnell etwas davon – kalt – denn es war ja meistens dicker Kornbrei, den ich für meine Schwester und mich verdünnen und wärmen mußte. Aber als das Frühjahr kam, wurde mein Tagespensum an Arbeit so groß und umfangreich, daß ich schon sehr früh anfangen mußte, um alles zu schaffen. Irgendwann im letzten Winter war ich acht Jahre alt geworden. Noch im Morgengrauen, kurz nachdem die Mütter gegangen waren, mußte ich Brennesseln, nach wie vor unser einziges Gemüse, suchen gehen. Dabei durfte ich mich jetzt nicht mehr weit vom Dorf entfernen, weil ich schnell wieder zurück sein mußte – mit Sonnenaufgang. Von Stunden, Minuten und Sekunden wußte ich noch nichts. Wer hätte mir auch etwas zeigen oder erklären können? Außer

Herrn Tienert hatte im ganzen Dorf kein Deutscher mehr eine Uhr.

Wenn die Sonne aufging, schickte sie einen Strahl in unsere Dachkammer. Wie ich ja schon erwähnt habe, stand links an der Wand vor dem Fenster eine Schulbank mit halb abgebrochener Sitzfläche. Auf dieser Sitzfläche ganz rechts begann die Sonne ihren Lauf und kroch dann immer weiter nach links. Wenn sie am linken Ende ankam, dann war Mittag. Über die Länge der Sitzfläche mußte ich also gekocht haben. Meine Mutter hatte mir gezeigt, wie man Kartoffeln schält und Möhren schabt mit unserem Messer, das nur die Hälfte einer Klinge hatte, die schon sehr stumpf war. Ich weinte, weil es einfach nicht klappen wollte. Brennholz mußte ich ab jetzt immer an den Nachmittagen davor sammeln, und wenn es Holzstücke waren, die man nicht zersägen mußte, dann wurden sie von mir gleich mit der Axt zerspalten, so daß sie in unser kleines Herdloch paßten. Bevor es aber Kartoffeln und Karotten gab, mußte ein Körnerbrei aus Weizen, Roggen oder Hafer, je nachdem, was meine Mutter gehamstert hatte, gekocht werden. Der große, schwarze Eisentopf, der tief im Herd hing, mußte mit Wasser und einer Kornart gefüllt und unter ständigem Umrühren zum Kochen gebracht werden. Ziemlich zum Schluß kamen dann die Brennesseln hinzu. Zum Glück hatte meine Mutter irgendwo einen Fleischwolf gefunden, den ich an der Tischkante anschrauben und durch den ich die Hälfte des dicken Breis durchmahlen konnte. Die durchgemahlene Masse formte ich zu Küchlein, die auf der heißen Herdplatte weiter garten, während der Rest des Breis, mit Wasser verdünnt, eine Suppe ergab. Dieses einzige Gericht kochte ich so lange, bis es wieder Kartoffeln und Mohrrüben gab. Solche Abwechslung empfanden wir dann als reine Delikatesse: Kartoffelsuppe mit einer Karotte.

Eines Tages, es war schon Sommer, wurde meine Mutter in eine Blöckener Scheune eingesperrt. Russische Soldaten kamen immer wieder herein, beschimpften und bespuckten sie. Sie weiß bis heute noch nicht, was sie damals verbrochen haben soll. Meine Schwester und ich weinten und schrien den ganzen Tag. Mit einem Blechschüsselchen voller Suppe, die ich gekocht hatte, ging ich weinend um die Scheune, nach einem Loch suchend, um ihr auf diese Weise etwas Nahrung zukommen zu lassen. Aber es gab keine Möglichkeit, die Bretterwand war zwar dünn, doch durchreichen konnte ich ihr nichts. Wir konnten uns zwar verständigen, das war aber auch alles. Meine Mutter sagte, ich solle die Suppe essen, aber der Hals war mir wie zugeschnürt. Ich bekam nichts runter und so setzte ich mich mit dem Schüsselchen in den Straßengraben und weinte meine ganze Verzweiflung so laut heraus, daß es Steine hätte erweichen können. Am Abend wurde sie ebenso kommentarlos freigelassen, wie sie zuvor eingesperrt worden war.

Es vergingen ein paar Tage, da wurde sie erneut inhaftiert, ebenfalls ohne Begründung und wieder unter Beschimpfungen und Bespucken. Sie kam in den massiven Erdkeller außerhalb des Wiehlerschen Hauses. Die Tür war dick und schwer mit einem riesigen Schlüssel, wie für die Ewigkeit gemacht. Neben der Tür, zu der man einige Stufen hinabsteigen mußte, weil ja das Ganze ins Erdreich eingelassen war, befand sich in der dicken Mauer ein winziges Fensterchen mit Eisensprossen – wie im Gefängnis. Ich hatte gesehen, wie der Russe den Schlüssel in dem großen, eisernen Schloß herumgedreht und mitgenommen hatte. Da war nun meine arme Mutter in dem dunklen, kalten Raum unter der Erde eingeschlossen und wußte nicht, warum. Irgend jemand muß sie wohl bei den Russen schlecht gemacht und Dinge erzählt haben, die sie nie getan hatte. Sie vermutete, daß es Helmut Pleb gewesen war, konnte aber nichts beweisen. Ohne Grund sperrten die Russen keinen ein, es mußte also ein Vergehen vorliegen. Eines solchen war sich meine Mutter allerdings nicht bewußt. Auch jetzt weinten meine Schwester und ich den ganzen Tag. Ich weiß noch, daß ich Möhrensuppe gekocht hatte, aber es war nicht möglich, zwischen den Eisenstäben etwas hindurchzuschieben. Mehrmals ging ich an die Tür, ruckte, rüttelte, weinte und schrie, aber all das änderte nichts, die Tür blieb geschlossen. Sollte meine Mutter in diesem Keller sterben, dann wollte auch ich nicht mehr weiterleben. Erst hatte der Tod uns Tante Schubert genommen und jetzt wurde unsere Mutter schon zum zweiten Mal grundlos eingesperrt. Das war zu viel für meine bis dahin schon genugsam gequälte Kinderseele.

Aber da geschah ein Wunder. Die Tür, die fest verschlossen gewesen war und deren Schlüssel der russische Soldat mitgenommen hatte, ging plötzlich von alleine auf. Dabei hatte ich doch den ganzen Tag vor der Kellertreppe gesessen, niemand war gekommen und doch ging die Tür von selbst auf. Wenn Dinge geschehen, die mit dem normalen Menschenverstand nicht zu erklären sind, denkt man automatisch an einen Wink des Schicksals und man lernt zu danken. Wunder gab und gibt es zu jeder Zeit, man muß sie nur erkennen.

Anfangs war unsere Freude über die wiedergewonnene Freiheit meiner Mutter noch gedämpft. Wir fürchteten, die Russen könnten glauben, irgend jemand hätte sie auf verbotene Weise befreit und würden sie wieder holen, um ihr dann eine viel größere Strafe aufzubürden.

Diese Angst ließ uns die ganze Nacht nicht schlafen. Am nächsten Morgen trat sie wie gewohnt ihre Arbeit an, und siehe da, kein Russe erwähnte ihre vortägige Inhaftierung oder wunderte sich über ihr Erscheinen. Jeder schwieg, auch der, der sie zuvor eingesperrt hatte!

Mein Leben erschwerte sich in diesem Sommer 1947 mehr und mehr. Eines Tages sagte meine Mutter, daß sie so weit draußen auf dem Feld arbeiten müßte, daß die Zeit nicht reichen würde, zur Mittagspause heimzukommen. Ich solle ihr das Essen aufs Feld bringen. Zum Brennesselsammeln war jetzt keine Zeit mehr, es galt, gleich in der Früh mit den Vorbereitungen zum Mittagessen zu beginnen. War dann endlich alles auf dem Herd, dauerte es lange, bis der dicke Eisentopf seinen Inhalt zum Kochen brachte. Ich war acht Jahre alt, meine Schwester fünf, sie war damit fast im gleichen Alter wie ich, als der Krieg zu Ende war. Sie hätte mir also schon etwas helfen können, und wenn es nur das gelegentliche Umrühren im Topf gewesen wäre, aber sie war täglich bei Zernechels Kindern. Sie kam nur kurz herüber, um etwas zu essen, und verschwand dann wieder bis zum Abend.

Gott sei Dank hing an der Tür vor unserer Kammer ein Vorhängeschloß, so daß ich beim Weggehen immer abschließen konnte. Das war ungeheuer wichtig, denn die anderen Kinder klauten wie die Raben, vor allen Dingen Lebensmittel. Bei uns gab es von dem Viertel Brot für jeden täglich eine Scheibe. Mir selbst noch zusätzlich etwas abzuschneiden war undenkbar für mich.

Was ich gekocht hatte, ob Kornbrei oder Wasserkartoffelsuppe, zu der es ein Stück Brot gab, mußte fertig sein, bevor die Sonne das Ende der linken Sitzbankseite erreicht hatte. Ich war mir dabei durchaus bewußt, daß ich auch die Wegzeit berücksichtigen mußte. Dann steckte ich mir eine Scheibe Brot vorne in die Öffnung meines Kleides, füllte das Blechschüsselchen meiner Mutter mit Suppe, hielt in der einen Hand den Schlüssel fest umklammert und wiederum in beiden Händen das Schüsselchen. So fing ich an, meine Mutter nach der von ihr angegebenen Beschreibung auf den Feldern zu suchen.

Nun darf man sich das nicht so einfach vorstellen wie heute in unserer zivilisierten Zeit, wo es Straßen und Gebäude gibt, an denen man sich orientieren kann, und Menschen, die man notfalls fragen darf. Wir lebten wie in einem Niemandsland. So hörte sich eine Wegbeschreibung meiner Mutter beispielsweise so an: »Du verläßt Blöcken in Richtung Dorfteich, gehst am Teich vorbei und biegst links ab. Auf diesem Weg gehst du so lange, bis du eine Dreschmaschine siehst, die auf einem freien Feld steht. Unter dieser liegt ein Russe, der sie bewacht, aber meistens schläft.« Bei dem Wort »Russe« muß ich wohl zusammengezuckt sein, denn sie fügte sofort hinzu: »Vor ihm brauchst du keine Angst zu haben, er ist friedlich, paßt nur auf diese einsam herumstehende Maschine auf. Das Feld mußt du überqueren, bis du auf einen Weg kommst, dort mußt du nach rechts weitergehen, bis du zu einem Kruschke-Baum (Birne) kommst. Dann mußt du links abbiegen und so weit gehen, bis du uns siehst.«

So ging ich über Disteln, Dornen und harte, spitze Erdbrocken in glühender Mittagssonne, mein volles Schüsselchen vor mir balancierend. Es ist mir heute noch ein Rätsel, wie ich das geschafft habe, ohne etwas zu verschütten. Ich mußte höllisch aufpassen, nicht zu stolpern, hinzufallen und den Inhalt zu verlieren. Dabei mußte ich mich an die Wegbeschreibung halten, die Richtung nicht verlieren und pünktlich sein – und das ohne Uhr. Ich habe es immer geschafft. Unerbittlich brannte die Sonne auf mich nieder, und ich empfand sie als Qual. Wenn ich wieder zu Hause war, hatte ich regelmäßig blutige, aufgerissene Füße, verbrannte und zerstochene Beine von den Nesseln und Disteln auf den Äckern.

Mein Sommerkleidchen, das ich jetzt schon im dritten Jahr jeden Tag anziehen mußte, weil es mein einziges war, paßte nirgends mehr. In der Taille, an den Schultern, in der Gesamtlänge, überall war es viel zu kurz und zu eng. Das ehemalige Hellblau war ausgeblichen, auf dem Rücken, wo die Sonne am meisten brannte, war keine Farbe mehr zu erkennen, nur viele kleine eingebrannte Löcher. Mein Bauch, so erzählt meine Mutter, soll immer schwarz gewesen sein von dem rußigen, schweren Eisenkochtopf, den ich, um ihn auf den Hof zum Ausscheuern tragen zu können, an meinen Bauch drücken mußte.

So eine Essenbringertour betrug – wohlgemerkt einfach – immerhin drei bis vier Kilometer, was wir später auf Landkarten nachgerechnet haben, und danach hieß es, wieder zurückfinden. Ich fand immer das Feld, auf dem die Mütter arbeiteten, obwohl es fast täglich woanders lag. Wie zu Tante Schuberts Zeiten kam meine Mutter auch jetzt, nach der morgendlichen Arbeitseinteilung, schnell noch einmal zu mir herauf, um mitzuteilen, wo sie zur Arbeit gehen mußten und wo sie mich mit dem Essenschüsselchen erwarten würde. Löffel besaßen wir keine, sie mußte also mit Hilfe des Brotes die Schüssel leeren. Etwas wußte ich damals indes nicht, als ich meiner Mutter das Essen auf die Felder bringen mußte, nämlich daß man bereits über mich und mein Schicksal entschieden hatte, für den Fall, daß meine Mutter sterben sollte.

Bei der Schwerstarbeit von früh bis spät in glühender Hitze hatte meine Mutter immer große Herzschmerzen, was den anderen Frauen nicht verborgen geblieben war. Wie sich herausstellte, war ich das einzige Kind in Blöcken, das nicht nur Mittagessen kochte, sondern auch noch die Mutter auf den entlegenen Feldern mit Nahrung versorgte. Wenn mich zu der Zeit, da Tante Schubert noch lebte, im Falle des Todes meiner Mutter nur die Frau Hauser mit der abgefaulten Nase hatte haben wollen, so wollten mich jetzt auch alle anderen Frauen zu sich nehmen, obwohl die meisten selbst genügend eigene Kinder hatten. Nur gut, daß ich von diesem neuen Beschluß damals nichts wußte, ich hätte es sicherlich nicht verkraftet; ich weinte ohnehin schon jeden Tag. Wie wir später nach unserer Entlassung und einer gründlichen ärztlichen Untersuchung erfuhren, wären meine Mutter und meine Schwester wahrscheinlich tatsächlich vor mir gestorben, da beide – ohne es zu wissen – lungenkrank waren.

Nur einmal, meine Mutter wollte zur Mittagspause heimkommen, weil sie in der Nähe arbeitete, war das Essen nicht fertig, und das war nicht meine Schuld. Wie schon erwähnt, war meine Schwester nie da. Bei schönem Wetter spielte sie draußen mit gleichaltrigen Kindern, bei schlechten Außentemperaturen verschwand sie zu Zernechels Kindern. Dort hat sie mit der kleinen Irmgard gespielt, die so alt war wie sie. Das große Mädchen Gertrud, genannt Tuta, die so alt war wie ich, war ebenfalls mit Hausarbeiten beschäftigt, und Alfred, ein sehr lieber, braver Junge, der uns Mädchen nie ärgerte, war etwa ein bis zwei Jahre älter als ich. Er spielte sicher nicht mit den Kleinen, mußte doch auch er Holz besorgen. Erst wenn Frau Zernechel von der Arbeit kommend die Stube betrat, kam meine Schwester nach

Hause, weil dann auch meine Mutter eingetroffen sein mußte. Ich wirtschaftete ganz für mich alleine: kochen, Essen aufs Feld tragen, abwaschen, Stube naß aufwischen, Holz beschaffen oder Beeren und Kräuter sammeln.

Nun war es aber einmal so, daß an einem Vormittag mit herrlichem Sonnenschein meine Schwester mit einem kleinen Russenmädchen hinauf in unsere Dachkammer kam. In einem der Insthäuser von Bauer Franz Krause, die am Ende des Dorfes, Richtung Dorfteich, standen, wohnte neuerdings eine junge russische Familie, die hierher zwangsumgesiedelt worden war. Das kleine Mädchen war hübsch und auch sehr sauber angezogen, nur hätten die beiden doch besser draußen spielen können. Meine Schwester spielte ohnehin nur mit Steinchen, die ihre Puppen waren. Keiner verstand die Sprache des anderen und doch spielten sie sehr harmonisch miteinander. Leider konnte ich in dieser Zeit nicht kochen, die Kartoffeln und Möhren aus unserem Versteck holen und schälen. Vielleicht war das russische Mädchen ganz harmlos und hätte uns nicht verpetzt, aber das wußte ich nicht, und ein Risiko wollte ich nicht eingehen. Mehrmals forderte ich meine Schwester auf, bei dem schönen Wetter im Hof zu spielen, damit ich kochen könne. Aber sie gehorchte nicht und blieb bis kurz vor dem Eintreffen meiner Mutter mit dem Mädchen oben, gerade so, als wolle sie mich ärgern und mir das Leben noch schwerer machen. Nervös und ängstlich hatte ich immer wieder nach dem Stand der Sonne auf der Sitzfläche der Schulbank geschaut und mußte mit Schrecken feststellen, daß ich das Essen nicht zur rechten Zeit fertig haben würde.

So war es dann auch. Als meine Mutter hungrig und erschöpft die Stube betrat und sah, daß nichts gekocht war, schlug sie auf mich ein, noch ehe ich eine Erklärung abgeben konnte. Sie glaubte, ich hätte gespielt und somit die Zeit vertrödelt. Das war das erste Mal, daß ich von meiner Mutter Schläge bekam und dann auch noch unverschuldet. Meine Schwester als Verursacherin sah ruhig zu, wie ich die Prügel einstecken mußte, die sie verdient gehabt hätte.

Eines Abends brachte meine Mutter ein schweres, eisernes Monstrum mit, das ich noch nie gesehen und das sie in einem Straßengraben gefunden hatte: ein Bügeleisen. Es muß aus dem vorigen Jahrhundert gewesen sein. Schwer wie Gewichte und am Ende ein Türchen, durch das man glühende Holzstückchen in das Innere des Eisens stecken mußte, um so das Ding zu erhitzen, wie mir meine Mutter erklärte. Nie zuvor habe ich in der Königsberger Zeit meine Mutter bügeln gesehen, und somit kannte ich auch kein normales Bügeleisen, hatte also keine Vergleichsmöglichkeiten und dachte, daß es so aussehen müsse. Was ich für meine Mutter in dieser Armutszeit bügeln sollte, weiß ich nicht mehr – sie auch nicht. Auf jeden Fall legte ich los, das heißt, ich wollte loslegen. Erst einmal mußte ich Feuer machen, wobei mir jedes Stück Holz, das ich anzünden mußte, leid tat. Holz war schließlich so wichtig wie Nahrung, ich mußte es mühsam finden und herbeischaffen. Holz war Gold wert, darum ging ich normalerweise sparsam damit um. Jetzt aber mußte ich es sinnlos verbrennen, um Glut zu bekommen. Nachdem die Scheite abgebrannt waren, bemühte ich mich mit Hilfe zweier Holzstücke, die ich als Zange benutzte, die Glut in das Bügeleisen zu stecken.

Während das Holz im Herd brannte, hatte ich auf dem Tisch alles vorbereitet. Unsere Schlafdecke diente als Bügelunterlage und darauf lag das zu bügelnde Stück.

Nach dem Füllen sollte ich das Eisen zur Abkühlung an der frischen Luft hin- und herschwenken. Bis nach unten schaffte ich es allerdings nicht, das Eisen war viel zu schwer, als daß ich es alleine hätte herunterbringen können. So blieb ich oben an unserer Treppe stehen und schwenkte, so gut ich konnte, das Eisen mit beiden Händen hin und her. Nach einiger Zeit wollte ich zur Tat schreiten und ging zum Tisch. Doch ich schaffte es nicht, mit dem Eisen zu hantieren. Was tun? Ich stellte mich auf den Stuhl und versuchte mit beiden Händen, das Eisen auf dem zu bügelnden Stück hin und her zu schieben. Auch das funktionierte nicht, weil das Eisen unten stumpf war und den Stoff mitzog. So ging es also nicht. Ich stellte das heiße Eisen erst einmal auf die Herdplatte, so wie es meine Mutter mir gesagt hatte. Dann überlegte ich, was ich ändern mußte. Auf dem Fußboden könnte ich besser bügeln, ja, das sah ich immer mehr ein, denn dann wäre es nicht so schwer. Da ich schon naß aufgewischt hatte, legte ich also die Decke auf die Dielen, wusch meine Füße gründlich und spannte die Bügelsachen, indem ich mich breitbeinig darauf stellte. Auf diese Weise konnte ich, wenn auch langsam, mit beiden Händen das Eisen durch meine Füße schieben. So habe ich im wahrsten Sinne des Wortes mit Händen und Füßen gebügelt.

Meiner Mutter, die mich nach meiner Bügelarbeit befragte, schilderte ich den schwierigen Verlauf. Sie sah ein, daß wir auf gebügelte Sachen verzichten konnten, und so brauchte ich in Blöcken nie mehr zu bügeln. Ich glaube, es bedarf keiner besonderen Hervorhebung, wie dankbar ich heute bin, nach so vielen Jahren, daß es die Elektrizität gibt, die wir als Selbstverständlichkeit hinnehmen und die uns so viele Arbeiten, nicht nur das Bügeln, erleichtert.

Ans Spielen dachte ich nicht, davon träumte ich auch nicht, obwohl ich erst acht Jahre alt war. Das war alles mit der Königsberger Zeit gestorben. Mein Leben bestand, und das viel zu früh, aus Pflichterfüllung. Als ich einmal unten im Hof war, sah ich, wie ein anderes Kind ein Buch wegwarf. Schnell lief ich hin und nahm es an mich. Jetzt hatte ich endlich ein Buch. Aber sogleich kam wieder die große Traurigkeit – ich konnte doch immer noch nicht lesen. Wie lange mußten wir noch so leben, fragte ich mich. Würde ich jemals zur Schule gehen dürfen? Ich sehnte mich so sehr danach.

Ganz behutsam, so als öffnete ich ein geheimes Schatzkästchen, schlug ich das Buch auf. Die Schrift war komisch, gefiel mir nicht. Immer nur Spitzen, die entweder nach oben oder nach unten zeigten. Auch war da ein Bild von einem älteren Ehepaar. Die Dame mit einer gepflegten Hochsteckfrisur und weißem Haar, der Herr mit einem geschwungenen Schnurrbart und einer reichverzierten Uniform. Als ich dieses Buch meiner Mutter zeigte, sagte sie, daß es ein Schulbuch sei und die zwei abgebildeten Menschen das ehemalige Kaiserpaar darstellten. Sie mußte mir erst einmal erklären, was ein Kaiser war. Aber dieses Kaiserpaar gab es schon lange nicht mehr. Somit mußte es ein altes Schulbuch sein, was mich jedoch nicht störte. Mir war das egal, ich wollte jetzt endlich die Schrift lernen und bettelte meine Mutter so lange an, bis sie anfing, mich das Alphabet zu lehren. Damit ergab sich ein neues Problem: Es gab im ganzen Dorf nicht ein einziges Blatt Papier, schon gar nicht ein Schreibwerkzeug – zumindest nicht für uns Deutsche. Da hatte meine Mutter eine gute Idee. Sie nahm meinen Zeigefinger in ihre Hand und führte ihn schreibender Weise, wie zum Schein, auf der Tischplatte hin und her. Immer nur einen gleichen Buchstaben, damit ich ein Gefühl dafür bekam. Sie sagte mir auch, was ich schrieb. Im Buch standen die einzelnen Buchstaben, so daß ich vergleichen konnte.

Nun mußte ich, nein, ich wollte es ja so, in meinen umfangreichen Tagesablauf auch noch eine Schreibstunde einplanen. Am Nachmittag, wenn ich mit dem Aufwischen des Fußbodens die Hausarbeit beendet hatte, um meiner Sammelarbeit nachzugehen, schnappte ich mir erst einmal schnell mein Buch, schloß unsere Kammer ab und suchte mir draußen, meist weit ab von den anderen Kindern, hinter einer Scheune oder einem Stall ein Stückchen Erde, das ich von Steinchen und anderen kleinen störenden Dingen befreite, um dann darauf zu schreiben. Die Erde war meine erste Schultafel.

Das Buch legte ich hin, suchte den Buchstaben heraus, den meine Mutter mir gezeigt hatte, und dann schrieb ich auf den Knien, mit einem spitzen Stein als Schreibwerkzeug, Reihe für Reihe in die Erde. Länger als eine halbe Stunde – nach unserer heutigen Zeitrechnung, die ich später kennenlernte – durfte ich für mein Lernen nicht opfern, dann hieß es wieder an die Pflichterfüllung zu denken. Jeden Tag schrieb ich einen anderen Buchstaben. Manchmal machte ich auch nur Wiederholungen, klappte das Buch zu und versuchte, aus der Erinnerung niederzuschreiben, was ich gelernt hatte. Dann schlug ich das Buch wieder auf und korrigierte meine »Erdarbeit«.

Was ich allerdings nicht wußte, und meine Mutter auch nicht: Ich lernte das deutsche Alphabet, mit dem ich später nichts anfangen konnte. Als ich endlich zur Schule gehen durfte, mußte ich, zu meiner Enttäuschung, noch einmal von vorn anfangen, nämlich mit den jetzt gebräuchlichen Buchstaben der lateinischen Schrift. Und kurz danach kam dann in meiner Schulzeit noch ein drittes, viel schwierigeres Alphabet hinzu, das der russischen Sprache. Es hat aber alles nicht geschadet, ich habe immer mit großer Begeisterung gelernt.

Wenn ich heute sehe, wie viele Möglichkeiten den Kindern geboten werden, zu lernen und ihr Wissen zu erweitern und wie wenig diese Möglichkeiten von ihnen genutzt werden, fehlt mir dafür jegliches Verständnis. Man räumt der Freizeitgestaltung den ersten Stellenwert ein, redet trotzdem immer von Streß und ist nie wirklich zufrieden. Ich war damals begierig zu lernen und war vom Schicksal dazu verurteilt worden, mein eigenes Lernen wie die Urwaldbewohner anzugehen. Die heutige Jugend ist sich anscheinend nicht bewußt, daß sie wertvolle Zeit und Gelegenheiten verschenkt, die nie zurückkommen. Dies möchte ich jedem Kind, auch meinem eigenen, auf den Lebensweg mitgeben: Nutze deine Chance heute, nicht erst morgen, denn eine ungenutzte Chance kommt nie zurück!

Auch in diesem Sommer 1947 gab es, wie 1946, keine Ernte. Auf den Feldern rings um Blöcken war nichts gesät oder gepflanzt worden, und Unkraut und Disteln standen noch höher als im Jahr zuvor. Das Land verwilderte mehr und mehr. In den Blumengärten sah es nicht besser aus. Schnee und Regen hatten die Beete eben und die Erde glatt und hart gemacht. Die Zäune fehlten, waren von den Deutschen verfeuert worden, und das Unkraut überwucherte nicht nur die Grenzmarkierungen von Garten zu Garten, sondern auch jede Blume. Es gab nur noch eine einzige Unkrautlandschaft.

Ich weiß noch, daß in »unserem« Garten des Wiehlerschen Hauses Schwertlilien wuchsen. Einmal blieb ich an solch einer Blume stehen, weil der Wind an den Blüten zupfte und den Kopf hin- und herriß. Es war ein trauriger Anblick, wie die Blume sich gegen diesen Wind wehrte, viel lieber hätte sie im Haus in einer schönen Vase gestanden. Niemand pflückte sie indes, um ein Wohnzimmer zu verschönern. Hier draußen war sie so einsam und verlassen wie ich, niemand nahm Notiz von ihr. Ihr ergeht es nicht besser als mir, dachte ich.

Die Mütter konnten in der näheren Umgebung von Blöcken nicht mehr beschäftigt werden, sondern kamen immer häufiger weit weg zum Arbeitseinsatz. Einmal waren sie einen Tag und eine Nacht weg. Von dieser Arbeit heimgekommen, flüsterte Helmut Pleb meiner Mutter zu, daß sie morgen nicht antreten müsse, da sie 24 Stunden gearbeitet habe. Sie hielt sich daran und ging beim Weckertönen durch Herrn Tienert nicht hinunter in den Hof. Sie hatte ja frei. Draußen war schon heller Sonnenschein, da polterte ein russischer Soldat, mit umgehängtem Gewehr, die Treppe zu uns rauf, brüllte meine Mutter halb deutsch, halb russisch an, irgend etwas von »nicht arbeiten wollen« und steigerte unseren Schrecken noch, indem er sagte, daß meine Mutter am nächsten Tag von ihren Kindern getrennt würde. Was das bedeutete, wußten wir nur allzu gut. Frauen aus anderen Dörfern war diese schwerste russische Bestrafung bereits zuteil geworden. Den Müttern wurden ihre Kinder weggenommen, in ein russisches Waisenhaus gesteckt und mit russischen Namen versehen. Ein Wiedersehen und Wiederfinden war damit ausgeschlossen. So einer Bestrafung sollten wir entgegensehen – unverschuldet.

Den ganzen Tag über weinte meine Mutter. Als es Abend wurde, kniete sie vor unserem Bett nieder und begann zu beten. Auch ich ließ mich neben ihr nieder und faltete meine Hände, meine Schwester stellte sich an die Bettkante. Wir beteten, zitternd vor Angst, ohne Unterbrechung, ohne Müdigkeit zu verspüren, die ganze

Nacht hindurch. Ich wunderte mich, als es draußen etwas heller wurde. Der Tag brach langsam an. Ich erinnere mich noch, wie überrascht ich war, daß es schon Tag wurde. Dies war die kürzeste, aber auch angstvollste Nacht meines Lebens. Bald war das eiserne Trommeln von Herrn Tienert wieder zu hören, und meine Mutter erhob sich langsam, um zur Arbeit anzutreten und sich dem Schicksal zu stellen. Ich weiß noch, wie sie sich beim Verlassen des Zimmers noch einmal zu uns umdrehte, was sie sonst nie getan hatte, und sagte: »Jetzt liegt alles in Gottes Hand.«

Die Frauen standen wie immer in Gruppen auf dem Hof, als alle russischen Soldaten – mit umgehängtem Gewehr – aus dem Haus der Kommandantur kamen und auf die Frauen zugingen. Natürlich war auch der dabei, der ihr gestern die Strafe für den heutigen Tag angedroht hatte. Mit jedem Schritt, mit dem sich die Soldaten den Frauen näherten, schlug das Herz meiner Mutter schneller. Was würde jetzt geschehen? Jetzt ging es um Sein oder Nichtsein. Schließlich stand man sich gegenüber: Sieger und ein armseliges Häufchen Menschen mit anderer Nationalität – und dennoch auch nur Menschen. Wieder geschah ein Wunder, denn keiner der Russen sprach ein Wort von Trennung. Das war ungewöhnlich. Normalerweise zauderten sie keinen Augenblick, wenn es galt, ehemalige Feinde, oder solche, die man dafür hielt, zu bestrafen. Hatten unsere Gebete doch etwas bewirkt? Gab es Gott wirklich? Wer will solche Fragen beantworten?

Eines Morgens wurde in diesem Sommer 1947 der von allen gefürchtete und gehaßte Hund des Natschalnik tot aufgefunden – vergiftet. Niemand wußte, wer es getan hatte. Die russischen Soldaten? Auch sie hatten Angst gehabt vor dieser Bestie. Oder vielleicht sogar der

Natschalnik selbst? War der Tod dieses Tieres ein Vorbote für kommende Veränderungen? Jeder rätselte, aber keiner wußte etwas. Kaum daß die Deutschen den Hund auf Anweisung des Natschalnik begraben hatten, traf eine russische Delegation von hohen Offizieren im Dorf ein. Nun war es aber immer so, daß, wann immer die Russen zusammensaßen, eine Besprechung oder so etwas wie eine Konferenz abhielten, hinterher härtere Anordnungen für die deutschen Frauen folgten. Das hatten wir schon oft erlebt. Wir warteten angstvoll auf das Ergebnis dieser Besprechung. Aber diesmal kam es ganz anders.

Alle Russen mußten sich auf dem Hof der Kommandantur aufstellen, wie zu einem Appell. Und vor den Augen aller – wir Kinder sahen aus gebührender Entfernung, hinter Büschen versteckt, zu – wurde der gefürchtete Natschalnik degradiert. Schon beim Heraustreten aus dem Haus trug er keine Offiziersmütze mehr, dann wurden ihm alle militärischen Orden, mit denen er so reich geschmückt war, abgenommen und zum Schluß die Schulterstücke abgerissen. Wie er so dastand, so gänzlich ohne Schmuck, er, vor dem jeder Angst gehabt hatte, kam er mir nackend vor, und ich empfand aufrichtiges Mitleid mit ihm. Was konnte er nur verbrochen haben, daß man ihn so hart bestrafte? Man munkelte von Schiebergeschäften mit Getreide und Kartoffeln, aber das waren sicher nur Vermutungen. Man nahm ihn auch gleich mit und setzte einen anderen Natschalnik ein.

Dieser neue Natschalnik war wie die Kehrseite einer Münze. Zu den typischen, seitlich ausgebeutelten Offiziershosen trug er eine mit Orden reich bestückte blaue Uniformjacke. Warum er so andere Bekleidung hatte, wußten wir nicht. Seine Nase war krumm wie der

Schnabel eines Papageis, und mit dem einen Auge schielte er so stark, daß man nie wußte, ob er einen ansah. Aber sein Gesichtsausdruck war ein einziges Lächeln. Hätten wir nicht das Spielchen von Siegern und Besiegten spielen müssen, wäre er bestimmt gerne jedermanns Freund gewesen. Wir fanden schnell heraus, daß ihn niemand fürchten mußte. Seine Anweisungen erteilte er klar, sachlich und im Normalton. Nie hat man ihn schreien oder brüllen gehört und irgendwie atmete jeder auf.

Jetzt, da es den gefürchteten Natschalnik nicht mehr gab, lüftete Frau Zernechel gegenüber meiner Mutter, von der sie wußte, daß sie nichts weitertragen würde und mit der sie sich gut verstand, das Geheimnis ihres Husarenstücks. Der alte Natschalnik hatte sich einen privaten, umzäunten Kartoffelgarten anlegen lassen. Dieser galt fast als heilig; kaum einer von uns wagte es, sich diesem Garten zu nähern, geschweige denn auch nur ein Kartoffelkraut zu berühren. Frau Zernechel aber war wohl die mutigste von allen Blöckener Frauen gewesen. Sie erzählte meiner Mutter, sie habe sich nachts in den Garten geschlichen, die Kartoffeln ausgegraben und das Kartoffelkraut wieder in die Erde gebuddelt, so daß nichts auf eine Zappzarapptour hindeuten konnte. Die Folgen wären bei dem Zorn des Natschalniks unvorstellbar gewesen. Vielleicht hätte er das ganze Dorf erschießen lassen, wer weiß. Frau Zernechel erntete auf diese Weise den ganzen Garten ab. Kartoffeln raus, Kraut wieder rein und ersparte sich einen langen, angstvollen Fußweg zu bewachten Feldern. Diese überaus gefahrvolle Tour hätte aber auch ganz anders ausgehen können. Keine von den anderen Frauen hatte die Nerven gehabt, ein solches Unternehmen anzugehen, sich in die Höhle des Löwen zu wagen.

Doch auch unter dem neuen Offizier änderte sich kaum etwas an unserem Tagesablauf. Die Tage verliefen in der gleichen Monotonie von Arbeit und Überlebenskampf. Die Kocherei war nach wie vor mühsam für mich und sehr anstrengend. Schon das Herausheben des schweren Eisentopfes aus dem Feuerloch des Herdes brauchte meine ganze Kraft. Erst einmal mußten Glut, Herd und Topf erkalten, dann erst konnte ich das Monstrum an beiden Henkeln anfassen, an meinen Körper drücken, um es zum Abwasch nach draußen zu bringen. Abgewaschen wurde nur im kalten Brunnenwasser, was nicht weiter schlimm war, da unser Essen ja nicht ein einziges Fettauge enthielt. Nach dem Abwasch hieß es, noch schnell den Fußboden aufzuwischen, bevor ich mir mein Buch schnappen konnte, um noch schnell hinter irgendeiner Scheune etwas zu lernen, neue Buchstaben in die Erde zu schreiben. Ich war versessen darauf, möglichst schnell lesen und schreiben zu können. Es drängte mich, zu erfahren, was in den Büchern stand, was Menschen, die vor mir gelebt hatten, herausgefunden hatten. Und schreiben wollte ich – lange Briefe, um anderen Menschen, die weit weg wohnten, etwas mitzuteilen von mir.

Dieses Jahr 1947 war ein reines Katastrophenjahr. Erst war Tante Schubert von uns gegangen und danach reihten sich Kummer, Herzleid, Angst und Not ohne Unterbrechung wie Perlen an einer Schnur. Das eine ging, das andere kam. Das Leid sollte mit der Schlüsselgeschichte seinen Höhepunkt erreichen. Der Teufel griff mit beiden Händen nach uns, um uns zu zerstören.

Ein Schlüssel hatte damals einen enorm hohen Stellenwert. Er bedeutete alles – Habe oder Armut. Nicht jeder besaß zu seiner Stube einen Schlüssel. Man mußte aber einen haben, ansonsten mußte eine Oma oder eines der Kinder abwechselnd in der Stube bleiben. Andere Blöckener Kinder, außer Zernechels, nahmen aus einer unbewachten Stube alles, aber auch wirklich alles mit – nicht nur Lebensmittel – auch die restlichen Kleidungsstücke und Eßnäpfe. Wo immer ich auch hinging, was immer ich außerhalb unserer Dachkammer tat, und wenn es nur der kurze Weg zum Brunnen war, um Wasser zu holen, der Schlüssel war immer in meiner linken Hand fest umklammert. Ob im Winter bei der Holzsuche in Eis und Schnee mit halberfrorenen Händen, ob im Sommer bei meinen heimlichen Schulstunden hinter der Scheune, ob beim Sammeln von Kamille oder Kümmel auf den unendlich weiten Wiesen zwischen Blöcken und Brasdorf, nie wurde die zweite Hand hinzugezogen. Wenn es doch einmal nicht anders ging, wie zum Beispiel zum Abbrechen eines Astes, wofür beide Hände benötigt wurden, dann nahm ich den Schlüssel in den Mund. Nie aber legte ich ihn irgendwo hin oder öffnete die linke Faust. Ich war mir dessen voll bewußt, wie wertvoll dieser Schlüssel war, was er für uns nun, da Tante Schubert fehlte, bedeutete. Um den Hals hängen ging nicht, weil es im ganzen Dorf keine Schnur gab. Also blieb nur die Möglichkeit, ihn in der Faust zu halten. Das ist anscheinend so sehr in mein Unterbewußtsein übergegangen, daß ich mich heute immer noch dabei ertappe, wie ich, wenn ich in der linken Hand nichts trage, diese zur Faust balle. Selbst im Bett ist die linke Hand immer noch geschlossen.

So war ich an einem schönen Spätsommernachmittag unterwegs in Richtung Brasdorf, um auf einer großen Wiese, rechts des Weges kurz vor Brasdorf, Sauerampfer zu pflücken. Der Sauerampfer wuchs dort in Büschen, so daß ich nicht erst lange suchen mußte, sondern mich nur hinknien und abreißen brauchte. Eben erst angefangen, das Schüsselchen war noch nicht einmal zur Hälfte gefüllt, öffnete ich zur Kontrolle die linke Hand, wie ich es immer tat, um zu sehen, ob der Schlüssel noch da war und um die Faust dann ganz schnell wieder zu schließen. Aber was war das? Wie ein heißer Blitz durchzuckte es meinen Körper – der Schlüssel war weg! Wie konnte er verschwinden? Ich hatte meine Faust während des ganzen Weges nicht geöffnet. Was war nur geschehen?

Ich erinnere mich noch gut daran, wie ich in voller Lautstärke zu weinen und zu schreien anfing, weil ich wußte, daß mich in dieser Einsamkeit und Grabesstille niemand hören konnte, der mich hätte auslachen können. Nie zuvor und auch nie mehr danach habe ich jemals so laut und herzzerreißend geweint. Es war schon mehr ein Schreien der Verzweiflung. Mein Herz verkrampfte sich, und ich spürte, wie ich immer schlechter Luft bekam. Ich schrie laut nach dem lieben Gott, der mir doch helfen solle, aber er schien weit, weit weg zu sein, gab mir keine Antwort. Tiefer Schmerz und Kummer ließen in mir alles zusammenbrechen. Ich wußte, daß der Verlust des Schlüssels einem Todesurteil gleichkam. Ohne Holz, das ich sammeln gehen mußte, gab es keine Suppe, gab es nichts zu essen, also konnten wir jetzt nur noch sterben. Ich weinte aus tiefster Seele und schrie immer wieder zum Himmel, aber es kam keine Hilfe. Weil ich vor lauter Tränen nichts mehr sehen konnte, kroch ich auf allen vieren über das kleine Stückchen Wiese, das ich ja eben erst betreten hatte, um den Schlüssel eventuell zu erfühlen. Aber nichts geschah, der Schlüssel blieb unauffindbar.

Ich suchte und weinte und hatte gar nicht bemerkt, daß die Sonne schon untergegangen war und meine Mutter auf dem Heimweg sein mußte. Ich war so verzweifelt, daß ich mich auf die Wiese setzte, weinte und sterben wollte – gleich hier, das war ja schon egal wo. An diesem Tag kam ich erstmals später als meine Mutter heim. Sie war schon von der Arbeit zurück und wartete angstvoll auf dem Hof. Sie wußte nicht, was geschehen war, schließlich war ich immer pünktlich vor ihr zu Hause gewesen. Auf dem ganzen Heimweg und zu Hause weinte ich immer noch. Was meine Mutter, die mit der Axt die Tür aufbrechen mußte, gesagt hat, weiß ich nicht mehr, böse war sie ganz sicher nicht gewesen, sonst wüßte ich es noch. Eines stand jedoch fest: Ab jetzt würde mein Leben noch unerträglicher werden, noch härter, denn nun war ich eine Gefangene, durfte die Stube nicht mehr verlassen.

Meine Mutter mußte jetzt von unterwegs Holz mitbringen, das wir beide am Abend zersägten. Dabei gab es immer viel Schelte für mich. Meine Mutter schrie: »Zieh!«, meinte natürlich, daß ich die Säge zu mir herüberziehen sollte, was ich auch mit beiden Händen tat, aber anscheinend nicht genug, denn die Säge blieb immer wieder im Holz stecken. Meine Schwester stand daneben und schaute zu, wie ich mich unter Tränen abmühte, die Säge zu mir herüber zu bekommen. Es war ein verzweifelter Kampf, denn meine dünnen Arme gaben nicht mehr Kraft her, andererseits war ich der einzige Partner meiner Mutter, seit Tante Schubert fehlte. Tagsüber mußte ich wie gewohnt kochen, abwaschen und den Fußboden aufwischen, und dann durfte ich unsere Kammer nicht mehr verlassen. Ich konnte meiner Mutter kein Essen mehr aufs Feld bringen, ja nicht einmal mehr Wasser vom Brunnen holen, dies tat meine Mutter am Abend, wenn sie zu Hause war. Ich war eine Gefangene geworden.

Immer wenn ich ans Fenster trat, um voll großer Traurigkeit nach draußen zu schauen, wo die Sonne schien, dann grinsten die anderen Kinder zu mir herauf, die durch meine Schwester vom Verlust unseres Schlüssels erfahren hatten. Als wir noch im Besitz des Schlüssels gewesen waren, hatte nie einer zu unserem Fenster hinaufgeschaut, aber jetzt kamen sie mir vor wie Wölfe, die nur darauf warteten, daß ich, wie an jedem Tag, unsere Behausung verlassen würde, um uns dann auszurauben. Den Gefallen tat ich ihnen nicht. Ich setzte mich mit meinem Lesebuch auf unser Strohbett und weinte bitterlich. Auch auf meine Schreibstunde mußte ich jetzt verzichten.

Wenn meine Verzweiflung am größten war, blätterte ich Trost suchend in dem Buch. Aber mehr als einzelne Buchstaben konnte ich noch nicht lesen. Darum schlug ich immer wieder eine bestimmte Seite auf, wo ein Gedicht stand, das meine Mutter mir einmal vorgelesen hatte, zu dem es ein hübsches Bild gab mit einem Mädchen, einem Jungen und einem schönen, dicken Federbettchen. Wie schön wäre es doch, in einem solchen Bett zu schlafen, dachte ich. Aber auf dem Bild war auch noch eine große, lachende, sprechende Sonne zu sehen, die sagte: »Heraus aus dem Bettchen, heraus, heraus, die liebe Frau Sonne, die lacht euch ja aus, sie geht schon spazieren durch Felder und Flur, und denkt sich, wo bleiben die Kinder heut nur?« Wie gerne wäre ich hinausgegangen in die Sonne, wenn auch nicht zum Spiel, vielmehr um zu schreiben und meine Pflicht zu erfüllen. Nicht einmal das durfte ich. Ich war zum Nichtstun verdammt.

Eines Tages kam meine Mutter mit einer Anordnung zu mir, von der sie hätte wissen müssen, daß ich zwar alles gewillt war zu tun, nicht aber das, was sie von mir verlangte: Tiere zu töten, um sie dann zu essen. Das war einfach zu viel für mich, und ich habe es auch nicht getan. Die anderen Frauen hätten gesagt, sie würden ihre Kinder zum Frösche fangen schicken und ich müßte das auch tun. Sie erzählte mir etwas von Frankreich und Delikatesse, was ich nicht verstand. Also schickte sie mich los, am Dorfteich Frösche zu fangen. Ich bat sie, nicht gehen zu müssen, weil ich so etwas wirklich nicht tun könnte, aber es gab keine Gnade für mich, ich mußte gehen. Meine Mutter hatte mir einen Kescher gebastelt und erklärte, wie ich ihn zu handhaben hätte. Dann mußte ich mich auf den Weg machen, nachdem sie am Abend von der Arbeit gekommen war. Unterwegs kam mir schon ein Blöckener Junge mit »Beute« entgegen. Er trug ein kleines Säckchen, in dem sich deutlich sichtbar alles bewegte. Ich weinte den ganzen Weg und betete, daß alle Frösche sich verstecken sollten, damit ich keinen fangen könnte.

Es war ein romantischer Sommerabend, wie er nicht schöner hätte sein können. Kein Lüftchen regte sich, die Grillen zirpten und die Frösche hatten ihr Abendkonzert angestimmt. Es war eine friedvolle Stille, eingebettet in Harmonie, die durch nichts an den gewesenen Krieg, an Hunger und Tod erinnerte. Ein himmlischer Frieden lag über dem Land, das so gequält worden war. Und wieder kam mir der Gedanke, daß die Natur lügt. Dieses glückliche Stimmungsbild, das sie vorgaukelte, gab es in Wirklichkeit nicht. Ich war ausgesandt, um zu fangen und zu töten, und im Dorf regierte in jedem Haus »König Hunger«.

Anders als beim Verlust meines Schlüssels, wurden dieses Mal, als es um die Frösche ging, meine Gebete anscheinend erhört. Als ich am Teich angekommen war, waren alle Frösche weg. Auch nicht ein einziger war mehr zu sehen oder zu hören. Es herrschte absolute Stille. Gehorsam wartete ich am Teichrand sitzend und ging erst nach Hause, als es schon dunkel war. Ohne Frösche!

Wieder wurde ich ausgeschimpft, aber was machte das schon. Hauptsache, ich hatte nicht getötet. Am nächsten Tag brachte meine Mutter selbstgefangene, noch lebende Frösche mit, die sie dann zu Hause tötete und deren Beine sie abkochte, die wir essen sollten. Ich aber konnte nichts von dem Fleisch runterkriegen, womit ich abermals den Zorn meiner Mutter heraufbeschwor. Sie schimpfte mit mir, ich sei unvernünftig und ich würde sterben, wenn ich das nicht äße und so weiter. Wenn ich nur sterben könnte, dachte ich, so ein Leben war doch die Hölle. Auf jeden Fall brauchte ich nie mehr auf Froschfang zu gehen.

Daß ich mir einen »Kalender« nach Art der Steinzeitmenschen gemacht hatte, sollte ich noch berichten. Wochentage, oder gar eine Woche, waren mir kein Begriff. Was war eine Woche? Ich wußte es nicht. Ich wußte nur, daß Tante Schubert uns immer alle sieben Tage die Wäsche gewechselt hatte. Damit ich selbst nun wußte, wann sieben Tage um waren, besorgte ich mir sieben Steinchen, legte sie unter unser Bett auf die linke Seite. Jeden Tag legte ich ein Steinchen auf die rechte Seite. Wenn sich alle Steine rechts befanden, dann waren sieben Tage um, und ich mußte an mir und meiner Schwester Wäschewechsel vornehmen und die Stücke in dem anderen Kochtopf auskochen, so wie Tante Schubert es immer gemacht hatte. Danach ging das »Steinchen rüberlegen« erneut los, und ich wurde rechtzeitig an einen Sauberkeitsrhythmus gewöhnt, wenn auch auf eine ungewöhnliche Weise.

Im Laufe des Sommers gab es bei der zehntägigen Lebensmittelzuteilung auch einmal eine kleine Tabakration. Was sollten die armseligen, hungernden Frauen mit Tabak anfangen? Keine von ihnen rauchte, aber man hatte schon gelernt, das, wofür man im Augenblick keine Verwendung hatte, aufzuheben, bis sich eine Tauschgelegenheit bot. So ein Glücksfall kam auf meine Mutter in Gestalt eines russischen Soldaten zu. Immer häufiger wurden die Frauen zur Arbeit in Kaimen eingesetzt, da es in Blöcken nichts mehr zu tun gab und die Felder verödet waren. Als sie wieder einmal in Kaimen waren, trat ein junger Soldat auf meine Mutter zu und sagte, mit dem Finger auf sie zeigend: »Machorke?« Meine Mutter konnte sich schon etwas verständigen und so antwortete sie: »Da, Machorka w Doma.« (Ja, Machorka ist zu Hause.) Da strahlte der Soldat und gab zu verstehen, daß sie am nächsten Tag den Tabak mitbringen solle, dann würde er viel zu essen bringen. Gesagt, getan. Am nächsten Tag erhielt sie als Tausch eine große Schüssel voller Glumse (Quark). Von so etwas Gutem und noch dazu in so großer Menge hatten wir nicht einmal zu träumen gewagt. Mit beiden Händen stopften wir die trockenen Quarkklumpen in unseren Mund und mußten feststellen, noch nie etwas so Köstliches gegessen zu haben. Noch oft haben wir in späteren Jahren von diesem herrlichen Quark geschwärmt. Das war ein Urquark, wie er sein sollte, ganz einfach frischer, ausgedrückter, köstlicher Quark, wie wir ihn nie wieder seitdem gegessen haben.

Etwas anderes sollte noch erwähnt werden. Wir befanden uns nun schon im zweiten Jahr nach dem Krieg, aber immer noch gab es keine Vögel. Ihr Gezwitscher, das ich bis 1945 so bewußt wahrgenommen hatte, fehlte völlig. Der Krieg mußte sie vertrieben haben, und sie hatten sich immer noch nicht wieder eingefunden. Das Fehlen der Vogelstimmen machte die ganze unbelebte Landschaft noch unheimlicher. Das einstmals herrliche Land war in ein riesiges Grab verwandelt. Nur einen einzigen Vogel schien es nicht verscheucht zu haben: die Eule, den Totenvogel. Die Frauen sagten, wenn sie nachts schreie, wolle sie immer einen Menschen ins Grab holen. Sie schreie: Komm mit, komm mit ins kühle Grab, sonst reiß ich dir die Haare ab. Wenn dann auch noch Vollmond war, kroch ich vor Angst tief unter meine Decke. Da ja laufend gestorben wurde, glaubte ich durchaus an einen Zusammenhang zwischen Eule und Tod.

Tatsächlich starb in diesem Herbst 1947 ein Mann ganz in unserer Nähe. Im Nebenhaus von Bauer Lange gab es auch Dachkammern. In einer wohnte Frau Herrmann mit Mutter und Tochter Ruth, in der anderen lebte ein Mann mit seinem kleinen Sohn von etwa sieben oder acht Jahren ohne Frau. Der Mann hatte die damals tödliche Krankheit Tuberkulose. Als er gestorben war, übernahmen andere Mütter seinen Sohn, damit er nicht in ein russisches Waisenhaus mußte. Als niemand mehr in der Kammer wohnte, besichtigte meine Mutter diese und stellte fest, daß es einen Schlüssel zu der Kammertür gab. Sofort entschied meine Mutter, daß wir hierher umziehen sollten. Dies war ein sehr unbedachter Entschluß, denn der Raum, in dem der Mann mit seiner todbringenden Krankheit gelebt und wahrscheinlich auch Ruth in der Kammer nebenan angesteckt hatte, war nicht desinfiziert worden.

Meine Mutter war darauf bedacht, daß ich, ihre einzige Arbeitshilfe, am Nachmittag wieder Holz sammeln gehen konnte, dachte aber nicht daran, daß mir meine Schuhe, die ich nun seit 1945 trug, in diesem Jahr nicht mehr paßten. Also zogen wir um. Auch in diesem Haus fehlte die Hauseingangstür. Rechts führte eine Holztreppe nach oben, in der eine Stufe durchgetreten war.

Ich hatte große Schwierigkeiten, dieses Loch zu übersteigen. Der Vorboden war viel kleiner und sehr dunkel. Dementsprechend waren auch die Kammern. Sie waren nur halb so groß wie die im Wiehlerschen Haus. An der linken Wand, direkt unter der Schräge, paßten gerade unsere zwei Feldbetten hin, für die meine Mutter frisches Stroh bekommen hatte. Schließlich hatten wir auf dem alten Stroh schon über zwei Jahre gelegen. An der rechten Wand, gleich vor dem Fenster, stand unser einziger Stuhl, anschließend kam das kleine Tischchen, dann der Wassereimer und gleich vorne in der Ecke hatte meine Mutter wieder einen Herd gebaut, nachdem sie ihn in unserer ersten Dachkammer im Wiehlerhaus herausgerissen hatte.

Wir waren so beschäftigt mit dem Herdbau, daß wir erst nach Fertigstellung merkten, daß jetzt der Schlüssel in der Tür fehlte, dessentwegen wir umgezogen waren und die vielen Verschlechterungen in Kauf genommen hatten. Jetzt erst wurde es meiner Mutter anscheinend bewußt, daß es eine äußerst gefährliche Behausung war, und sie weinte. Wieder alles abreißen und zurückziehen, dazu hatte sie keine Kraft mehr. Im Wiehlerschen Haus war alles groß, geräumig und aus hellem Holz gewesen. In diesem Haus dagegen war alles dunkel, und ich fürchtete mich immerzu. Ganz zu schweigen von den Kunststücken, die ich vollbringen mußte, wenn ich rauf oder runter wollte. Mit beiden Händen mußte ich mich am Geländer hochziehen. Wasser zu holen und mit dem vollen Eimer wieder hinaufzukommen, war für mich undenkbar. Diese neue Behausung stellte in jeder Hinsicht eine Verschlechterung dar.

Im Jahr zuvor hatte man Ruth noch manchmal unten im Hof gesehen, aber in diesem Jahr lag sie nur im Bett und ihr lang anhaltender, lauter Husten war bis unten zu hören. Frau Herrmann ging immer fleißig zur Arbeit und die Oma kochte und versorgte die kranke Ruth.

Wir wohnten noch nicht lange in diesem Haus, da wurde ich sehr krank. Eine sehr schmerzhafte, hühnereigroße Knolle hatte sich in der linken Kniekehle gebildet, die das Gehen unmöglich machte. Meine Mutter stellte eine Krampfaderbildung mit Venenentzündung fest. Sie band das graue Tuch, das sie meiner Schwester fest um ihren Wasserbauch gebunden hatte, ab, und wickelte es fest um mein schmerzendes Bein. Ihre Ermahnung, im Bett zu bleiben, war überflüssig gewesen, konnte ich doch mein Bein vor Schmerzen nicht einmal im Liegen bewegen. Da lag ich nun auf meinem kalten Strohlager, den ganzen Tag ohne Nahrung oder einen Schluck Wasser. Der Wassereimer stand höchstens einen Schritt entfernt vom Bett, dafür hätte ich ausgerechnet zuerst mit dem linken Bein aufstehen müssen und gerade das ging nicht. Meine Schwester, die mir etwas Wasser hätte geben können, ließ sich den ganzen Tag über nicht sehen. Also mußte ich – nur für einen Schluck Wasser – auf meine Mutter warten, die erst spät am Abend von der Arbeit kam.

Warum hatte ich, als einziges von allen Kindern, diese Krankheit bekommen? War mein Leben nicht schon hart genug gewesen? Die täglichen kilometerlangen Märsche, ob während der Flucht oder hier in Blöcken zwecks Sammeln von Holz, Beeren und Kräutern. Der Tod von Tante Schubert, wodurch ich ihre Arbeit übernehmen mußte und schließlich der Verlust des Schlüssels, der mich zur Gefangenen in den eigenen vier Wänden gemacht hatte. All das war doch schon hart genug, und nun mußte ich auch noch liegen, und das auf Stroh und in Kälte. Meine augenblickliche Situation war schlimm, nur beweinte mich niemand, ich war mir selbst überlassen, einsam, allein und ungeliebt – jedenfalls empfand ich es so.

Wie ich später erfuhr, war diese Krankheit eine Folge der Überanstrengung durch die langen Strecken, die ich im Laufe von zwei Jahren täglich zurückgelegt hatte. Trotz dieser traurigen Lebenslage weinte ich nicht etwa, nein, ich tat etwas, was ich seit der Königsberger Zeit nicht mehr getan hatte: Ich sang laut und gänzlich unbefangen immer das gleiche Lied. In meinem Lesebuch stand ein Lied, das mir meine Mutter vorgesungen hatte: »Auf die Berge möcht ich fliehen, möchte sehn ein grünes Tal, möcht in Gras und Blumen liegen und mich freun am Sonnenstrahl. Lieber Frühling, komm doch wieder, lieber Frühling komm doch bald, bring uns Blumen, Lauf und Lieder, schmücke wieder Feld und Wald. Möchte hören die Schallmeien und der Herden Glockenklang, möcht in Gras und Blumen liegen und mich freun am Sonnenstrahl.«

Ich sang es immer und immer wieder voller Sehnsucht. Damit es nicht so langweilig wurde, setzte ich jedesmal, wenn ich wieder von vorne anfing, einen Ton höher an. Zwar kannte ich bis dahin nur meine schöne ostpreußische Heimat und hatte keine Vorstellung von Bergen und Tälern, aber da Blumen, Wiesen, Wald und Sonne darin besungen wurden, ganz einfach die Natur, die ich so liebte, mußten Berge und Täler auch etwas Schönes sein. Das Singen wurde nur unterbrochen durch gelegentliche laute Gebete, in denen ich den lieben Gott um ein anderes, besseres Leben bat. Er möge mir doch wieder ein Leben wie in Königsberg geben. Auch bat ich ihn um ein ganzes Brot, ein Faß voller Butter und einen Sack voll Zucker, das war damals meine begehrteste Nahrung. Frei und unbefangen, wie es meine Art war, sang und betete ich laut, ohne daran zu denken, daß Ruth und ihre Oma in der Kammer nebenan durch die dünne Wand alles mit anhören konnten, denn umgekehrt hörten wir ja auch alles.

Wenn ich müde geworden war vom vielen Singen und Beten, dann dachte ich nach, und das geschah leise. Meine Gedanken drehten sich um meine Großeltern, Tante Friedel und ihre Kinder, mit denen wir gemeinsam die Flucht angetreten hatten. Ob sie durchgekommen oder unterwegs, wie viele andere, gestorben waren? Zurückgekommen waren sie jedenfalls nicht, davon hatten wir uns im Sommer 1945 überzeugt. Tante Friedel war mit dem Gutsverwalter Fritz Schwark verheiratet gewesen, der bis zu seiner Einberufung ein Gut verwaltet und es auch allein mit seiner Familie bewohnt hatte, da der Besitzer auf einem anderen Gut lebte. Meine Mutter hat oft erzählt, daß ihre Schwester auf diesem Gut ein herrschaftliches, schönes Leben geführt hatte. Leider wußte sie den Namen des Gutes nicht mehr. Seit der Einberufung lebte meine Tante vorübergehend auf dem elterlichen Hof, »bis der Krieg zu Ende ist«, wie es hieß. Onkel Fritz, ein sehr gutaussehender und charmanter Mann, war Weihnachten 1944 noch einmal, ganz plötzlich, zu Besuch gekommen, und kurz danach war die Nachricht eingetroffen, daß er von einem nächtlichen Patrouilleritt nicht zurückgekehrt war. Tante Friedel wußte also bei Antritt der Flucht, daß ihr Mann tot war. Was sie zu diesem Zeitpunkt indes nicht wußte, war, daß sie noch einmal schwanger geworden war und im September 1945 ihr drittes Kind Wolfgang zur Welt bringen sollte.

Tante Friedel war sehr glücklich verheiratet gewesen, sie war wohl die Glücklichste von allen Junkeitkindern. Wo mögen sie nur jetzt sein, dachte ich immer wieder. Sollten sie noch leben, würden sie sicher annehmen, daß wir tot waren. Wir waren ja von jedem normalen Leben abgeschnitten, waren verschollen und galten als vermißt. Auch das Rote Kreuz war von den russischen Behörden – auf Verbot Stalins – nicht darüber informiert worden, daß es noch so viele Zivilisten in Ostpreußen gab; unsere Namen durften nicht preisgegeben werden. Dies erfuhren wir aber erst Jahre später. Jetzt waren wir verlorene Menschen, Arbeitssklaven ohne Namen und Nummer, die nichts zählten. Mit dieser Art der Selbstbeschäftigung, zu singen, beten oder nachzudenken, habe ich mich unbewußt am Leben erhalten. Denn damals mußte man nicht unbedingt Tuberkulose haben, um zu sterben. Die meisten Menschen starben an Unterernährung, Schwäche und Entkräftung. Viele wachten aus dem Schlaf einfach nicht mehr auf, darunter auch viele Kinder. So hätte es auch mir ergehen können, wenn ich meinem Schlafbedürfnis nachgegeben hätte. Ich war nur noch Haut und Knochen, und mein Gesicht soll ganz schmal und blaß, fast durchsichtig, mit tiefen dunklen Augenrändern gewesen sein.

Am Abend, kurz nachdem meine Mutter eingetroffen war, kam dann auch meine Schwester von Zernechels. Meine Mutter kochte einen ganzen Topf voll Roggensuppe, so daß am Abend und am nächsten Morgen jeder ein Schüsselchen davon bekam. Abends war es noch Suppe, am nächsten Tag aber war es kalter, dicker Brei, der mit den Händen gegessen werden mußte, da wir ja keinen Löffel besaßen. Mir fiel wieder der Besteckkasten ein, der mit gelber Seide ausgeschlagen gewesen war und dessen einzelne Teile alle mein Monogramm trugen. Ich hatte ihn zum fünften Geburtstag von meiner Mutter bekommen. Wo mag er jetzt sein, wer hat ihn wohl? Jetzt waren wir ohne Schuld so arm, daß wir nicht einmal einen Blechlöffel besaßen.

Vier Wochen soll ich so in absoluter Ruhestellung gelegen haben. Als ich endlich aufstehen konnte, hielten meine Beine mich nicht mehr; ich fiel immer wieder hin. Die Beine, die keine Muskeln mehr hatten, nur aus mit Haut überzogenen Knochen bestanden, machten nicht mit. Außerdem wurde mir immer schwarz vor Augen. Erst einmal konnte ich nur sitzen und nach und nach einige Schritte in der Kammer gehen. Ich war so glücklich, keine Schmerzen mehr zu haben, daß mir dieses Glücksgefühl die Kraft gab, mich jeden Tag mit großer Mühe anzuziehen. Meine Kleidung war ein einziger Jammer. Die Strümpfe waren nicht nur im Fuß, sondern auch in der Gesamtlänge zu kurz. Die Strumpfhalter, die am Leibchen angebracht waren, mußten auf die letzte Spannweite gestellt werden, und dann zog es noch überall, weil auch die zu kurz waren. Das Kleid reichte nur bis zur Hälfte der Oberschenkel, so daß die Strumpfhalter vorguckten. Über alles zog ich den ebenfalls viel zu klein gewordenen Trainingsanzug an, dessen Hosen gerade bis zu den Waden reichten. Meine graue Kaninchenfellmütze bedeckte nur zur Hälfte die Ohren. Aber ich zog alles an, wickelte die graue Schlafdecke um mich herum und setzte mich auf den Stuhl ans Fenster.

Zwischenzeitlich war es Winter geworden, und so konnte ich die herrliche Winterwelt betrachten, die Zweige, die sich unter der Last des Schnees tief zur Erde neigten, das Funkeln und Glitzern des von der Sonne beschienenen Schneeteppichs. Ich dachte an mein großelterliches Haus in Hindenburg, daran, wie ich damals, als ich noch so glücklich war, die schöne Winterlandschaft durchs Fenster betrachtet hatte. Wie erfüllt ich damals von der Schönheit der Natur gewesen war, und mit welcher Traurigkeit ich jetzt alles ansah! Es schien, als seien nicht nur zwei, sondern zwanzig Jahre vergangen. Meine glückliche, behütete Kindheit war so weit entrückt, so unwirklich. Es war unfaßbar, daß sie überhaupt jemals dagewesen sein sollte. Weggeweht wie der Schnee, der eben noch einen Ast bedeckt hatte und von einer leichten Brise weggeblasen worden war. Manchmal glaubte ich, mein schönes Leben von einst sei nur ein Traum gewesen.

An einem Tag, es herrschte klirrender Frost und Sonnenschein, ging meine Mutter nicht zur Arbeit; auch kam sie diesmal kein Russe holen, denn die saßen alle in ihrer warmen Stube. Da fragte ich meine Mutter, ob ich kurz hinuntergehen dürfe, in die Sonne hinaus, war ich doch seit dem Verlust des Schlüssels im Sommer nicht mehr draußen gewesen. Ich bat sie, mir für einen Moment ihre Soldatenjacke zu leihen, die sie wegen der Kälte Tag und Nacht anhaben mußte, und ihre mit Stroh ausgestopften, abgeschnittenen Männergummistiefel, denn in meine Schuhe kam ich beim besten Willen nicht mehr rein. Das graue Tuch, mit dem bis vor kurzem noch mein Bein umwickelt war, band ich um Kopf und Hals und so wollte ich nach draußen gehen.

Da stand ich nun oben an der Treppe, bekleidet mit der Soldatenjacke, die mir bis an die Erde hing und die Füße in den Stiefeln, die Kähnen gleichkamen, und wußte nicht, wie ich hinunterkommen sollte. Da kam mir die Idee, erst einmal jeden Stiefel einzeln nach unten zu werfen, danach die Soldatenjacke, und dann konnte ich langsam Stufe für Stufe, mich mit beiden Händen am Geländer festhaltend, rückwärts hinunterklettern, denn nur so war es für mich möglich, das Loch in der Treppe zu überwinden. Unten angekommen stieg ich wieder in meine Sachen und wollte nach draußen gehen, aber ich bekam durch die Last der Stiefel meine Füße nicht hoch; ich mußte also hinausschlurfen. Höchstens zwei Meter vor dem Hauseingang war ich gezwungen, stehenzubleiben. Die Sonne blendete mich so, daß ich mir die Augen zuhalten mußte. Mir wurde schwindelig, und ich setzte mich ein wenig auf den Rand der abgeschnittenen Stiefel, die ich anhatte. Dabei konnte ich für einen kurzen Moment zwei russische Soldaten bei ihrer Körperwäsche beobachten. Mit entblößtem Oberkörper holten sie Wasser aus dem Brunnen hoch, wuschen sich ganz schnell damit ab – ohne Seife – und zogen ebenso schnell über den nassen Körper ihre Sachen wieder an, denn sie hatten auch kein Handtuch. Dann schlurfte ich mit meinen Gewichten an den Füßen wieder ins Haus zurück und trug jeden Stiefel und die Jacke einzeln nach oben. Danach war ich so erschöpft, daß ich nie mehr so einen »Ausflug« wagte.

Meiner Mutter erzählte ich von der eben beobachteten Körperwäsche der beiden Russen, wobei ich sagte, daß ich schon bei ihrem Anblick gefroren habe bei diesen Minusgraden. Da erzählte sie mir eine ganz andere Geschichte, die ihr Frauen bei Arbeitseinsätzen in anderen Dörfern berichtet hatten. In einem Dorf in der Nähe von Blöcken, den Namen wissen wir nicht mehr, hatten Offiziere in einem Siedlungshäuschen ein »Badehaus« eingerichtet. Die Häuser waren ja alle ohne Möbel, und so hatte man in die Decke des Wohnzimmers ein Loch schlagen lassen, das als »Dusche« genutzt wurde. In großen Töpfen mußten einfache russische Soldaten Wasser erhitzen und in einer normalen Gartengießkanne durch das Loch in der Decke gießen, unter dem jeweils ein Offizier »duschte«. Anschließend mußten deutsche Frauen das Zimmer, in dem das Wasser stand, wieder entwässern und trocken wischen.

Anscheinend hatten sich die Blöckener Pferde vorgenommen, nur im Winter zu sterben. Eines Morgens, mitten im tiefsten Winter mit viel Frost und Schnee, erhielten die Frauen den Befehl, wieder eine Grube für ein verendetes Pferd auszuheben, diesmal am anderen Ende des Dorfes in Richtung Teich. Vor das tote Tier wurden zwei Pferde gespannt, die, geführt von einem der Mayer-Söhne und in Begleitung eines russischen Soldaten, den Kadaver zur Grube zogen. Welche Bedeutung der Soldat hatte, war im ersten Moment noch unklar. Kaum daß das Tier hinabgelassen war, erfolgte jedoch des Rätsels Lösung. Der Soldat gab den Befehl, mit den mitgebrachten Messern in das tote Pferd zu schneiden und in die Schnittwunden Chlor zu streuen. Diesmal wollte man sichergehen, daß die Frauen das Pferd nicht wieder ausgruben, um sich und ihre hungernden Kinder zu ernähren. Auf diese Weise wurde das Fleisch ungenießbar gemacht.

Aber was machte man nicht alles aus Hunger? In der darauffolgenden Nacht fanden sich abermals alle Frauen an der Pferdegrube ein, um wie die Maulwürfe zu arbeiten und das Pferd mit den bloßen Händen freizuschaufeln. Wieder hatte meine Mutter mich mitgenommen, wieder war ich das einzige Kind bei dieser Aktion und es war doppelt schwer wie beim ersten Pferd. Erstens war ich noch sehr schwach von meiner vierwöchigen Venenentzündung, und zweitens mußte ich meine Schuhe anziehen, die nun wirklich nicht mehr paßten; die Zehen waren ganz gekrümmt und taten weh. Über meine ebenfalls nicht mehr passende Pelzmütze hatte meine Mutter das graue Tuch gebunden, Handschuhe besaß ich keine. So versuchte ich mit den bloßen Händen, wie die Frauen, das tote Pferd auszugraben. Aber es ging nicht gut voran, dieses Tier war mehr gefroren als das erste. Da bestimmte meine Mutter, daß ich den ganzen Weg alleine zurückgehen solle, um die Axt zu holen.

Ich hatte furchtbare Angst, aber Widerrede gab es nicht, und so mußte ich gehen. Wieder schien der Vollmond, und wenn jetzt auch noch die Eule zu rufen anfinge, würde ich schon allein vor Angst sterben, dachte ich. Beim ersten Pferd hatte es gegolten, unbemerkt an dem Haus vorbeizukommen, in dem der russische Schmied wohnte; jetzt mußte ich am Insthaus, das zum Anwesen von Bauer Franz Krause gehörte, vorbei, in dem russische Zivilisten einquartiert worden waren. Es war die junge Familie, mit deren kleiner Tochter meine Schwester einst gespielt hatte. Die Familie war zwangsumgesiedelt worden, und sie mußten nicht mit den deutschen Frauen zusammenarbeiten. Ihr Schwein lebte in einer Stube mit den Menschen zusammen. Meine Mutter wußte das ganz genau, denn sie war einige Male hinbeordert worden, die Stube zu putzen. Es war aber eine saubere Angelegenheit, wie sie immer sagte. Das Schwein – sie mußten es wegen der Gefahr des Stehlens bei sich haben – wurde jeden Tag abgewaschen, bekam frisches Stroh, und die Stube wurde täglich von einer deutschen Frau naß aufgewischt. Wir kannten diese Leute nicht und wußten daher auch nicht, wie sie reagieren würden, wenn sie uns beim Fleischtransport erwischten. Darum hatte jeder Angst, und ich auf meinem einsamen Rückweg ganz besonders.

Das Herz schlug mir wieder bis zum Hals, aber ich brachte die Axt. Das Fleisch roch entsetzlich nach Chlor, die Chemikalie war schon richtig tief eingedrungen. Außerdem mußte man es von den Knochen abhacken, so fest war es schon gefroren. Schließlich konnte jede Frau, dank unserer Axt, ein großes Stück des stinkenden Fleisches heimtragen.

An dem Insthaus mit der russischen Familie vorbeischleichend durchlitt ich die gleichen Qualen der Angst wie beim ersten Pferd, als wir am Haus mit dem russischen Schmied vorbei mußten. Ständig schaute ich nach links zum Haus hinüber, denn das Vorankommen im tiefen Schnee mit dem schweren Fleisch war sehr mühsam. Vom Mond wurden wir wie von einem Scheinwerfer in helles Licht gehüllt, wo uns die Dunkelheit der Nacht lieber gewesen wäre. Da – auf einmal schaute das russische Ehepaar aus dem Fenster hinaus. Aus, dachte ich, jetzt ist alles aus. Meine Erfahrungen bezüglich des Ertapptwerdens beim Stehlen waren mir nur zu gut in Erinnerung und saßen mir so tief in den Knochen, daß mich in diesem Moment die Kräfte verließen. Meine Knie hielten mich nicht mehr, und wie ein Gummimensch sank ich in den Schnee ein. Alle Bemühungen, wieder auf die Beine zu kommen, waren umsonst. Die Angst hatte mich so gelähmt, daß ich keine Kraft mehr in den Beinen spürte und im tiefen Schnee wie ein Häufchen Elend saß, nicht viel mehr wert als das Stück Fleisch, das neben mir lag. Meine Mutter blieb neben mir, versuchte mich zu beruhigen, ließ mich eine kurze Weile liegen, dann versuchte ich erneut in die Höhe zu kommen. Endlich konnten wir, wenn auch ganz, ganz langsam, weitergehen. Das russische Ehepaar war vom Fenster verschwunden. Das hatte mir wieder etwas Kraft gegeben. Es dauerte lange, bis wir wieder in unserer Dachkammer angekommen waren und das Fleisch versteckt hatten.

Jetzt war ich täglich mit dem Abkochen von Fleisch beschäftigt. Solange weißer Schaum auf dem Wasser schwamm, mußte ich das Wasser weggießen, neues Wasser nehmen und das so lange wiederholen, bis das Wasser klar war. Aber selbst nach dem zehnten Abkochen blieb der Chlorgeschmack im Fleisch, und es war ein abstoßender, ekelhafter Geschmack. Ich weiß noch, daß ich kein Stück davon essen konnte. Bei dieser Aktion, heißes Wasser ausschütten, kaltes hineingießen, verbrühte ich mir das rechte Handgelenk ganz schlimm. Allein mußte ich damit fertig werden, keiner wischte meine Tränen oder nahm mich tröstend in den Arm wie in Königsberg, wenn ich mir einmal weh getan hatte. Die Zeit, da ich Kind sein durfte, hatte längst aufgehört.

Über dreißig Jahre später besuchte ich meinen zehnjährigen Sohn nach einer Blinddarmoperation im Krankenhaus. Auf dem Flur tummelte sich ein kleines Mädchen mit sichtbaren, in Heilung übergehenden Brandwunden. Auf meine Frage, wo sie sich denn so verbrannt hätte, antwortete sie: »In der Küche, mit heißem Wasser und ich habe geschrien, das muß man doch.« Das muß man doch ... Diese Worte hatte ich noch im Ohr, als ich das Krankenhaus schon längst hinter mir hatte. Ich dachte an meine einstige große Verbrennung mit heißem Wasser, als auch ich erst acht Jahre alt war. Ich hatte nicht geschrien, weil ja niemand da gewesen wäre, der hätte helfen können. Ganz still sind meine Tränen heruntergerollt vor Schmerzen, das war alles.

Im Laufe dieses Winters 1947/48 starb in der Kammer neben uns die Ruth an Tuberkulose. Frau Herrmann kniete auf dem Boden mit gefalteten Händen, laut weinend vor Verzweiflung, und warf sich immer wieder über ihr einziges, jetzt totes Kind. An diesem Seelenschmerz zerbrach die Frau. Fortan sprach sie mit keinem Menschen mehr, ging auch nicht mehr zur Arbeit. Man hatte den Eindruck, sie wolle nicht mehr leben.

V. In Brasdorf und Heimkehr

Es muß Februar 1948 gewesen sein, ein besonders milder Februar, denn die Sonne war matt und schwach, doch fehlte ihr noch die wärmende Kraft. Die Erde war schneefrei und nackt, und Bäumen und Sträuchern fehlte das umhüllende Grün. Da hob sich der Vorhang auf der Lebensbühne dieser Nachkriegstragödie ein letztes Mal.

Die Frauen waren zum Kartoffelkeimen eingeteilt worden. Der bewachende russische Soldat erlaubte jeder Frau, nach Arbeitsende fünf Kartoffeln mitzunehmen. Er wagte diese Erlaubnis, weil mit dem neuen Natschalnik ein anderer, ein milderer Wind wehte und er im Falle einer Aufdeckung nicht mit einer Bestrafung hätte rechnen müssen. Die Frauen freuten sich natürlich, war dies doch ein nie zuvor dagewesenes Angebot. Man trat den Heimweg an. Die anderen Frauen waren schon ein gutes Stück voraus, meine Mutter ging als letzte, hinter ihr nur noch der russische Soldat, der genauso müden Schrittes ging wie sie. Es war eine ruhige, friedliche Stimmung. Da sah meine Mutter eine Kutsche vor der Kommandantur halten, aus der russische Offiziere stiegen, die im Begriff waren, ins Haus zu gehen. Also wieder eine Besprechung, dachte sie. Diese Delegation muß wohl einen Stimmungswandel bei dem Soldaten hinter ihr bewirkt haben, der plötzlich Angst bekommen haben mußte, daß seine noch vor wenigen Minuten erteilte Erlaubnis auffliegen könnte. Auf einmal schrie er meine Mutter an, wovon sie natürlich nichts verstand, schlug ihr die Kartoffeln aus den Händen und versetzte ihr mit dem Gewehrkolben einen tüchtigen Schlag in die Rippen. Nun weiß jeder, wie schwer so ein eiserner Gewehrkolben ist. Man kann leicht damit jemand erschlagen. Meine Mutter verspürte augenblicklich einen furchtbaren Schmerz und hatte gleich Schwierigkeiten mit der Atmung. Mit letzter Kraft schleppte sie sich in unsere Dachkammer hinauf, legte sich mitsamt Kleidung, einschließlich ihrer Soldatenjacke, auf ihr Strohbett und konnte sich vor Schmerzen nicht mehr bewegen.

Das war das absolute Aus für uns. Erst der Tod von Tante Schubert und jetzt war auch noch meine Mutter ausgefallen. Wer sollte in der Nacht Lebensmittel beschaffen gehen? Das konnte ich wirklich nicht, und doch mußte ich jetzt die Führung des Haushalts, wenn man von einem solchen überhaupt sprechen konnte, allein übernehmen. Gott sei Dank hatten wir einen kleinen Vorrat an Lebensmitteln unter unseren Betten, mit denen ich erst einmal wirtschaften, das heißt kochen konnte. Schließlich war ich ja schon längst, wenn auch widerwillig, zur Hausfrau geworden.

So lag meine Mutter still und reglos etwa acht bis zehn Tage, da erfuhren wir, daß wieder eine russische Delegation hoher Offiziere in Blöcken zu einer Besprechung eingetroffen war. O lieber Gott, dachten wir, was wird da wieder über und gegen uns beraten und beschlossen? Und richtig, wir konnten darauf warten. Am nächsten Tag kam ein russischer Soldat zu uns in die Kammer hinauf, der uns fremd war und gut deutsch sprach. Er sagte, alle Kranken – zu denen auch wir gehörten – und alle Alten und Faulen würden aus Blöcken ausquartiert und nach Brasdorf umgesiedelt. »Fertigmachen zum Abtransport in einer Stunde. Warten vor dem Haus, nur Handgepäck mitnehmen«, befahl er. Als wenn einer von uns armseligen Menschen mehr gehabt hätte! Man sagte uns auch noch, wo wir wohnen durften. In Brasdorf gleich links am Ortseingang befände sich ein großer Hof, wo es rechter Hand einen für Wohnzwecke umgebauten Kuhstall gäbe; nur dort dürften wir einziehen, jedoch nichts verändern, auch keine Öfen bauen. Mit diesem letzten Hinweis hatte man sicherlich speziell meine Mutter gemeint, denn keine andere Frau hatte sich als Ofensetzer betätigt. Meine Mutter ignorierte jedoch diese Anordnung. Sie quälte sich aus ihrem Bett heraus und machte sich sofort daran, den Herd abzumontieren, und ich mußte ihr helfen, das Rohr herauszureißen, die Herdplatte mit der Axt loszuschlagen und die Eisenringe zur Seite zu legen. Bald darauf saßen wir mit anderen Frauen und Kindern – wie die ärmsten Bettler dieser Welt – vor dem Haus und warteten.

Alles, was wir an Kleidung besaßen, hatten wir angezogen, ich sogar meine engen, drückenden Schuhe. Als »Gepäck« ein Ofenrohr, zwei Ofenknie, eine Herdplatte, Ofenringe, einen schwarzen, eisernen Kochtopf, drei Blechschüsselchen – unsere Eß- und Trinknäpfe. Nun war das bei den Russen immer so eine Sache mit der Zeitangabe. Es hieß grundsätzlich »in einer Stunde«, verwirklicht hat sich das nie. Stunden, ja Tage konnten vergehen, bis die Planung es möglich machte, einen Befehl in die Tat umzusetzen. In einer Stunde jedoch hatte sich nie etwas getan, so auch jetzt nicht. Den ganzen Tag saßen wir draußen und warteten auf den Abtransport. Eigentlich hätten wir es uns ja denken können, daß vor dem Abend nichts lief. Schließlich hatte Blöcken nur ein Fuhrwerk und nur noch zwei Pferde, die tagsüber auf einer Kolchose im Arbeitseinsatz waren.

Als uns die ganze Warterei zu lang wurde, sagte einer der großen Jungen: »Ich geh schon mal nach Brasdorf Zimmer reservieren.« Sogleich schlossen andere Jungen sich an, und blitzschnell ging mir der Gedanke durch den Kopf, daß ich da dabeisein mußte. Also nahm ich mir unsere Axt als Verteidigungswaffe mit und marschierte los. Ich war die Jüngste mit meinen acht Jahren, nicht aber das einzige Mädchen. Gertrud Zernechel, die zwei Jahre älter war, gehörte auch zu unserem kleinen Kindertrupp. So waren wir beide die einzigen Mädchen. Gesprochen wurde unterwegs kaum, jeder war in Gedanken wohl mehr mit sich selbst und seiner Familie beschäftigt.

Als wir den Bauernhof betraten, schauten sich die anderen Kinder auf dem Hof erst einmal um. Ich aber ging schnurstracks auf das langgestreckte Gebäude zu, das uns genannt worden war, und betrat den ersten Eingang. Von einem winzigen Flur führten zwei Türen ab. Geradeaus war ein hübsches, kleines Zimmer, wie für uns geschaffen. Es muß ganz neu gemacht worden sein. Es gab keine Anzeichen dafür, daß hier schon einmal Möbel gestanden oder Bilder die Wände geschmückt hatten. Zimmerdecke und Wände waren schneeweiß und der Fußboden war mit hellen neuen Dielen ausgelegt. Geradeaus befand sich ein großes Fenster mit Blick in einen schönen, großen Garten. Von diesem Zimmer fühlte ich mich angesprochen. Schnell schaute ich aber noch zur anderen Tür rein, die links vom Flur wegging. Da war eine sehr große Wohnküche und dahinter kam noch ein Zimmer. Diese beiden Räume gefielen mir nicht so, sie waren so groß, so ungemütlich, schließlich hatten wir doch außer unseren zwei Eisenbetten keine Möbel. Schnell lief ich zurück zu meiner ersten Entdeckung, und das war auch gut so. Gerade als ich wieder in dem schönen, sauberen, hellen Zimmer stand, ging die Tür auf, und Gertrud Zernechel kam herein. Ich stand mitten im Raum mit der Axt in der linken Hand und sagte mit ganz forschen, bestimmten Worten, die wohl einen unmißverständlichen Unterton gehabt haben müssen, der deutlich machte, daß an diesem Entschluß nicht zu rütteln sei: »Hier wohnen wir.«

Gertrud, die mich bis jetzt als äußerst stilles Mädchen gekannt hatte, das immer alleine war und alle Wege alleine ging, muß wohl über meine Selbstsicherheit erschrocken gewesen sein, denn ich sehe noch heute ihre großen, erstaunten Augen und den Mund, den sie leicht geöffnet hielt, ohne ein Wort hervorzubringen. Eine kurze Zeit schaute sie mich so stumm an, mit ihrem geflochtenen Krönchen auf dem Kopf, das ich an ihr immer so bewunderte, drehte sich dann um und verließ schweigend das Zimmer. Das war meine erste »Wohnungsbeschaffung« in meinem Leben, viele andere sollten im Laufe der nächsten Jahrzehnte noch folgen. Immer war ich der Nestbeschaffer für unsere Familie und auch – unentgeltlich – für andere. Auch den anderen Kindern gab ich deutlich zu verstehen, daß hier für keinen anderen mehr eine Wohnmöglichkeit bestehen würde. Ich bewachte unser »Nest«, indem ich mich nicht weiter entfernte als bis vor die Haustür.

Ich konnte mir nicht vorstellen, daß dieses Gebäude einmal ein Kuhstall gewesen sein sollte. Das waren doch Insthauswohnungen, also für Familien, die auf diesem Bauernhof arbeiteten. Jede Familie hatte ihren Hauseingang, Flur, zwei Zimmer und eine große Wohnküche, für die sie an den Bauer keine Miete zahlen mußten, wie eine der Blöckener Frauen zu erzählen wußte.

Vor der Hauseingangstür stand ich nun – mit der Axt in der Hand – und wartete. Erst als die Sonne untergegangen war, hörte man Geräusche von Wagen und Pferden aus Richtung Blöcken kommend. Da kamen sie, die Mütter und anderen Kinder. Zu dem »Aussiedlertransport« gehörten auch Frau Zernechel mit Kindern, Frau Bagusch mit Kindern, Frau Latzke mit alter Mutter und Kindern und Frau Herrmann, die erst vor wenigen Wochen ihr einziges Kind, die Ruth, verloren hatte und seitdem nicht mehr arbeiten gegangen war. Sie hatte ihre Mutter bei sich.

Meine Mutter freute sich über das schöne helle Zimmer und fing sofort mit dem Herdbau an. Wieder kam uns der Zufall zu Hilfe, was das Finden von Ziegelsteinen für den Herd betraf. Zu diesem Bauernhof hatte ein Haus gehört, das direkt an der Straße stand und jetzt nur noch eine Ruine war. Die einzige Ruine im ganzen Dorf. Was es einmal für einen Zweck erfüllt hatte, ob es ein Wohn- oder Tiergebäude gewesen war, war nicht mehr zu erkennen. Es war nur noch ein einziger Trümmerberg aus Ziegeln, die sehr neu aussahen. Sofort ordnete meine Mutter an, daß ich die Ziegel herbeischleppen solle, und noch bevor die Nacht hereinbrach, stand der neue Herd.

Nun waren wir wenigen Neuankömmlinge ausgeschlossen aus der Dorfgemeinschaft – wie Aussätzige. Die Frauen brauchten zwar nicht mehr zur Arbeit zu gehen, aber es gab auch keine Lebensmittelzuteilung mehr. Wir waren ausgeklinkt worden, uns gab es nicht mehr – ausgesetzt, um zu verhungern. Am nächsten Morgen hörten wir das Pferdegetrappel eines Reiters. Sofort gingen wir nach draußen, da standen auch schon alle anderen Mütter und Kinder auf dem Hof. Sie hatten also auch das Geräusch gehört, das aus Richtung Blöcken kam. In dieser großen Stille waren Wahrnehmungen über das Ohr schneller als über das Auge. Unser

Herz schlug sicher am aufgeregtesten, denn meine Mutter hatte als einzige gegen den Befehl des Natschalnik verstoßen und einen Herd gebaut, obwohl jegliche Veränderung untersagt worden war. Und nun kam der Natschalnik auf seinem weißen Pferd dahergeritten. Als er vom Pferd gestiegen war und auf unsere Tür zukam – wir waren die ersten Bewohner von Richtung Straße –, lächelte er, und das war schon ungewöhnlich für einen Natschalnik.

Irgendwann hatte eines von uns Kindern ein kleines Jesusbildchen gefunden, das wir in unserer neuen, aber kahlen Stube auf das Fensterbrett gestellt hatten. Als der Natschalnik die Stube betrat, fiel sein Blick als erstes auf das Bildchen am Fenster. Er kniete nieder, faltete die Hände, murmelte ein kurzes Gebet und erhob sich wieder. Zu meiner Mutter gewandt sagte er: »Ich orthodox«, schaute auf den verbotenen Herd, dann auf uns Kinder, lächelte und ging. Eine wundersame und gleichfalls wunderbare Begegnung. Er, der Herr über Leben und Tod, zeigte, daß er ein Mensch, ein Christ war und ging vor Gott auf die Knie. Ein Mensch aus einem Land, in dem propagiert wurde, daß es keinen Gott gebe. Ja, Gott konnte sich auch hinter einer Uniform verbergen. Der Krieg hatte diesen christlichen Menschen in eine Verkleidung gesteckt, die Unmenschlichkeit, Tod und Verderben symbolisiert. Seine wahre Gesinnung brauchte er vor uns, von denen keine Gefahr zu erwarten war, nicht zu verbergen. Jeder Familie stattete er einen Besuch ab und verschwand dann wieder so plötzlich, wie er erschienen war.

Da die Frauen jetzt »arbeitslos« waren, ging man tagsüber auf »Spähtrupp«, um zu erkunden, wo es Mieten gab, die nachts zur Beschaffung von Nahrungsmitteln angegangen werden konnten. Es waren einige Tage vergangen – es können auch ein bis zwei Wochen gewesen sein –, da ereignete sich ein letztes Mal etwas Ungewöhnliches. Mit Frau Zernechel verband meine Mutter eine gute freundschaftliche Beziehung, sie duzten sich sogar. Frau Zernechel war pfiffig und umsichtig, wenn es darum ging, Lebensmittel zu beschaffen. So hatte sie von Anfang an meiner Mutter immer wieder gute Ratschläge gegeben. Jetzt, da wir die Ausgeschlossenen waren, gingen beide eines Nachts zum ersten Mal gemeinsam weit draußen auf den Feldern auf Mietensuche, um Rüben oder Karotten für ihre hungernden Kinder heimzubringen. Ich saß wie immer, wenn meine Mutter nachts weggehen mußte, während der Zeit ihrer Abwesenheit in der dunklen Stube und betete. So war sie mit Frau Zernechel, jede einen leeren Sack unter den Arm geklemmt, gerade auf freier Flur, kein Hügel, kein Strauch um sie herum, hinter dem sie sich hätten verstecken können, als sie auf einmal in der Stille der Nacht Pferdehufe hörten. Bevor sie orten konnten, aus welcher Richtung der Reiter kommen könnte, war er auch schon ganz in ihrer Nähe. Es war der Natschalnik auf seinem weißen Pferd. Er hielt an, besah sich die Frauen, erkannte sie, sprach auf russisch, wovon die Frauen nur ein einziges Wort verstehen konnten »zappzarapp« (stehlen), gab dem Pferd die Sporen und verschwand wie ein Gespenst in der Dunkelheit der Nacht, so schnell wie er gekommen war. Er hatte erkannt, daß hier zwei ehemalige Blöckener Frauen unterwegs waren, um Lebensmittel zu stehlen und hatte wieder einmal nichts gesagt. Wir hatten ihn also richtig eingeschätzt.

So lebten wir alle still und scheinbar vergessen in den Tag hinein. Ich konnte jetzt wieder rausgehen, um Holz zu suchen, denn meine Mutter war ja zu Hause. Täglich verweilte ich an dem wunderschönen Dorfteich, der sich schräg gegenüber auf der anderen Seite der Dorfstraße befand. In Blöcken war der Teich etwas außerhalb des Dorfes, hier jedoch lag er mitten im Dorf. Um das Wasser herum führte ein Weg, an dem an der anderen Seite schöne Häuser mit Gärten standen. Alte, große Weiden befanden sich am Rand des Teiches. Ihre lang herunterhängenden Zweige berührten die Wasseroberfläche, die ruhig und still wie ein Spiegel dalag. An diesem Teich haben doch sicher einmal Kinder gespielt oder darin gebadet, wo mögen sie jetzt sein, dachte ich. Auch stellte ich mir vor, daß vielleicht Enten im Entenflott geschnattert hatten, und jetzt lag alles wie unter einer Decke des Todes da, ohne ein Zeichen von Leben. Auch hier in Brasdorf fehlten die Vögel, die Stille war unheimlich. Nur Frösche gab es hier, unheimlich viele, weil ihre natürlichen Feinde fehlten. Sie kannten keine Angst, hüpften zahm wie Haustiere um einen herum. So lange wir in diesem Dorf lebten, träumte ich jeden Tag an diesem Teich einen Traum von gelebtem Leben, von Vergangenheit, Wirklichkeit und Glück.

Eines Tages hörten wir wieder das Pferdegetrappel eines Reiters. Wir wußten, daß es nur der Natschalnik sein konnte, und automatisch bekamen wir wieder Angst. Warum kam er jetzt wieder? Was hatte das zu bedeuten?

Diesmal kam er aber in ganz anderer Mission. Er schrieb alle Namen der Mütter und der Kinder auf. Was sollte das nun wieder bedeuten? Erstmals nach drei Jahren, die für uns wie eine Verbannung in die Ewigkeit waren, interessierte man sich für unsere Namen. Wir waren sicher, daß es nichts Gutes bedeuten konnte. Wir glaubten an einen Abtransport zur Erschießung, an die Freiheit glaubten wir schon lange nicht mehr. Erneut breiteten sich Ratlosigkeit und Verzweiflung unter den

Frauen aus. In der kommenden Nacht schlief keine und immer wieder besuchten sich die Mütter, was man vorher nicht getan hatte, um sich zu beraten, zu beruhigen, sich gegenseitig zu trösten. Am kommenden Tag, im Laufe des Vormittags, erschien der Natschalnik erneut. Alle zitterten vor Angst und glaubten, daß unsere letzten Lebensminuten angebrochen waren. Alle Namen, die er gestern aufgeschrieben hatte, las er vor versammelter Mannschaft auf dem Hof laut vor, worauf sich jeder zu melden hatte. Dann sagte er mit einem besonders breiten Lächeln: »Fertigmachen zum Abtransport nach Deutschland. Nur Handgepäck mitnehmen. In einer Stunde ist Abfahrt.«

Da hatten wir wieder die »eine Stunde« als Zeitangabe. Es war, als ob eine Eisenhaut, die einen jeden von uns bis jetzt umklammert gehabt hatte, plötzlich abgefallen war. Bei allen löste dieses neue Gefühl, das Gefühl der bevorstehenden Freiheit, an die man nicht mehr geglaubt hatte, Tränen aus. Manche nahmen sich still weinend in den Arm. Man konnte es einfach nicht begreifen, daß der bittere Kelch der Unfreiheit, der unschuldig verschuldeten Sklavenarbeit, ein Ende haben sollte. Diesmal brauchte meine Mutter den Herd nicht abzureißen. Alles, was wir noch besaßen, trugen wir am Körper. Die abgeschnittenen Gummistiefel meiner Mutter, meine viel zu kleinen, durchgetretenen Schuhe und meine Pelzmütze ließen wir zurück. Wir kommen heim ins »Reich«, wie die Frauen immer sagten, da wird man uns doch sicher neue, anständige Kleidung geben, dachte jeder. Mancher sprach es auch aus, nicht ahnend, daß es auch dort nichts gab.

Mit »einer Stunde« wurde es auch diesmal nichts. Alle Frauen und Kinder standen wartend an der Dorfstraße. Ich ging noch einmal in unsere Stube, in die gerade die

Sonne schien. Für eine kurze Zeit war sie uns ein behütendes, liebes Zuhause gewesen. Ein letztes Lebewohl warf ich dem Dorfteich und den schönen Häusern zu. Hatte doch dieses Dorf zu meinem täglichen, stillen und einsamen Leben gehört. Hier kannte ich jeden Garten, in dem es Himbeeren, Stachel- und Johannisbeeren gab, ja auch, wo es Bäume zu erklettern und abzuernten galt. Hier in Brasdorf gab es einen einzigen Baum mit Paradiesäpfeln. Sie waren so groß und gelb wie Kirschen und doch waren es Äpfel. Ich dachte auch an die großen Wiesen, auf denen es so reichlich Sauerampfer, Kamille und Kümmel zu ernten gab, und daran, daß ich nun nichts mehr sammeln mußte. Auf einer dieser Wiesen mußte mein verlorener Schlüssel liegen – vielleicht liegt er heute noch dort?

Am späten Nachmittag kam uns das gleiche Fuhrwerk holen, das uns vor nicht langer Zeit hierhergebracht hatte. Langsam setzte sich der Wagen in Richtung Blöcken in Bewegung, und die Entfernung zu meinem lieben Brasdorf wurde immer größer. Unentwegt blickte ich zum Dorf, das immer kleiner wurde. Auf halber Strecke ging die Sonne über den Dächern unter. Während die Räder des Wagens ratterten und knarrten, erinnerte ich mich an den Sonnenuntergang zu der Zeit, da wir in Königsberg wohnten und an Wochenenden in Rauschen oder bei meinen Großeltern in Hindenburg weilten. Einen solchen Sonnenuntergang gab es nur in Ostpreußen. Wenn der feuerrote Ball am Horizont den Himmel in ein Flammenmeer verwandelte und dabei langsam immer kleiner wurde, dieses Schauspiel hatte mich schon als kleines Kind täglich neu fasziniert. Welch andere Bedeutung hatte dieses Naturereignis hier in unserer Gefangenschaft bekommen? Die untergehende Sonne war für die Frauen auf den Feldern das Zeichen für das Ende des Arbeitstages. Und jetzt, da sie über Brasdorf verschwand, war sie das Symbol für das Ende eines Martyriums.

Auf dem Wiehlerschen Hof war Endstation für Pferde, Wagen und uns. Hier in Blöcken warteten wir, bis es schon dunkel wurde. Wir waren barfuß und es war kalt. Von irgend jemand hörten wir jetzt erstmals ein Datum: Es war der 1. April 1948. Plötzlich kam ein einfacher russischer Soldat und sagte: »Sewonje nixc fahren, saftra.« (Heute wird nicht gefahren, morgen.) Jetzt hatten die pessimistischen Frauen Oberwasser, und ich hörte sie sagen: »Hab' ich mir doch gleich gedacht, daß die uns nur zum Narren halten.«

Ja, was nun? Wir mußten zusehen, wo wir diese eine Nacht schlafen konnten. Also fragten wir bei den verbleibenden Blöckener Frauen an. Wir fanden Aufnahme bei der netten Frau Mayer, der Mutter der beiden großen Jungen, die in einem der Häuser schräg gegenüber der Schule wohnten. Auch dort gab es keine Haustür und die Ratten gingen ein und aus. Am darauffolgenden Tag warteten wir bis Mittag auf der Dorfstraße, aber nichts tat sich. Die allgemeine Stimmung sank immer mehr auf Null. Allmählich glaubte jeder, auch die, die zurückbleiben mußten, daß es keine Entlassung gebe, daß das nur ein böser Scherz gewesen sei.

Gegen Abend war auf einmal ein Geräusch zu hören, an das man nicht mehr gewöhnt war: das Geräusch eines Automotors. Es erschien uns damals so laut, je näher es kam, wie wenn heute ein Düsenjäger über uns hinwegdonnert. Dann konnten wir ihn endlich sehen, diesen großen russischen Militärlaster. Nie zuvor hatte ich so ein großes Auto gesehen, und es machte einen Höllenlärm. Die Räder waren fast so groß wie ich. Ich hatte deutsche Militärfahrzeuge noch gut in Erinnerung, die waren viel kleiner als dieses eiserne Gefährt, das für einen sibirischen Winter konstruiert worden war. Der Fahrer, ein russischer Soldat, ließ die hintere Klappe herunter und gab uns ein Zeichen, aufzusteigen. Sofort drängten, stießen, schubsten alle wie wild, aber niemand kam hinauf. Es war einfach zu hoch. Da wurden erst einmal mit viel Geschrei die Kinder hinauf gestemmt, geschoben, gestoßen. Für die Frauen war es jedoch immer noch nicht möglich, auf den Wagen zu klettern. Da hatte meine Mutter die Idee, auf ein Hinterrad zu steigen, aber auch von dort kam sie ohne fremde Hilfe nicht hoch. So halfen die Frauen sich gegenseitig, erst einmal ein Rad zu erklimmen, um dann auf die Ladefläche zu gelangen. Anders war es nicht möglich.

Als mit ohrenbetäubendem Lärm der Motor angelassen wurde und sich das Auto in Bewegung setzte, winkte uns die liebe Frau Mayer mit einem wehmütigen Lächeln nach, und ich kann nur hoffen, daß sie mit ihren Kindern beim nächsten Transport dabei war. Die Fahrt ging über Kaimen. Während der ganzen Strecke durch ländliches Gebiet wurden wir von russischen Kindern, die hier mit ihren Familien schon angesiedelt worden waren, mit Steinen beworfen. Die Mütter schützten uns, doch immer wieder bekamen wir die Steingeschosse zu spüren.

Es war schon dunkel, als wir in Königsberg einfuhren. Aber es war unschwer zu erkennen, daß die Stadt noch genauso dalag, wie wir sie verlassen hatten: zerstört und tot. Nichts hatte man gemacht, weggeräumt, aufgebaut oder repariert. Die Schutt- und Geröllberge, das Ruinenmeer ließen die Stadt immer noch als eine Geisterstadt erscheinen. Auf einem Güterbahnhof wurden wir bei Dunkelheit abgeladen. Wir mußten in eine Baracke gehen, in der man eine notdürftige Beleuchtung mit einer an einem Kabel herunterhängenden Glühbirne installiert hatte. Dort befanden sich zwei oder drei Offiziere, die genaue Zahl weiß ich nicht mehr. Man forderte uns auf, Wertgegenstände abzugeben. So ein Unsinn! Wir waren nur noch Haut und Knochen, barfuß und in Lumpen gehüllt. Glaubte man wirklich, daß wir Elendsgestalten noch über Wertgegenstände verfügten? Dann zeigte man uns einen Güterzug, den wir besteigen sollten. Das aber war nicht so einfach, denn dieser Zug stand irgendwo ganz hinten und war in stockdunkler Nacht kaum zu erkennen. Zwischen der Baracke und den Waggons war ein großes Gleisfeld und so stolperten wir über Schienen und Bahnschwellen, wobei wir kaum die Hand vor Augen sehen konnten. Wir mußten höllisch aufpassen, um unsere Füße nicht zwischen zwei Schienen oder Weichen einzuklemmen. Unsere Herzen schlugen bis zum Hals, denn bei jedem Schritt mußten wir achtgeben, wo der Fuß aufkam und gleichzeitig nach vorne schauen, um die Waggons im Auge zu behalten, die sich in dieser Finsternis nur als schwacher Schatten abhoben.

Der Zug stand am Ende des Gleisfeldes. Als wir gerade dabei waren, uns durchzutasten, pfiff auf einmal eine Lokomotive ganz in unserer Nähe. Ein unbeschreiblicher Schreck ging durch meinen Körper, und meiner Mutter erging es nicht anders, wie sie später erzählte. Da nirgends ein Licht brannte, wußten wir nicht, aus welcher Richtung die Lokomotive kommen konnte und uns vielleicht zermalmen würde. Schließlich erreichten wir die lange Reihe der Waggons und siehe da, die Wagen waren in sich noch einmal unterteilt, so daß man nicht aufrecht stehen konnte. Darin konnte man nur liegen oder kriechen, was uns erst einmal völlig egal war. Die ganze Nacht passierte nichts. Erst als der Morgen graute, kamen Offiziere, die jeden Waggon nicht nur verschlossen, sondern auch noch verriegelten; das war deutlich zu hören. Auch die kleinen, vergitterten Fensterchen, die jeder Waggon hatte, wurden von außen verhängt. Wir wurden wie Stückgut verfrachtet, ohne Essen und Trinken.

Schwierig gestaltete sich die Notdurft. Meine Mutter hatte ein Blechschüsselchen, ihren Eßnapf, mitgenommen, weil sie glaubte, daß man uns wenigstens eine Suppe geben würde. Dieses Schüsselchen diente jetzt als Töpfchen, wobei die Flüssigkeit durch die Ritze der nicht ganz dichten Waggontür gegossen wurde. So fuhren wir sechs Tage und sechs Nächte mit nur einer Unterbrechung, doch nicht etwa, um Nahrung zu bekommen, nein, sondern um durchgezählt zu werden. Was für ein Quatsch! Plötzlich hielt der Zug, es wurde aufgeschlossen, es hieß raustreten. Wir sahen, daß wir auf freier Strecke standen, und dann kamen wieder Offiziere, die uns abzählten. Wir waren zwar sehr dünn, aber glaubten die wirklich, daß wir durch die Ritzen der Waggontür hätten durchrutschen können? Oder daß einer heimlich in Königsberg hätte bleiben wollen und nicht mitgekommen wäre? Diese Zählerei konnten wir nicht verstehen. Die ganze Angelegenheit dauerte lange, denn der Zug hatte 60 Waggons und zwei Lokomotiven, eine vorn und eine hinten.

Während der langen Fahrt träumte jeder auf seine Art, leise oder laut, von der Freiheit und vom »Reich«, wie die Frauen immer sagten. Jeder glaubte, es existiere noch ein Deutschland, wie es vor der Zerstörung gewesen war, und man sprach von Kleidern und Schuhen, die man gerne haben würde, und von einer Mode, wie man sie bis 1945 gekannt hatte. Auch ich glaubte an die Erfüllung meiner Träume, daran, nun endlich in die Schule gehen zu dürfen und warme passende Schuhe, normale Kleider und wieder ein weiß bezogenes Bett zu haben. Am letzten Tag unserer Reise wurden die Waggons nicht nur aufgeschlossen, sondern die Türen blieben während der Fahrt offen und wir sahen, daß wir schon auf deutschem Boden fuhren. Als wir am Ziel angekommen waren, sagte man uns, daß es der 7. April 1948 war. Die Stadt hieß Görlitz. Erst jetzt war für uns der Krieg zu Ende, nicht jedoch der Leidensweg.

Drei Jahre, die schwersten meines Lebens, lagen hinter mir. Wie sie mich veränderten, ja geprägt hatten, merkte ich erst viel später. Aus der »Wilden« in Königsberg war ein sehr stilles, ernstes Kind geworden.

Wir kamen in ein Lager, das mit hohem Draht umzäunt war, der die Einheimischen von uns fernhalten sollte und uns als Menschen niederer Art abstempelte. Das ging wohlgemerkt von den Behörden aus und nicht von den Görlitzern, die freundlich über den Zaun hinweg mit uns sprachen. Die Gelegenheit für ein Wannenbad gab es nicht, nur eine Waschgelegenheit mit Kaltwasser. Dann ging es immer in Gruppen in einen Raum zur Entlausung. Dicht gedrängt wie die Heringe stand man dort, und jeder mußte seine Bekleidung ausziehen, auf einen Metallbügel hängen und durch eine Luke reichen. Als alle nackend waren, war das schon eine äußerst unwürdige Situation, denn man muß bedenken, daß ja auch viele schon große Buben darunter waren, die sich plötzlich von so vielen nackten Frauen und Mädchen umstellt fühlten, und umgekehrt schämten sich die Frauen vor diesen Jungen. Viele Mütter drückten ihr nacktes Mädchen an sich, stellten sich mit dem Gesicht zur Wand oder in eine Ecke, oder aber gingen in die Hocke. Es war eine wirklich beschämende Angelegenheit, die man auch anders hätte regeln können. Aber wir wurden immer noch behandelt wie Menschen ohne Würde, mit denen man alles machen konnte.

Anders als bei den heutigen Um- und Aussiedlern machte man damals von unserem Eintreffen behördlicherseits kein Aufhebens. Wir wurden zwar ärztlich untersucht, Krankheiten, Beschwerden und Mängel wurden festgestellt, aber es erfolgte keinerlei Behandlung mit Medikamenten, Krankenhaus-, Erholungs- oder Kuraufenthalten, was dringend notwendig gewesen wäre. Bei meiner Mutter und meiner Schwester stellte man Schatten auf der Lunge fest und bei meiner Mutter zusätzlich eine starke Herzmuskelschädigung. Ich war von der schweren Kinderarbeit deformiert. Beide Fußgelenke gingen nach innen, beide Handgelenke waren »ausgeleiert«, sagte der Arzt. Die rechte Schulter hing stark herunter, in beiden Beinen und Armen hatte ich Rheuma, und mein Herz war zu klein geblieben und damit zu schwach. Wir lernten schnell, daß auf dieser Lebensbühne unsere Nachkriegstragödie noch nicht zu Ende war, daß alles weiterging. Es hatte lediglich der zweite Akt unter anderer Regie begonnen.

Erst in meinem 15. Lebensjahr bekam ich wieder Kontakt mit einem normalen Leben. Ich durfte wieder passende, wasserdichte Schuhe und warme Kleidung haben. Auch lernte ich jetzt erst viele, für jedermann selbstverständliche Lebensmittel kennen, die mir bis dahin fremd geblieben waren, wie Wurst, Eier, Käse, Pflaumenmus und vieles mehr. Vor allen Dingen bekam ich zum ersten Mal Bücher in die Hände, Bücher, die außerhalb des Schulbuchprogramms lagen. Endlich durfte ich lesen, lesen, lesen. Ich las fast alles. Endlich konnte ich meinen Wissensdurst stillen und mich informieren, hauptsächlich über die deutsche Geschichte und über den Krieg.

Je mehr ich las, desto mehr konnte ich die Greueltaten der russischen Soldaten an uns, der ostpreußischen Bevölkerung, verstehen. Wenn man bedenkt, was die deutsche Armee beim Überfall auf die Sowjetunion im Jahre 1941 an Massakern unter der russischen Zivilbevölkerung angerichtet hat! Für die russischen Soldaten war jeder Deutsche ein kleiner Hitler, ein Nazi, dem sie nur Haß entgegenbringen konnten. Sie spuckten vor uns aus und sagten: »Deutsche Schweine!« Ich las auch, daß alle gefallenen russischen Soldaten ein Flugblatt in ihrer Bekleidung hatten, worauf stand: »Tötet, tötet, tötet. Tötet alles geborene und ungeborene Leben. Brecht den Stolz der germanischen Frauen, nehmt sie als eure rechtmäßige Beute.«

Es war die Rache der Sieger, die Rache eines zuvor gequälten Volkes, die ich jetzt verstehen lernte. Ganz sachte zog eine Welle der Verzeihung und Versöhnung mit unseren einstigen Peinigern durch mein Herz und ich schloß Frieden mit ihnen – nicht nur innerlich, sondern auch äußerlich. Als nach vierzig Jahren die Grenzen geöffnet wurden und ich die russischen Menschen nicht nur kennenlernen durfte, sondern auch wertvolle Freundschaften schließen konnte, machte ich die Erfahrung, daß bei diesen Menschen noch Wertmaßstäbe und Charaktereigenschaften erhalten geblieben waren, wie ich sie in Ostpreußen bis 1945 kannte und die ich sehr oft bei Menschen aus westlichen Ländern vergeblich gesucht habe. Und mir fielen die Worte von Kant ein: »Es könnte sein, daß die Menschheit reicher wird, indem sie ärmer wird, und gewinnt, indem sie verliert.«

Wir Ostpreußen hatten die geographisch schlechteste Karte in diesem Krieg gehabt, weil unsere Wiege im östlichsten Teil des Deutschen Reiches stand. Wir bekamen die Folgen am schmerzlichsten zu spüren – mit dem Verlust unserer Heimat. Wer nie seine Heimat hat verlassen müssen, kann diesen unsagbaren Schmerz nicht nachempfinden. Unsere ostpreußische Dichterin Agnes Miegel hat dies wohl am eindrucksvollsten beschrieben und spricht mit einem kurzen Gedicht einem jeden von uns aus dem Herzen:

»Von der Heimat gehen
ist die schwerste Last,
die Götter und Menschen beugt,
und unstet zu schweifen
ist allen verhaßt,
die die grüne Erde gezeugt!«

Den Verlust unserer schönen Heimat Ostpreußen und die Zerrüttung unserer großen, harmonischen Familienbande habe ich nie verwunden. Es war mein Schicksal, meine Geburtsstadt Königsberg mit ihren ehrwürdigen Häusern, Kirchen, Schlössern und stattlichen Gebäuden, groß, gepflegt, wie sie in Jahrhunderten traditionsreicher Geschichte von fleißigen deutschen Menschen erbaut und in Ehrfurcht erhalten wurden, und das Land Ostpreußen in seinem großen Reichtum, seiner unermeßlichen Weite und geheimnisvollen Naturschönheit, bewußt wahrzunehmen; nicht ahnend, daß die letzten Tage einer untergehenden Epoche angebrochen waren, die so, wie sie einmal waren, nie wieder zurückkehren würden für die Menschen, die dieses Land einmal ihre Heimat nannten.

Inhalt

In Memoriam
5

I.
Glückliche Kindheit
7

II.
»Wir müssen fliehen!«
51

III.
In den Händen der Russen
73

IV.
In Blöcken
135

V.
In Brasdorf und Heimkehr
275

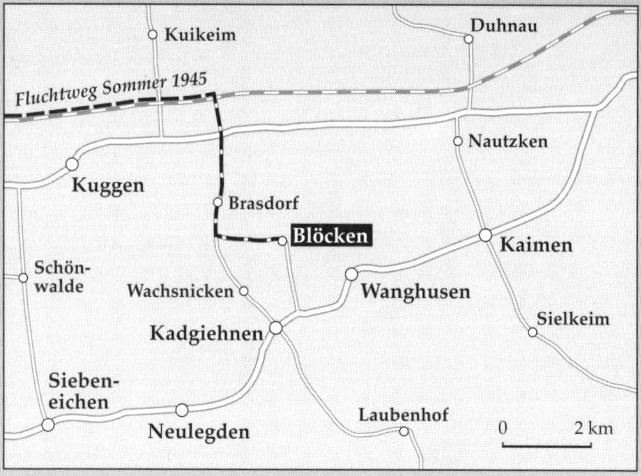
Kuikeim
Duhnau
Fluchtweg Sommer 1945
O s
Nautzken
Kuggen
Brasdorf
Blöcken
Kaimen
Schön-
walde
Wachsnicken
Wanghusen
Kadgiehnen
Sielkeim
Sieben-
eichen
Neulegden
Laubenhof
0 2 km

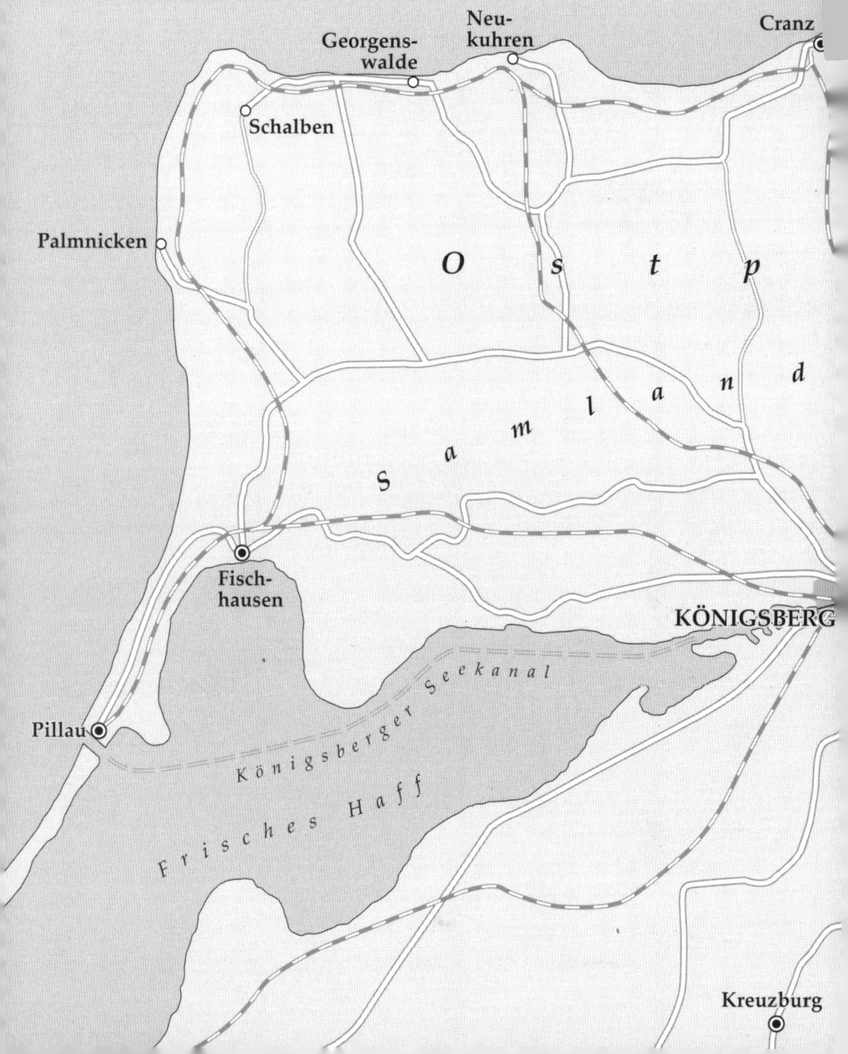
Neu-
kuhren
Cranz
Georgens-
walde
Schalben
Palmnicken
O s t p
n d
a
l
m
a
S
Fisch-
hausen
KÖNIGSBERG
Königsberger Seekanal
Pillau
Frisches Haff
Kreuzburg